大资管时代的中国信托

理论与实践

DAZIGUAN SHIDAI DE ZHONGGUO XINTUO

LILUN YU SHIJIAN

马丽娟 王汀汀 ◎ 编著

首都经济贸易大学出版社
Capital University of Economics and Business Press
·北 京·

图书在版编目(CIP)数据

大资管时代的中国信托:理论与实践/马丽娟,王汀汀编著. —北京:首都经济贸易大学出版社,2014.8

ISBN 978-7-5638-2242-3

Ⅰ.①大… Ⅱ.①马… ②王… Ⅲ.①信托业—研究—中国 Ⅳ.①F832.49

中国版本图书馆 CIP 数据核字(2014)第 099240 号

大资管时代的中国信托:理论与实践

马丽娟 王汀汀 编著

出版发行 首都经济贸易大学出版社
地　　址 北京市朝阳区红庙(邮编 100026)
电　　话 (010)65976483 65065761 65071505(传真)
网　　址 http://www.sjmcb.com
E-mail publish@cueb.edu.cn
经　　销 全国新华书店
照　　排 首都经济贸易大学出版社激光照排服务部
印　　刷 北京地泰德印刷有限责任公司
开　　本 710 毫米×1000 毫米 1/16
字　　数 255 千字
印　　张 14.5
版　　次 2014 年 8 月第 1 版 2014 年 8 月第 1 次印刷
书　　号 ISBN 978-7-5638-2242-3/F·1271
定　　价 32.00 元

序

信托可以概括为“受人之托，为人管业，代人理财”。信托起源于英国的 USE 制度，并在世界各国得以传播和发展。作为一种古老而复杂的经济行为，信托广泛地应用于社会生活的多个领域，个人和家庭的财富管理与传承、企业成长、社会各项事业的进步等，与信托制度都有着越来越密切的联系，并且在信托制度的辅助之下获得更深入的发展。

信托建立在明确的产权和健全的法制基础之上，信托制度的核心是信托财产的独立性以及对受益人利益的保护。因此，法制建设在信托发展过程中具有基础性作用。虽然信托在全球的发展已有长达数百年的历史，中国最早的信托制度也发端于 20 世纪初，但中国真正的信托大发展其实是在进入 21 世纪以后，以“一法三规”为主体的法规体系引导信托业实现本源的回归。

本书希望用尽可能精简的篇幅使读者了解信托，在增强可读性的同时，也力图保证本书框架的完备性。全书内容分为三部分。第一部分“理论篇”主要介绍信托的起源、信托制度的法律本质和信托业务的分类；第二部分“现状篇”则从中国信托制度的发展讲起，分别介绍中国信托业的现状与结构、环境与风险；第三部分“展望篇”对信托业未来的发展进行展望，在大资产管理的时代，信托面临来自各方的激烈竞争，如何深挖信托制度的优势，继续做强做大，是信托公司未来发展的重大问题。另一方面，在资产管理之外，信托制度还有着更广阔的发展空间，在民事信托、公益信托方面都将迎来大发展。

本书的内容是基于作者多年教学实践与对信托行业的深度思考而编写的，但对于这样一种复杂的金融制度，本书无法介绍得面面俱到，只能就我们感兴趣并且有比较明确认识的内容进行探讨，希望能够帮助读者更好地认识信托这种制度，不仅认识到其“代人理财”的资产管理功能，还能从信托的本源和国外发展的经验中，了解信托更为多样化的内涵与外延。我们也希望，信托行业能够更坚定地回归本业，在民间财富高速增长的背景下，发挥信托制度的特色和优势，保障百姓民生，促进社会和谐。

信托是一种古老却复杂的金融形式，它有着特殊的制度优势，在民生和社会问题日益凸显的环境下，必将展现出更大的发展活力。我们相信，信托会逐渐成为一种与普通人生活息息相关的金融活动，也希望本书关于信托前世今生与未来发展的内容能够对人们了解信托、认识信托、利用信托有所帮助。

在写作过程中，我们得到了很多人的帮助，首先要感谢的是首都经济贸易大学出版社的孟岩岭编辑，他给我们留下了自由发挥的空间，使得本书能够在更大程度上反映我们对信托的理解和思考，以及我们所感兴趣的内容。而他的耐心与宽容也让我们能够比较从容地完成书稿。中央财经大学金融学院顾冠华、马文霄、武玉婷、宋珂、施秋圆对本书亦有贡献，参与了部分章节的写作，在此一并感谢。

由于作者自身的局限，本书难免有错漏之处，真诚期待读者提出建设性意见，并发至 cufewtt@126.com。

中央财经大学　马丽娟、王汀汀
2014 年 4 月 25 日于北京

目　录

CONTENTS

第一篇

理论篇

信托是一种因信任而托付他人代为行事的行为，可以概括为“受人之托，为人管业，代人理财”。信托起源于英国的 USE 制度，并在世界各国得到广泛的传播和发展。信托在社会生活与生产中广泛应用，适用于人们日常生活中发生的各种事务上的联系，既包含社会活动中的人事关系，又包含各部门之间的经济活动和财务往来关系。

作为一种古老而复杂的经济行为，信托建立在明确的产权和健全的法制基础上。信托制度的核心是信托财产的独立性以及对受益人利益的保护。

第一章　信托制度的起源

第一节　信托制度的概念

一、信托与信托制度的定义

（一）信托的一般定义与实质

1. 信托是以信任为基础的一种委托行为。从“信托”一词字面意思理解，信托作为一种因信任而托付他人代为行事的行为，包含三个特定内容：①信托前提。在信托中，“信”是基础，是前提，有“信”才会有“托”。无信则不可能有托，这是信托发展的一个重要前提。②信托关系。信托建立的是一种相互之间的关系，缺少任何一方，信托都会失去稳固存在和顺利发展的基础。也可以说信托发展的另一个前提是需要委托方和受托方两方面共同参与，单靠一方的力量难以形成健全的信托市场。③信托事项。委托方所托之事一定是力所不能及而又试图实现的事务，且所托之事涉及范围非常广泛。因此，如果人们面对不熟悉或不了解的自然人或机构，绝不会随意去托付另一方代为经办某个事务，只有在了解对方，认为其诚实可靠，且对方又具备托付条件时，才可能产生信托的行为。更为重要的一点是委托方具有需要通过委托借用他人能力来实现一定意图的迫切需求。

2. 信托的广泛使用。信托在社会生活与生产中广泛应用，适用于人们日常生活中发生的各种事务上的联系，既包含社会活动中的人事关系，又包含各部门之间的经济活动和财务往来关系。比如，历史上刘备对诸葛亮的“托孤”，属于政治性托付；日常生活中托付可信的人照管房屋、捎带物品等，则属于一般的信任之托；目前个人与家庭普遍接受和采用的基金理财则属于经济范畴的托付。

3. 信托的实质。信托的实质是通过建立一种委托关系，帮助委托人处理一些力所不能及的事务，并实现一定的意图。

（二）信托与其他类似制度的区别

1. 信托与债。信托关系中的受益人和债权债务关系中的债权人在权利要求上处于类似的地位，但其实两者有很大不同。①委托人是基于对受托人的信任，借助受托人力量去实现特定的意愿；而债权人与债务人之间的关系，则主要是依据市场融资需求而建立，债权人未必对债务人有相当充分的了解。②受托人用信托资金投资获取的收益，归信托合同指定的受益人；而债务人举债将资金用于投资所获得的收益，归债务人所有。③在信托关系中，如果受托人严格按照合同约定管理和运用财产，发生的信托财产损失由受益人承担，受托人不负有承担损失的责任。只有受托人违反信托合同约定，擅自运用和处分财产，造成的损失方由受托人负责。在债权债务关系中，债务人对债务承担法定的偿还责任，如果因使用不当而造成损失，债务人对债权人财产所应该承担的责任不会有任何减免。

2. 信托与监护。信托与监护同属于信托关系，但有所不同：①在个人信托业务中，有“生前签约，生前生效”和“生前签约，死后生效”两大类型，而监护信托属于后者。②在监护信托中，受益人是专为那些无行为能力，或行为能力有欠缺，或限制行为能力的自然人设立的；而一般信托关系中的受益人资格不受限制，只要具备享受收益的权利能力即可。③在监护信托中，受托人不但要管理好被监护人的个人财产，还要对其身心健康负有扶养和治疗的责任；而一般信托关系中的受托人只对受益人财产收益负责。④监护人由被监护人的委托人用遗嘱方式或由法院裁定来进行安排；而一般信托关系中的受托人通常由委托人进行选择。

代理也是与信托相类似的重要制度，通过信托与代理的比较，将便于进一步深刻理解信托本质。这部分内容详见本节“狭义信托与广义信托”。

（三）信托制度的定义与实质

1. 信托制度的定义。信托制度是指在法律约束和保护下所建立的信托体系，包括委托人、受托人和受益人之间明晰的法律关系，具有确定的法人组织形态的专业受托人以及基于有偿性的信托报酬。信托制度是普通法的重要贡献之一，最初起源于英国中世纪解决土地用益关系的委托行为，在 16 世纪演变成信托制度（第二章我们将对信托制度的渊源进行深入探讨）。从信托制度来考察，伴随社会各部门拥有财富的形态更加非实物化，这种极为重要的财产管理制度越来越多地集中在经济或资金管理领域。

不同法系、不同国家对信托的定义不同。1985 年，在荷兰召开的国际私法会议上通过的《关于信托的承认及其法律适用的国际公约》中，提出了一种能够被不同法系国家理解和适用的概念，将信托定义为委托人在生前创设的一种法律关系，委托人为受益人的利益或者为某个特定目的，将其财产置于受托人的控制之下。2001 年 10 月 1 日起实施的《中华人民共和国信托法》对信托的定义是：委托人基于对受托人的信任，将其财产权委托给受托人，由受托人按委托人的意愿，以自己的名义，为受益人的利益或者特定目的进行管理和处分的行为。

2. 信托制度的实质。信托制度就是委托人创设的一种在生前（或死亡后）生效的法律安排，并在相应的司法框架下受到法律约束。

3. 信托制度在现代社会中的应用。信托制度作为在英美法系国家中存在的一种特有的法律安排，应用极为广泛；而在民法系国家，由于信托制度缺乏可汲取的法律制度基础，一般人也往往不习惯建立和使用这种信托关系。但是，随着经济、金融发展的深化及相关决策复杂性的提高，信托制度在非英美法系的国家生根发芽，并得到不同范围和程度的发展。其中主要原因是在个人财富种类多样化、财富虚拟化以及通货膨胀等因素的影响下，越来越多的财产所有人会考虑在保值的基础上，尽量使财产实现增值。实现这一意愿的前提是财产所有人具备管理财产的能力，但是并非所有人都具有这种能力。如果把自己的财产交给可信任的人，委托其代为管理和处置，并按自己所希望的方式办理，将是非常方便、有效的财产管理方法。事实上，各界人士普遍以信托方式处理生前和身后事宜，在西方发达国家，占有相当比重的中年人或者中产阶级家庭将资金形态的财产投向各种基金并长期持有，这样既可规避理财中的风险，又能实现增值。

近年来，伴随中国金融资产数量和种类的增加，中国国内围绕财产管理、谋求财产增值的信托业务快速增长，专门化发展的职业受托人和专业受托机构不断涌现，传统金融机构（如商业银行、保险公司）也已经将资产管理作为业务发展的重点。

二、信托制度中的两种委托：狭义信托与广义信托

作为以信任为基础的财产管理制度，信托行为中的委托方式非常重要，委托的方式不同，信托的概念外延也不相同。

（一）狭义信托

狭义信托是真正本源意义上的信托，其特点是：①信托财产处置权从委托人手中转交给受托人。这一做法的目的是使受托人能够以财产的名义所有人身份，按照信托契约目的，自主地行使管理和处分财产的权利。这种转移基于信托法理，不同于民法中财产所有权的转移①。因而即使受托人能够自主地处分信托财产，但在经营中仍要遵守信托合同的有关约定。②对财产处置权限相对较大。某种特定信托关系成立后，受托人将以名义所有者身份为委托人全权理财，责任重大。③从基本关系看，至少有三方关系人，即委托人、受托人、受益人。④从经营者类型看，受托人常常是以法人身份出现的各种金融机构，如各种专业性的信托公司、各种银行或非银行金融机构的信托部。在现代财产管理信托制度中，个人受托人较少。

① 民法上的财产所有权转移是指对标的物的绝对权能的转移，民法的财产所有权包括财产占有权、使用权、收益权、处分权，并排除他人干涉。

（二）广义信托

广义信托是指在狭义信托基础上，加上单纯代理性质的委托。代理的特点是：①不需要进行财产处置权的转移。在这里，受托人以财产所有者代理人身份，按代理要求行使一定的理财权利。②对财产处置权限相对较小。受托人以代理人身份，依据代理要求行使权利时，仅限于在管理、处分财产手续上的代理，且必须保证财产的安全、完整，不能随意改变财产的存在形态，承担的责任也相对小。③从基本关系看，一般只有两方关系人，即委托人、代理人。④从经营者类型看，除各种金融机构外，受托人还可以是其他各种非金融机构，如贸易公司、可代办托运业务的邮局，甚至是个人代理人。

（三）"银行信托"、"金融信托"与"贸易信托"

在与"信托"一词相关的概念中，还有"银行信托"、"金融信托"与"贸易信托"。

"银行信托"衍生于对经营者的考察。现代财产管理信托经营者多是银行及各种金融机构，有别于广义信托中的代理业务的经营者。

"金融信托"衍生于对信托财产的考察。现代财产管理信托中的财产普遍形态是货币，因而管理信托财产必涉及管理资金问题，而管理资金又必与资金融通相连。这一概念着重反映出信托具有的融资职能。

"贸易信托"衍生于对广义信托中代理业务的考察，如商品的代购代销、生活物资的托购寄售等，这种业务的经营者多是贸易信托公司、贸易货栈、生产资料服务公司、信托商店等。

第二节　英国的 USE 制与信托制度起源

私有制是早期信托思想形成的经济基础，而英国 USE 制则是现代信托制度的渊源。

一、信托制度雏形的形成

（一）英国中世纪的社会背景

现代信托制度之所以首先会在英国这个岛国上出现，与该国当时的社会背景紧密相关。中世纪初的英国封建社会，英国社会民众普遍信奉宗教，一般的臣民都是宗教徒。作为宗教徒，人们常把身后留下的财富（主要是土地）赠给教会或宗教团体，这样在死后，民众原本私有的土地大都赠予了宗教团体。

在英国封建制度下，君主在臣民去世且无长子继承时，可以收回土地等物。但是教会作为一个宗教团体，没有“死亡期”；同时按当时英国的法律，教会的土地也不能课税。随着时间的推移，教会与宗教团体的土地逐渐增多，英国王室征收的土地税则日益减少。这一状况必然影响到王室和诸侯的统治地位，也损害了他们的利益。统治阶级无法容忍这种状况长期存在，于是在13世纪初，亨利三世（1216～1272）颁布《没收土地条例》，规定凡将土地让与教会者须得到君主或诸侯的许可，否则没收其土地。该法令颁布的目的在于阻止教徒向教会不断地捐赠土地。

（二）USE的产生及其在民间的运用

面对亨利三世颁布的《没收土地条例》的相关规定，教徒们不甘于宗教社团受到如此对待，创造出一种让第三方代替教会管理和使用土地的办法，以应对《没收土地条例》的限制。这种办法被形象地称为USE（USE这一单词的英文原意是“使用、利用”之意）。

USE的具体做法是：教徒生前立下遗嘱，作为捐赠者先将一部分财产（即土地）转让给教会以外的可信赖的第三者（受托人），由其按教徒意愿替教会管理土地，收益交给教会，教会拥有土地的受益权。也就是说，即使教会未直接得到土地，也能得到与直接捐赠土地一样的收益。由于土地的所有权名义上并没有转移给教会，王室就不得依据《没收土地条例》没收土地，第三方则拥有名义上土地的所有权。这样不仅维护了宗教团体的利益，也达到了教徒要为宗教多做贡献的心愿。于是，USE作为实现宗教意愿的办法就这样产生并很快推广开来。

为了规避《没收土地条例》而创设的USE，以后又有所发展，不再局限于教徒对教会的捐献，而是逐步扩展到逃避一般的土地没收和财产继承方面的限制。从信托财产种类看，它不仅被应用于土地，还被应用于其他形式的财产。此外，委托人范围也从教徒推广到一般民众，受益人由教会推广到委托人儿女或者其他人，因为当时法律规定长子继承土地，且必须向君主上缴数额较大的继承税，通过USE的做法，委托人可以确保去世后自己的继承人能继续得到收益，而不必担心继承税和土地被没收的问题。

（三）在法律培育之下TRUST制雏形形成

1. 早期的USE在法律上受到两种不同待遇。英国立法精神源于罗马法系，并据此制定了英国以保护私有制为基础的、成文的普通法。普通法和依其裁决的普通法法院，是不承认USE做法的，而衡平法院却给予承认。衡平法是一种不成文法，用判例裁决诉讼，不使用法律条文。衡平法辨别是非的标准是公理与良心，而且衡平法院的大法官均来自强势的宗教机构。这样，当有受益人权益受到损害，诉诸普通法院得不到保证时，诉诸衡平法院就能得到保障，这就使USE作为一种财产处理的形式初步形成。

2.《USE条例》的颁布与双重USE的形成。15～16世纪是世界史上的重大转折期,史学家称此阶段为人类社会从古代向近代的过渡期。这一时期,分散的封建制度向专制主权转化。1485 年英国建立都铎王朝,新兴资产阶级出现,并伴随科技、商业、工业大发展,生产力得到提高。16 世纪英国国王亨利八世(1509 ~ 1557)即位后,为保证统治者利益,试图取消 USE 的合法性。1535 年《USE 条例》(Statutes of Use)颁布,宣告土地的受益人为土地所有人,并且作为土地所有人应该照章纳税。这样在原来的 USE 制下受到保护(指官府不能够用《没收法令》予以没收或课税)的教会等宗教机构或受到保护的受益人就必须缴税。这个《USE 条例》的颁布使已经实行了 200 余年的早期信托关系受到冲击,因为英国当时约有 1/3 的土地置于这种关系中。

然而实际上,《USE 条例》颁布后不但没有实现预期的目标,反而激发出一种双重 USE。原因有两点:第一,《USE 条例》只适用于民间的自由地[①]所有权的转移,不涉及其他土地,或其他不动产所有权的转移,因而民间以寄赠方式管理财产仍然流行。第二,在原有 USE 关系下,《USE 条例》禁止的是一种被动信托关系。当时,社会上存在两种寄赠管理财产的方式。一是受托人代为掌握财产所有权,成为名义上的所有权人,同时担负管理和使用财产的责任和义务,被认为是一种主动信托关系;二是受托人只代为掌握财产所有权,成为名义上的所有权人,不担负管理和使用财产的责任和义务,被认为是一种被动的信托关系。而后者是当时的主要形式,因而成为《USE 条例》所限制的寄赠管理财产的对象。在这样的背景下,出现了双重 USE。

举例说明,土地持有者(教徒)本人先把土地转让给儿女,这是第一个 USE,转让的目的仍然是为宗教机构的利益,并非为了儿女。在此阶段按照《USE 条例》,其儿女被认为拥有土地的所有权,其财产可以被没收或课税。然而,作为儿女,接着把土地再转让给第三方(一般是土地持有者的亲密朋友),由第三方成为名义所有权人并进行财产的打理,收益归儿女,这是第二个 USE。

在双重 USE 中,其儿女是第一个受托人,第三方是第二个受托人。在第一个 USE 中,教会是第一受益人;在第二个 USE 中,其儿女是第二受益人。通过第二个 USE,教会的受益不适用《USE 条例》的约束,因为在第二个 USE 中,不能认定宗教机构取得了普通法法定的土地所有权,因而官府不能没收土地。由此,作为代人理财的 USE 制初步形成。由于 USE 做法(尤其是第二种 USE 需要转移财产的名义所有权)的前提是基于对第三方真正的信任,所以又被称为 TRUST,英文原意是“相信、信任”,这就是当今英语国家信托制度英文词义的渊源,而且至今信托制度仍使用 TRUST 一词。

---

① 在英国封建时代的土地制度下,英王被认为是全国土地的绝对所有人。臣属和民众拥有的是相对所有权,且分为三种:①可以永久占有且可以无限转移的土地,被称为“自由地”(Free Hold Estate);②可以定期占有、在一定时期内拥有土地所有权的土地,被称为“租赁地”(Lease Hold Estate);③依据习惯拥有某块土地的所有权并有特别义务的土地,被称为 Copy Hold Estate(魏曾勋等:《信托投资总论》,西南财经大学出版社,1995 年,第 27 页)。

二、信托制度的最终确立及发展

(一)信托关系在法律上得以确立

1640年,英国建立资本主义制度。由于信托制度有利于资本主义经济发展,因此得到了资产阶级的大力支持,信托的形式和内容也更加丰富。信托不仅应用于宗教,而且也应用到社会公益、个人理财等方面,标的物也从土地延伸到商品和货币。但是,法律上对USE两种不同裁决结果的局面依然存在,而当普通法与衡平法的裁决产生矛盾时,优先适用衡平法规则。1873年《司法条例》(Judicature Act 1873)颁布,普通法法院与大法官法院合并,对USE关系的认可才得到统一。信托关系终于在英国法律保护和培育之下得以确立。

可见,信托制度的渊源与英国民众宗教信仰背景、英国封建制度下土地寄赠习俗等因素直接相关,并在法律培育下建立。资产阶级出现、资本主义制度建立则推进了这一财产管理制度的深入发展。作为世界上最早建立信托制度的国家,英国在信托发展中的重要地位不容忽视。

(二)英国信托制度的演进主线

在英国的传统中,通常请自己的朋友(包括律师)为家庭的利益,承担繁重和费力不讨好的遗产管理工作。除非在信托协议中另有规定,受托人一般是无偿的。机构受托人的出现和发展是英国信托业发展的一条主线:在经历了从无偿到有偿、从非专业受托人到专业受托人、从个人受托到法人受托的发展之后,信托终于从家庭的范畴发展扩大到了商业领域。随后,信托制度的规则不断现代化,信托业的发展进一步推动信托制度在世界范围内的传播,信托的商业价值逐渐被挖掘出来,并得到快速发展。

(三)第二次世界大战后英国信托业的发展

第二次世界大战后,英国信托业作为独立的行业发展空间相对缩小,原因在于两个方面。一方面,其他金融机构兼营、分流或抢占了大量信托业务。由于商业化运作,进入20世纪50年代,英国信托业快速发展,单一经营信托业务的公司纷纷建立。由于有利可图,信托业发展很快,带动和引发了其他金融机构的兴趣,保险公司、银行等机构开始兼营信托业务,以增加盈利,并成为当今信托发展的主要形式。另一方面,第二次世界大战后英国经济实力和海外扩张能力大大削弱,殖民地独立,与此同时还遭到美国势力在各方面、各领域的排挤。英国迫于形势,为改变被动局面,对金融体系和机构经营进行调整,以提高与其他资本主义国家的竞争力,信托业作为独立行业的发展由此受到影响。

第三节　信托制度在全球的发展

一、信托制度的国际发展

信托制度是指在法律约束和保护下建立的信托框架，包括委托人、受托人和受益人之间明晰的法律关系，确定的专业受托人以及基于有偿经营的信托报酬。作为在英美普通法系国家中存在的一种特有的法律安排，信托制度在民法系国家并不普遍，也未被广为推行，主要是由于在民法系国家中信托制度缺乏可汲取的法律制度基础，民间往往不习惯建立和使用这种信托关系。但是，经济、金融发展的深化及所呈现的复杂性，使信托制度在民法系国家的发展空间也日益增大。

在个人财富种类多样化、财富虚拟化以及通货膨胀等因素的影响下，越来越多的财产所有人会考虑在保值的基础上，尽量使财产实现增值。而实现这一意愿的前提是财产所有人需要具备管理财产的能力。然而，并非人人都具有这种能力。这是因为在现代社会分工、协作生产的社会关系之下，每个人都有一份特定领域的工作，或是有良好的事业发展基础，因而有的人会因缺乏财产管理能力而增加参与成本①，或因为工作繁忙无暇打理自己所拥有的财产，甚至有些巨额财富拥有者想把自有财产用于某些自己所关注的公共事业的发展，但却不知该如何使用其财产来达到目的。在这种时候，如果把自己的财产交给可信任的人，委托其代为管理和处理，并按自己所希望的方式办理，则是非常有效的财产管理方法。这方面的信托事例非常多，如，各种理财信托、养老金信托、公益信托，以及身后事宜的信托等。

二、国内外法律规定

随着信托概念的不断发展和欧洲大陆法系国家对信托制度的引进，出现了多种对信托的定义。1985 年，在荷兰召开的国际私法会议上通过的《关于信托的承认及其法律适用的国际公约》中，提出了一种能够被不同法系国家理解和适用的概念，信托被定义为：委托人在生前创设的一种法律安排，并为受益人的利益或者为某个特定目的，将其财产置于受托人的控制之下。

自 20 世纪 90 年代以来，伴随我国金融资产数量和种类的增加，中国国内围绕财产管理、谋求财产增值的信托业务快速增长，专业受托机构不断涌现。2001 年，颁布实施的《中华人民共和国信托法》对信托制度做出了定义：信托是指委托人基于对受托人的信任，将其财产权委托给受托人，由受托人按委托人的意愿以自己的名义，为受益人的利益或者特定目的，进行管理和处分的行为。

---

① 指参与财产管理所投入的时间、精力等成本。

第二章　信托制度的设立

第一节　信托制度的发展基础

基于对信托制度的基本认识，信托一定是针对财产的某种具体的托付，因而信托制度发展必须具备如下基础条件。

一、私有制及剩余财产

信托制度发展的首要条件是要有归个人所有的、剩余的并受到保护的财产存在，继而才会有委托发生的可能。而剩余的、归个人所有的财产存在恰恰是生产力进步、经济发展水平提高的结果。

在人类社会发展初期，比如原始共同体阶段，生产力水平低下，如果说有"经济活动"，也只是为了生存、人类延续所进行的植物采集和狩猎活动。一方面，这时期经济活动目的简单，人们之间的关系也很简单，大家共同生产，共同消费。另一方面，由于生产力水平低，劳动所创造的物质财富尚不足以满足人类生存的物质需要，所以尚没有多余的归个人所有的财富，当然也就不可能产生出委托他人代为保存或管理财产的要求。

当人们的植物采集发展为种植劳动，狩猎活动发展为养殖活动，即我们称之为第一产业的农业出现以后，人类有了社会分工，专业化程度提高。人们的劳动技能迅速提高，极大促进了生产力发展，生产力水平得以提升。与此同时，在社会分工下，个人劳动成果在消费之后有了剩余。由于共同占有阻碍了有专长的个人劳动的积极性，限制了生产力的有效增长，于是，新生产力向原有生产关系挑战，人们之间的关系发生了根本性变化，劳动成果及劳动工具的私有制便合乎逻辑地产生了。

在财产私人占有中，随着财产数量的增加，关于财产的保存和继承问题产生出来（早期还没有谋求增值的动机）。迄今掌握的最早信托行为记录发生在罗马时期，是以遗嘱方式来实现财富在遗嘱人死后传承的目的。这是早期信托行为的萌芽。

二、法律基础

信托制度是英美法系下培育的一种特殊的经济制度，如今已经被各种法系特征的国家所采纳。从其渊源或是演进过程来看，离不开通过颁布法规来对信托进行法律上的培育和制度上的规范。而法律上的培育和制度上的规范之根本是要确保私人财产受到绝对保护,不能受到侵犯。因此,法制环境是信托事业发展中极为重要的条件。

第一,通过法规的制定明确对委托人和受益人利益的保护,是信托制度存在与发展的坚实基础。信托制度的本质是"受人之托,为人管业,代人理财",而且"代人理财"已成为当代社会最为典型的信托业务。从内容来看,"代人理财"既可以是受托人为委托人打理实业,又可以是受托人代为行使遗嘱的监护;既可以是单纯为委托人保管货币资财,保障其安全且不遭受损失,又可以是受托人接受委托财产,代为进行金融市场投资,确保委托人的货币财产实现增值;既可以为自然人个人进行财产管理,又可以为企业法人进行财务管理。委托人是否选择借助受托人的力量来实现上述一定内容的行事意愿,关键在于委托人和受益人的切身利益能否得到充分保护,否则基于信任前提所建立的信托制度就不会得到顺利发展。

第二,通过法规体系的完善形成对委托人和受益人利益的最有效保护。对于商业化运作的专业受托人——信托机构的经营而言,需要有完善的法律规定,约束受托人的内部人侵权行为,从而形成对外部投资者利益的法律保护。比如,在没有对投资者形成保护的极端情况下,内部人能够完全有效地窃走公司利润;若有保护但不够完善时,内部人会通过虚假的或复杂的操作,转移利润;若受到好的保护,则内部人充其量是付给自己高薪,安排亲属好的职位,或开发一些不经济项目,但个人对公司的不利则会大大降低。如此,当委托人对受托人的信任度增加的时候,信托需求才会扩张,进而促进信托制度的充分发展。公司法和与受托人相关的一系列法规就是从不同方面来发挥上述约束作用的。

背景链接

伯尼丝信托的受托人安排

1883 年,当时夏威夷皇室的伯尼丝公主(Princess Bernice Pauahi Bishop)订立遗嘱,将她的遗产全部放入一个信托,在夏威夷建立一所男校和一所女校。随着时间的流逝和时代的变迁,这个慈善信托部分条款的有效性和受托人安排受到多方面质疑。1997 年,一篇名为《被违背的信托》的文章刊登在《火奴鲁鲁星报》上,这篇文章从以下几个方面对伯尼丝慈善信托进行了分析:

1. 受托人的酬金

在文章发表之前,伯尼丝慈善信托的 5 位受托人支付给自己的年薪平均超过 80 万美元。但伯尼丝公主在遗嘱中,并没有规定受托人的报酬。自 1987 年,受托人被要求强制公开他们的报酬金额起,到 1997 年为止,受托人已经从信托资产中拿到超过 4 000 万美元。遗憾的是,拥有如此高的薪酬水平的受托人并没有达到这份工作的标准。

2. 受托人的选派

虽然公主在遗嘱中指定当时的夏威夷最高法院负责委任和替换受托人，但是法院并不是必须做这件事，因为这不符合法官的工作职责。事实上，伯尼丝信托的受托人均由5位担任夏威夷最高法院法官的个人所选定，同时这5位法官还有权审理涉及受托人的案件。很显然，这样的安排存在着明显的利益冲突，受托人选派背后，是一条牵涉众人的利益输送链。

3. 受托人的义务

作为受托人，他们应当时刻为受益人的利益采取行动，绝对禁止自我交易，但伯尼丝信托的受托人并没有认清自己的义务。受托人的自我交易，为他们自己输送了相关利益，却以损害受益人的利益为最终代价。

4. 问责制

在伯尼丝慈善信托中，并没有问责制的存在。虽然法院每年会派一个人评估受托人的表现，但是评估的仅仅是是否有犯罪事件。因此，受托人可以毫无约束地随意处置信托资产。1995 年，伯尼丝慈善信托该年注销的坏账以及拨备的不良资产达到了 4 400 万美元。

慈善信托由于受益人的不确定，使得信托缺少最终的监管者。因此，提高信托管理的透明度，加强信息披露，成为信托运行良好的关键。

第三，通过专门化信托法规的制定深入推进信托制度。从完善信托条例的历史考察，专门化的信托法规的颁布和实施有助于推动一国发展本国特色的信托制度。作为信托制度起源的国家，英国在 1873 年信托制度初步确立之后，用了 30 多年的时间来确立信托关系，规定办事准则，并从基于情谊或义务受托过渡到商业化经营，此外还在个人受托的同时建立法人受托机构从事信托业务。信托制度化过程中的法律规定为英国信托制度发展奠定了非常重要的基础。相关法律规定的背景及作用见表 2－1。

表 2－1　英国信托制度化过程中的法律规定

年份	法规名称	颁布原因	作用
1873	《司法条例》(Judicature Act)	早期的 USE 制建立了让第三方代为管理财产及其他事务的关系。随着英国封建制度衰落，USE 制从适应土地遗赠需求，逐渐转移到个人事务、公益事业等需要上来。但从法律上，信托关系没有得到明确。《司法条例》颁布后，普通法与衡平法双重裁判的法院不复存在，结束了对信托管理财产关系法律认可上的争议	信托制度在英国得以初步确立

续表

年份	法规名称	颁布原因	作用
1893	《受托人条例》(Trustee Act)	以前都是沿袭100多年的习惯行事，无一定办事标准，受托人与委托人常有财产上的纠纷发生	确定了经办信托的原则；英国的信托关系发展从此正式进入制度化过程，并受到法院监督
1896	《官选受托人条例》(Judicial Trustee Act)	尽管之前有了办事准则，不再发生财产上的纠纷，但受托人难寻，因为受托事项的发生主要涉及个人受托人，且基于私人之间情义的义务行事，具有无偿性。然而，受托人在接受委托行事过程中必然会有时间、精力付出，或者委托人难以在亲朋好友中寻到可信任的受托人，如此会使托付不能顺利实现，最终影响对社会财富和个人财富的有效管理和运用	确立了由法院推选任命受托人的制度，即官选受托人制度。该制度准许官选受托人收取一定报酬。这一法律规定被视为英国信托制度发展历史中的一次重大变革，解决了受托人不能确定的困难
1897	《官选受托人条例实施细则》(Rules for Implementation of Judicial Trustee Act)		
1906	《公共信托局条例》(Public Trustee Office Act)和《公共信托局收费章程》(Fees Order of Public Trustee Office)	准许官选受托人就信托财产的管理收取一定报酬，突破了长期以来基于义务行事的无偿受托做法。但是，信托报酬属于实费开支，收费较低。而且受托人多是自然人，信托事务管理和处理受到自然人身体健康状况、年老体弱等生命状况的限制，影响信托期限	1908年公共信托局的正式建立标志英国法人信托事业的开始，但英国信托业真正进入营利性商业运作阶段，要归功于公共信托局之后大量专业性信托公司的建立
此后，1925年修改《受托人法》；1961年颁布《受托投资法》			

一系列的法规对英国信托制度的确立和发展起到了至关重要的保护、规范和约束作用。与英国类似，在日本信托制度发展史上，法律在制度化中也发挥了重要的规范和保护作用，并形成了日本信托制度的特色。

三、经济发展水平

信托制度的发展随着商品经济、货币信用的发展而深入。以英国为例，早期信托财产内容单一，多以土地或其他实物财产为主。19世纪70年代，英国的经济发展水平得以迅速提高，股份制的现代企业组织广为发展，社会财富种类增多。在当时，英国在国际上居于非常重要的特殊地位，拥有众多的海外殖民地。伴随其相当发达的世界贸易，在商品输出的同时形成大量资本输出。大资本可以直接去海外投资，而众多中小资本要投资海外却比较困难。于是,为中小投资者提供投资服务的机构应运而生,信托投资机构也从此进入到金融领域。

背景链接

世界上最早建立信托投资制度的国家——英国

凯恩斯对19世纪70年代的英国人所能享受的生活方式和所能获得的投资机会进行了如下描述:“伦敦的居民可以一边在床上喝着早茶,一边用电话订购这个世界上他认为合适数量的各种产品,并合理地预期有人会将它们尽快地送到他的门口;同时,他可以用同一方式将他的资产投资到全球任一角落的自然资源和新成立的企业上……任何轻微的干涉都会使他感到极大的委屈和惊讶,因为他视这种生活和办事的方式是一种正常的、理所当然的、永久的方式。”

四、社会习惯

影响信托制度发展的社会习惯主要是指自然人个人和法人在处理民间事务、经济事务或商事时,对利用信托的认可、接受及自觉应用的状况。这一社会习惯成为信托事业持久发展中的重要基础环境。由于各国民情不同,不同国家在以信托方式处理相关事务时,侧重的事务内容也会有所不同,如,美国现代信托制度存在于自然人或法人事务中的各个方面,社会各阶层、各行业普遍利用信托方式处理各种事务;而英国作为现代信托制度的起源国家,其信托制度的发展在信托投资和个人非货币形式的慈善信托方面更为突出。

第二节 设定信托的构成要素

一、信托行为

(一)信托行为定义

信托行为是指因设定信托关系而发生的委托行为。信托行为、信托关系、信托财产等共同构成设立信托的要素。信托行为的发展与社会经济水平相适应,因而客观上形成了两种基本形式,即习惯性信托行为和适法性信托行为。

(二)习惯性信托行为

习惯性信托行为是指因习惯与信任自然形成的委托行为。早期的信托行为属于这一类型。早期阶段的信托行为多是围绕处理身后事宜进行,即确保在委托人离世后有关事务的持续和一定关系的维护,仍然能够继续按照自己的生前意志行事,因而多发生在家属、宗亲、亲朋好友之间,并自然形成了如下特点:受托人多是亲朋好友;以情义为基础,不计报酬;是一种自然形成的托付关系。这种信托行为在自然经济、简单商品经济条件下,延续了较长时间。只要有小商品经济存在,习惯性的信托行为就仍然有存在的土壤。

(三)适法性信托行为

伴随社会活动的复杂化,自然托付为主的信托行为难以为继。人们之间逐渐形成不再简单化的经济关系,并产生了利益冲突,迫切需要以契约形式表现出来。通过契约明示信托关系中各方当事人的权利和义务、信托的目的、信托的期限、信托报酬等,以便保证人们之间信托关系的适法性。适法性信托行为随之形成。适法性信托行为是指信托当事人在相互信任的基础上,以设定信托为目的,用签订合同的书面形式发生的法律行为。其特点是:受托人是取得注册经营权的自然人个人和法人组织;是有偿的营利性行为;在受法律约束的同时也受到法律给予的保护。

形成适法性信托行为需要具备如下条件:

1. 委托人的意思表示。委托人的意思表示可以是书面形式,如信托合同、个人遗嘱、经法院裁决的法律文书,也可以是录像等非书面形式。

2. 要有特定的目的性。无目的的信托失去依据,信托行为将不能成立。信托的目的非常多样化,例如,谋求增值的资金信托,为晚年养老的养老金信托(在职期间定期拿一笔钱投入信托,到晚年退休后使用),为管理财产(不动产、有价证券)的信托,委托经营特定事业的信托,执行遗嘱的信托等。

3. 信托目的要合法。如果信托目的属于违法行为,如代为洗钱等行为则不具备适法性,既不合法,也得不到法律保护。

二、信托财产

(一)信托财产定义

信托财产即信托标的,是指受托人按照信托合同约定的信托目的受托代为管理、处分的财产。在财产管理、处分过程中以及管理后所获得的利息、租金、利润等也属于信托财产范围。

(二)信托财产类型

1. 以对信托财产的存在形式进行划分,信托财产分为有形信托财产和无形信托财产。这是一种基本的种类划分,动产(货币资金、有价证券、机器设备)、不动产(土地、房屋)、金钱债权(债权凭证、存款凭证、保险单、抵押证券)属于有形的信托财产;发明专利、商标使用权、牌照使用权、著作版权属于无形信托财产。

2. 以对信托财产的占有时间进行划分,可分为"现在权"信托财产和"将来权"信托财产。前者是指现在就掌握着产权的信托财产,后者是指将来可以掌握产权的财产。例如,经过遗嘱公证的对某套房产的继承权对受益人而言是"将来权"信托财产。

3. 以对信托财产的占有形式进行划分,可分为单一占有形式的信托财产和共同占有形式的信托财产。

(三)信托财产特点

1. 独立性。独立性是指信托财产区别于其他财产,不能混淆。比如,受托人受托的信托财产要与受托人的固有财产相区别,分别管理、分别记账,不得归入受托人自己的固有财产而享受其利益。再比如,受托人受托的信托财产要与其他委托人的信托财产相区别,应该分别记账、分别管理,不能混淆。

2. 有限性。有限性是指受托人虽然成为名义上的财产所有权人,但也只能在委托人授权范围内管理和处分财产,不能超越权限,否则要承担由此所带来的风险和损失。

3. 物上代位性。物上代位性是指在信托期间,不论信托财产的形式、形态、价值发生了什么样的变化,其信托财产属性不变。例如,在设定信托时,如果委托人转移给受托人的财产是货币资金,受托人经过运用和管理,在某一个阶段转换成有价证券,则此时一定数量的有价证券就是委托人的信托财产;如果有价证券卖出后,货币资金形态的价值获得增值,则此时的增值部分和原有本金部分都属于信托财产性质。

三、信托关系的当事人

(一)信托关系定义

信托关系是指设定信托的当事人(委托人与受托人)之间形成的特定关系。信托关系建立的目的在于通过受托人对财产的管理,使受托人、受益人有益可受,否则信托关系的建立就毫无意义。信托关系至少要有三方当事人,即委托人、受托人、受益人。

(二)委托人

委托人(creator of trust)是指主动提出信托要求的当事人。委托人可以是法人或自然人。对于法人委托人在资格上没有其他特殊要求,范围相对广泛;而对自然人委托人，则有资格要求，即需要具备法律上的行为能力，所以在现代信托制度成熟环境中，未成年人不能成为信托事项的委托人。

（三）受托人

受托人（trustee）是指被动接受信托要求的当事人。受托人一般为法人受托人，如，各种信托公司或代理信托的法人机构，承办各种符合相关法规要求，为社会所需要并能够获得经济利益的业务。但在英美法系的案例中，会涉及个人受托人。对于个人受托人存在基本资格要求，即未成年人、禁治产人、准禁治产人（赌徒、酒鬼）不得受托。目前在英国仍存在注册的个人受托人，业务主要集中在遗嘱执行范围。

在现代社会中，多是以法人受托人承办信托业务。在英国，相当长的时期里采用的是非公司法人形式注册的受托人，如个人注册的受托人、合伙人受托人，公司法人受托人的出现较晚。如果以 1908 年《公共信托局受托条例》颁布后公共信托局的建立为标志，英国法人受托的开始也要比美国晚将近 50 年。目前，英国的法人受托人受理的业务集中在以谋求增值为目的的个人财产管理运用以及各种法人为委托人的信托业务。

我国《信托法》第 24 条规定："受托人应当是具有完全民事行为能力的自然人、法人，法律法规对受托人的条件另有规定的从其规定。"在《信托法》总则中规定受托人采取信托机构形式从事信托活动，其组织和管理由国务院制定具体办法。在我国，信托机构是指依照《中华人民共和国公司法》和《信托公司管理办法》设立的专门经营信托业务的信托公司。目前，在我国资金或其他财产信托活动中，受托人主要是信托公司和各种兼营信托业务的金融机构。

（四）受益人

受益人（beneficiary）是指享受信托利益的当事人。关于受益人，有三点需要把握：①受益人可以是自然人个人，也可以是法人组织（如营利性工商企业或非营利性机构）。②受益人可同时是委托人，但不能是受托人，以防止受托人利用信托财产谋取私利。而且从信托法理考察，信托利益与受托人属于同一主体，则不存在信托关系。③自然人受益人具有"既定未定"的特点。既定的是受益人的范围，未定的是具体的受益人；受益人不一定是合同当事人，无须具备行为能力，只要具备权利能力即可；受益人可以是未成年人、婴儿，甚至是尚未出生的孩子。

四、信托合同

（一）信托合同的特点

信托合同是委托人与受托人签订的以一定财产为中心，为实现一定信托目的而设定信托关系的契约。围绕信托的一切主要事项,均明确表示于合同之中。信托合同是确认是否建立信托关系的唯一依据。

(二)信托合同需列明的内容

1. 明确信托目的。明确信托目的是信托合同的一项重要内容。信托目的应不违反国家的有关法律规定,也不能够违反民族习惯、公共道德。信托合同中还应明确受益人接受此目的,而受托人可以依据此目的执行信托合同中的信托要求。

2. 列举信托财产的内容。信托财产是设立信托的标的物,是信托关系建立的重要因素。在信托合同中,对信托财产的品种、数量或实物财产的完好程度等,应有详尽明确的说明,不得含糊。同时,信托合同一经签订,信托财产要立即转入受托人名义控制之下,便于受托人管理、使用和处分信托财产,完成信托目的。

3. 明确信托当事人的权限

(1)委托人权限。信托合同以委托人为主体,其地位是对信托财产拥有民法上的所有权。因此,委托人提交的信托财产,必须是拥有民法上绝对的控制权和处分权的自有财产,否则,不能依法建立信托关系。只要订立信托合同,委托人就要将信托财产转交给受托人。此时,受托人对信托财产取得信托法上的财产所有权,对信托财产具有进行管理、使用和处分的权利。至于受益人,一般没有特殊的限定,由委托人的意思指定,取得享受信托财产利益之权利。

(2)受托人权限。受托人权限是指受托人对信托财产的权限。依据信托原则,受托人在一定意义上取得财产所有权,并获得相应的管理和处分财产的权利。但是,受托人在设定的信托关系中所取得的财产管理和处分权利是有限制的,即受托人的权力不能够毫无约束的、如同拥有民法上绝对权能一般地随意使用,应仍受信托合同的规定约束。

信托合同对受托人权限的规定,必须严格执行,但在签订信托合同或执行合同规定时,应注意委托人提出的不同信托目的,给予一定的弹性空间,便于受托人实事求是地处理问题,更好地完成委托人提出的信托目的。

受托人还应该享有获取报酬的权利。在设定信托与经营中,信托合同(尤其是营利性信托合同)应明确受托人的报酬,例如对计取报酬的标准、方法、金额和报酬的支付时间、方式都要明确规定。

(3)受益人权限。受益人在信托关系中的地位是享受信托收益的一方,并拥有相应的权利,比如对受托人的监督权,因而在信托合同中需要说明受益人的权限,即要明确受益人享受的信托收益,如受益人可以享受哪一部分、何种比例的收益;是享受信托财产的收益还是可以最终获得信托财产的本金,或是二者兼得;当受益人原有条件改变后,是否可以继续享受信托收益等。

4. 订定信托存立的期限。信托存立的期限是指信托的法律时效,是建立信托关系所要求的重要因素之一。在信托合同中，必须明确规定信托关系存立、持续的具体时间。即使一些特定目的的信托合同（如个人特定目的信托）可以永久持续下去，也不能违反上述原则，在契约中同样应说明具体年限。决定信托存立期限的长短，主要以完成信托目的为标准。

5. 订明信托撤销和信托财产移交的方法。在信托成立时，委托人有无随时撤销信托关系，或不得撤销、变更信托关系的意愿，以及信托结束时信托财产的移交所采用的方法等，都应在契约中写明。比如，在信托结束时，信托财产可以交还委托人本人，可交与第三者或受益人，因此必须在契约中明确说明，以防出错。

第三节　法人受托——信托机构的定义、特征、属性与职能

一、信托机构的特征

（一）信托机构的定义

1. 通用的定义。信托机构是指依照法律的授权并以受托人资格从事信托业务的法人组织，并泛称为信托业。由于法人在处理信托业务的经验和能力上要比自然人有更多的可靠性和安全性，因此各国一般都把受托人明确为法人机构。

由于当代信托机构涉及的业务范围较广，既包括一般的民事信托业务，又包括多种金融业务，并提供有特色的投资管理、财产规划等投资服务，所以又被称为信托投资公司。在大多数国家，信托机构都以追求一段时期内高额回报的投资理财或追求财产持久获利、平稳增长的资产管理服务为主要业务。

2. 我国的定义。在中国银行业监督管理委员会于 2007 年 1 月 23 日颁布的新《信托公司管理办法》中，信托公司是指“依照《中华人民共和国公司法》和本办法设立的主要经营信托业务的金融机构”。信托业务是指信托公司以营业和收取报酬为目的，以受托人身份承诺信托和处理信托事务的经营行为。我国不存在自然人个人作为注册的受托人从事适法性信托业务的情况。

3. 关于名称使用的规范。在新《信托公司管理办法》中，去掉了信托投资公司中的“投资”两字，这是参考国际上信托机构名称使用上的一般做法。新《信托公司管理办法》规定，设立信托公司，应当采取有限责任公司或者股份有限公司的形式。设立信托公司，应当经中国银行业监督管理委员会批准，并领取金融许可证。未经中国银行业监督管理委员会批准，任何单位和个人不得经营信托业务，任何经营单位不得在其名称中使用“信托公司”字样。通过新管理办法的规范，我国在信托机构发展上除了考虑拟新增一些不履行投资管理人职责的信托公司类型外，对原有公司的管理更多的是考虑进行突出信托主业的引导，但同时不限制这些信托公司的投资功能。此外，

新管理办法限制用固有资产进行实业投资,不针对信托资产和信托业务。

(二)信托机构的特征

1. 与资本市场关系密切。信托机构除经营一般信托业务外,还从事与资本市场相联系的各种特定目的的投融资业务。信托机构开展信托业务实际上包含各个不同性质的过程,第一个过程是信托机构向自然人、法人或其他组织提供信托产品,其中,筹集信托资金是典型的信托活动;第二个过程是信托机构在获取受托管理的资金或其他财产后,通过专业化管理把这些资金或其他财产运用于货币市场、资本市场或其他商品市场、不动产市场,并获取财产增值,这个过程进行的是财产管理活动或投资活动。可以看出,信托机构的经营与资本市场关系密切,促进了资本的形成。

2. 经营方式灵活多样。这一特征主要体现在信托机构能够把融资和融物结合、把间接融资和直接融资结合、把一般的理财活动和资本市场投资结合。此外,信托机构业务经营面较广,可结合不同方式方法、不同地区的经济差别、不同经济关系的特点,灵活地开展业务。这与商业银行、保险公司等金融机构相对单一的资金运作方式形成明显对比。

3. 服务性突出。信托机构作为专业理财机构,是标准的受托人,受托为委托人或受益人的利益经营业务,或为管理资产谋求事业的平稳发展,或为投资理财谋求增值,或为实现慈善目的或其他特定目的。信托机构经营业务的准则是为受托人利益着想,为他人谋利,因而收取的是手续费性质的信托报酬。这一点是与商业银行、保险公司等机构运作的最大不同之处,后者是作为社会资金运行中的中间借款人和中间贷款人出现,而不是受托人。此外,信托机构聚集了一批专业人才,加上先进的技术手段、多样化的信息渠道和分类明确的专业管理优势,具备为委托人带来高于社会平均利润率的收益之能力。例如,有的信托机构以资金信托为主,在证券投资或实业投资方面具有丰富的资金运用经验;有的信托机构以财产信托为主,在资本营运、企业兼并重组等方面具有突出优势;有的信托公司以管理各种基金为主,具有较强的管理经验。信托机构的这种比较优势,是信托机构立于不败之地的根本所在。

(三)信托机构的金融中介属性

1. 信托机构是金融机构。如上所述,信托机构的经营活动是将资金通过信托形式集中起来,并作为机构投资者参与金融市场活动,是金融市场的重要参与者。可见,信托机构在发挥财产事务管理职能过程中,实现了对资金资源的重新配置。信托机构成为促进社会闲置资金从储蓄部门向借款企业转移的金融中介之一。

2. 信托机构与其他金融机构不同。由于信托机构经营上的特点,使其与其他金融中介有明显不同,如表 2 - 2 所示。

表 2-2 信托机构与其他金融机构的比较

金融中介类型	吸收资金方式	运用资金方式	与委托人关系的性质
信托机构	筹集信托金	股票等有价证券投资	信托关系
银　行	吸收存款	发放贷款、债券与股票投资	债权债务关系
保险公司	吸收保险金	债券与股票投资	类债权债务关系。当被保险者出险时,保险公司必须给予赔付
融资租赁公司	银行贷款、金融债券等	融资租赁业务	债权债务关系

我国把信托公司定性为非银行金融机构,具体监管机关是中国银行业监督管理委员会非银行金融机构监管司。

二、信托机构的职能

(一)为人管业、代人理财的本业职能

1. 信托机构的本业职能。信托机构的本业职能是财产事务管理职能,即接受客户委托,代客户管理、经营、处置财产,概括来说就是"受人之托,为人管业,代人理财"。这是最基本、最能反映信托行业特征的职能。

社会经济越发达,社会分工的专业化程度就越高,经济个体参与者的活动越被局限于社会的某一个领域或行业,人们从事某一个领域或行业活动的专业化技能获得提高,但同时由于经济深度和广度的发展,使个体参与者难以应对复杂的局面。例如,从理财的角度看,当财富积累到一定水平,财富的拥有者很难完全通过个人的力量来实现对个人财产的最优管理和运用,必然产生借助于他人的能力、知识以及经验,来管理和运用财产的要求。在代客理财业务中,资金信托业务是信托机构的主要业务。

在金融业混业经营的背景下,信托机构的本业职能已不具备特异性。商业银行和其他金融机构都在承办各种代客理财业务。信托机构独立地专门化发展的空间正在变小。

在这样的背景下,信托机构逐渐适应了现代社会经济发展的客观要求,发挥出当代金融中介所特有的降低参与成本功能。商业银行经营信托业务正是适应了现代社会经济发展的这一客观要求,能够在为客户提供信贷、支付等业务的同时,提供理财等金融服务业务。应该说这既是对自身专业优势的进一步利用,又有利于从整体上提高社会财产的运用效益,促进现代社会经济的稳定发展。

2. 信托机构履行"诚实、信用、谨慎、有效"的管理义务,为受益人谋取最大的利

益。委托人基于信任把自己的财产委托给信托机构代为管理,信托机构在掌握了委托人财产后,"以己名义,为他人服务",并履行"诚实、信用、谨慎、有效"的义务,按照信托契约的规定,忠实履行职责,为受益人谋取最大的利益,而不允许受托人利用信托财产为自己或他人谋取利益。为了保证受益人利益不受侵害,各国都制定了许多保障受益人利益的条款。

委托人如发现信托机构违反国家法律、行政法规和信托契约,为受益人之外的其他人谋求不正当利益,或给信托财产造成损失,委托人有权向信托监管机关举报,信托监管机关将依据《信托投资公司管理办法》等法律法规对信托机构给予处罚,对信托机构主要负责人、分管负责人和直接负责人(信托经理)给予行政和经济处罚,直至撤销其金融机构任职资格。

3. 信托机构在发挥职能时,需要注意的方面有:①进行财产处置权的转移,以此使受托人充分灵活地运用财产。②受托人要将自己所有的财产和受托财产分别经营、分别管理。受托人受托为受益人的利益而对财产进行管理和处理,受托人不能借此为自己谋取利益,因此,其必须将受托人固有财产和受托财产进行分别经营、分别管理。③充分灵活运用财产是有限度的。受托人虽然得到委托人的授信,进行了财产所有权的转移,但受托人如何管理和处理信托财产,只能按照信托的目的来进行,即只能做受托范围内的业务,受托人不能按自己的判断,随意运用、处置信托财产。比如,委托人要求保管就是保管,受托人不能擅自去做增值的财产运用。如果信托机构因违背信托契约规定造成信托财产损失,信托机构要承担赔偿责任。④亏损的处理。如发生亏损,只要符合信托合同的规定,受托人可以不承担此种亏损,除非是由于自身重大过失而造成的亏损。

(二)融通长期资金职能

长期资金的融通职能是在本业职能以外派生出来的与其他金融机构共有的职能。这一职能是指信托机构能够对长期资金进行融通。信托财产可以是货币,也可以是其他。在动产理财中会有对资金的融通,有时以融物的形式进行融资(如信托机构为企业办理动产信托业务),有时以货币资金的形式进行融资(如信托机构为客户办理资金信托业务)。整体而言,19 世纪中期以来信托机构的融资职能以长期资金的融通最为突出。

这一职能发挥得如何,要看各国对信托业务融资职能认识和利用程度的高低。例如,日本把信托机构视为专门融通长期资金的机构(视为长期信用机构),在整个日本信托业务中,资金信托占 90% 以上,且主攻中长期设备资金的供给;而商业银行则是以短期金融为主要业务。我国在 1979 年改革开放以后的初期发展中,信托机构定位及宗旨极其重视融资职能,信托机构发展严重脱离了本业发展轨道。当时对许多老百姓而言,信托机构是与银行差不多的机构。

(三)协调经济关系职能

协调经济关系的职能是在本业职能以外派生出来的与其他金融机构共有的另一个职能。信托机构协调经济关系的职能是指信托机构在处理信托业务过程中,实现对各种经济关系调整的职能。受托人在复杂的信托关系中作为各种委托人与受益人的中介,充当代理人(代理发行证券、收付款项)、见证人、担保人(遗嘱执行、房地产开发和租赁中介)、介绍人(闲置物资的调剂)、咨询人(提供经济和金融信息)、资信调查、监督人(财务分析、审计和评估)。信托机构通过信托业务的办理充当上述角色,使各方建立起相互信任的关系,并实现一定程度上的调整。例如,遗嘱执行信托协调了委托人与身后继承者之间的关系;代理发行有价证券信托建立了投资者与发行人之间相互信任的关系,并在一定程度上实现了利益关系的调整;经济咨询则使受托人借用掌握各种信息的优势或者资信调查,为作为委托人的经营方提供利于其发展的、可靠的经济信息,有利于其合理采购、合理加工和生产;通过委托租赁对委托人的闲置物资融通调剂,协调所有者与使用者之间的关系,使物品或某种设备得到更有效的利用。

总之,在现代的社会分工、部门协作生产条件下,信托机构通过从事上述类似于经纪人的活动,使各方面建立相互信任关系,加强了各方沟通与合作。信托机构在使各方关系更加协调、有序的同时,促进了地区之间的物资和资金融通,在经济中发挥着独特作用。

三、信托机构的作用

信托机构经营的特殊性使其在职能发挥的过程中,对经济运行产生了不同于其他金融中介机构的特殊作用。

(一)促进了商品经济向更高层次的发展

1. 一国商品经济发展进入高层次发展水平的特征。一国商品经济发展是否进入高层次发展的基本特征反映在:①主体多元化,即在经济、金融活动中,政府及其机构、企事业单位、个人与家庭都可作为市场参与者,不同程度地参与各项活动;②管理体制多元化,即经济、金融发展实行多元化管理,市场经济、计划管理等手段并用;③经济、金融过程有序,即在当代复杂的信用货币经济中以及开放的金融市场中,建立起各种不同层面的、相对平衡的生产和生活关系;④结果有效性,即经济活动既要追求绝对数量上收入或产出的增加,又要讲求相对意义上的投入产出效率;⑤经营模式多元化,即经济、金融活动中国有、民营、集体等多种实体所有制成分并存,股份、独资或合伙等多种经济经营模式并存。因而在经济活动中,理顺各种关系成为经济以及社会生活中的必然需求,在当今世界经济发展趋势融合的大背景之下,这种对各种经济关系的调整更具有开放性、广泛性和深刻性。

2. 信托机构对商品经济发展层次的推动作用。在促进经济发展向高层次转化中，信托以其特有的方式发挥着推动作用。主要表现在通过灵活、多样的信托业务和各种复杂的信托关系的建立，满足各种不同的经济关系和不同利益集团的特殊要求，从而在主体、形式、过程及效果等方面推动经济发展。

（二）有利于增加个人财富、更新财富传统继承观念

1. 信托机构提供的各种理财服务是个人重要的理财方式，便于进一步增加个人财富。信托机构提供的服务有利于保证财产安全、进行有效管理并提供融资和理财便利。就理财而言，自然人自己亲自运作的经济活动，因条件限制，如时间、费用及相关成本方面的付出都会很大，在收益和效率上很难总是保持最佳状态。而由信托公司来做则大不相同，信托为委托人提供了运用资金和财产的多种形式及广阔市场，并通过受托人对信托财产进行有效的管理和利用，使委托人届时可获得犹如在银行长期储蓄那样相对安全（与其他投资相比）、但却高于银行长期储蓄的收益。信托机构不但有能力、实力，而且可以获得大规模运作的经济效益，使社会资源得以有效利用，从而使社会整体效益得到提高。相比较而言，银行提供的服务则安全性更高，但对于客户来说却未必是最有效的理财方式。

2. 信托制度的建立更新了财富继承观念，避免了人与人之间的纠纷。传统的财富继承以遗嘱或法院裁定方式为主，如父母将遗产传给子女，似乎已成为天经地义之事。然而实际上，在信托制度成熟稳定建立的环境下，许多财富拥有者并没有以此方式进行财富的传承。洛克菲勒家族、肯尼迪家族、卡耐基家族的影响力并没有因为重要人物的离世而减弱，就是因为上述家族没有按传统方式进行财富转移，而是运用信托把一部分财产委托给有能力的专业机构进行管理，使家族财产得到永续传承。另外，信托方式理财能够有助于在委托人死后，继续体现委托人的意思表示，避免纠纷。

背景链接

遗产信托

2006年前后，在中国演艺界有两个极为典型的事例。一位著名香港歌星在世时，以委托理财方式与汇丰银行信托部签订理财协议，并委托汇丰银行在其因病去世后继续按照协议打理其名下财产。故在该歌星病故后，当其亲属对于委托人遗嘱中财产的安排心怀不满并付诸诉讼时，不能获得法院支持。另一个相反的例子是国内某著名画家因在世时没有对身后财产处置与分配做出明确的法律安排，在离世后，其遗属之间出现关于财产处置上的纠纷。

（三）促进了公益事业的发展，推动社会进步

通常情况下，各国政府对公益事业的发展都通过财政预算给予一定的资金支持，但面对庞大的、复杂的支出需求和范围以及有限的财政预算资金，公益事业的发展常常因资金的匮乏或资助力度不够充足而受到限制。在信托制度下，公益信托为公共事业发展提供了特殊的规划、管理等专业化服务，并提供了重要的资金资助，从不同角度发挥了极为重要的推动作用。比如成立于1847年的美国史密森基金会（Smithson Institute）就是专门化的资助博物馆事业的公益信托组织，也是美国第一个以公司制组织的基金会。该基金会管理着英国人史密森先生约50万美元的捐赠，用来发展美国博物馆事业。现今华盛顿特区许多大博物馆都是由其资助设立的。

（四）促进了企业融资、重组等各种商事活动的顺利实现

信托机构提供的专业信托服务，例如，关于企业创设、改组合并、解散清算的各种专业信托服务，解决了企业发展与资本重组中的基本问题；企业筹资信托则通过为筹资企业提供代理股票、债券发行和买卖业务，促进企业融资活动顺利完成。此外，信托机构还为企业各种交易活动的顺利开展提供资产评估、审核等各种经营上的便利服务。在受托人进一步专业化发展的背景下，这一作用在投资银行业的活动中发挥得更为突出。

四、信托机构的发展趋势

（一）发展空间逐渐缩小

在研究中，曾有过“四足鼎立”之说，视信托业为金融业中的一个重要行业。事实上，随着社会的演变和时代的需要，特别是在混业经营的趋势下，专门的、独立的信托机构已不多见，或者在金融业市场格局中所占份额较小，更多的是以银行为主的各种金融机构的信托部在从事各种信托业务。以信托业发达的美国为例，全美国目前约有8 000家银行，其中有1/3的银行设有信托部，大银行信托业务规模都很大，其资产占银行持有的全部信托资产的比例也很大。在设有信托部的银行中，前100家持有的信托资产就占银行持有的全部信托资产的4/5。另一个例子是，在美国按资产大小排序的金融机构中，商业银行、储蓄贷款协会、私人养老金、人寿保险公司、互助储蓄银行等都名列前茅，唯独不见信托业公司名列榜单。实际上，美国商业银行资产的50%以上为信托资产。

商业银行所兼营的信托业务多以发挥融资职能为主，并开始大规模涉足财富管理业务，尤其是个人信托中个人退休金账户管理，个人和法人信托中的投资基金管理，以及法人信托中的养老基金管理。随着经济运行的深化以及专业分工的发展，除银行外

还存在专门经营此类业务的金融机构，如投资基金、养老基金等。我国当前的股票市场，基金、黄金市场等分流了大量银行的存款，但同时也有相当一部分存款资金转为购买银行的各种理财产品。

在当前的经济环境下，我们不能排除信托公司独立发展的可能性，因为这类机构可以更好地满足社会各阶层涉及货币信用关系和经济联系的个性需要。例如，在政府对金融制度影响较大的日本，信托机构仍能够以特殊方式（信托银行）存在并独立发展。

（二）信托业发展集中化

以日本为例，日本的信托业集中化十分突出，市场格局主要由三菱、住友、三井等7家信托银行所控制。从美国兼营的银行来看，信托业务多集中在一些大银行。当今银行业中间业务盈利在总收入中占比提高已形成共识，其背后原因之一就与商业银行受托资产业务增加有关。如美国的纽约银行是全球最大的托管银行，管理着庞大的托管金融资产，非利息收入占比在2000年达到59.7%，2005年进一步增至68.9%。而美国的梅隆银行则是另一家著名的托管银行，在管理着庞大金融资产的同时，还提供清算、资产管理服务，非利息收入占比在2000年达到83.7%，到2005年更是高达89.9%①。美国中小银行这部分收入并不高，说明受托业务量也有限。

（三）商业银行兼营信托业务的意义

1. 扩大了业务范围，有利于增加银行收益，分散银行风险。20世纪80年代以来，由于同业间激烈的竞争，银行传统的主营业务收益（存贷利差）在增长上开始呈放缓趋势。为增加收益，银行开始注重中间业务领域的产品拓展，同时比以往更大规模地兼营信托业务。可以说，商业银行大量兼营信托业务是银行适应竞争生存环境的积极表现，丰富了银行的业务种类，为银行开辟了新的利润来源渠道。著名的汇丰银行信托部擅长民事信托业务，提供委托人身后遗产管理、所关注事业的延续发展，甚至委托人遗属的生活开支等服务。

2. 在一定意义上分散了银行的经营风险。因为银行的负债成本相对确定（吸收存款必须付息），但资产收益却相对不确定，这就导致银行经营风险非常大。而同时，银行本身又是一个高负债经营的企业，负债资本比约为10倍，这样的金融机构其实非常脆弱，一旦资产运用不当遭遇大的损失时，必定要侵蚀比例极低的资本，甚至危及机构安全，巴林银行的倒闭就是一个典型的例子。推而广之，以银行为主的直接承载资金转移的金融机构都是如此。金融行业的发展对整个国民经济、社会稳定、人民生活都至关重要，所以，银行的经营风险大，就必须加强事前防范、事后化解的能力。在事

① 来源：美国联邦存款保险公司网站（http://www.fdic.gov）。

前防范中分散风险是金融机构经营中的一个重要主题。分散风险的方法有很多，商业银行兼营信托业务在一定意义上起到了分散银行经营风险的作用。同时，兼营信托业务使银行利用了自身现有优势，并能够稳妥地获得收益。

3. 充分利用了商业银行现有的条件。商业银行在从事大量银行业务过程中，具备了许多优越条件，如总分行制度下众多的分支营业网点，有广泛的信息资源，有现代化的电脑网络通信设备，资金来源稳定，资金实力雄厚，信誉度较高，同时因兼办零售与批发业务而与各种自然人个人及各种法人建立了联系，有固定的大客户，这些条件都是其他金融机构所不能比拟的。

背景链接

香港的财产信托与汇丰银行信托部

香港的财产信托主要由银行的信托部承办。它和其他专业信托机构最主要的区别是银行能提供一站式的银行及财务服务，而专业信托机构只能提供本身的专业服务。

在香港，银行办理信托所收的年费为3‰，如果委托人的财产标的高，可与银行协商收费，但年费在5 000～10 000港元之间。各商业银行一般都设有自己旗下的全资信托公司，较为著名的是汇丰银行国际信托公司和香港东亚银行信托公司。汇丰银行的信托公司收费较高，但名气最大。

银行下属的信托公司管理机制基本上和银行其他业务没有太大差别，都需要遵守银行守则并接受香港银行公会及香港金融管理局监管。

第三章　信托分类与业务内容

第一节　信托业务的基本分类

一、信托业务分类的意义

信托业务分类是以一定分类标准，从目的、特点、地域等方面对信托业务进行的种类划分，使信托活动有别于其他经济活动，并具有自身鲜明的特征。

科学地划分信托种类是研究其业务特点、分析信托业务与其他经济业务之间联系与区别的重要基础。通过划分信托业务种类，不但有助于确定信托学科研究的范围，了解信托的发展变化及其规律，同时也便于改进信托经营方式，加强信托经营管理，建立健全与信托形态相适应的信托法律和制度。

信托业务分类通常根据各国经济发展的需要和信托业务结构来进行。

本书对信托业务的分类基于三个要点：信托关系建立的特点；信托目的；信托的其他内容。这种分类便于从不同角度来理解信托在经济中的作用。

二、依据信托关系建立的特点进行分类

（一）按信托关系确认方式

1. 任意信托。任意信托是指信托关系主要出于委托人的自由意思，经受托人同意而成立，不受外力干预，而且信托当事人（委托人、受托人、受益人）的意思表示明白且记录在有关信托文件（契约或遗嘱）之中，故又称“自由信托”。又因其意思表示订定在文件中，所以亦称为“明示信托”。任意信托的意思表示以委托人意思表示为最重要的依据，但是，也必须是受托人同意受托，受益人乐于受益。这类信托是信托中最为普遍的一种。

2. 法定信托。法定信托是指由司法机关依法律规定，推测当事人可能的意思表示，并以此确定信托关系。这种信托的成立缺少信托关系形成的明白表示，须经司法机关根据该项关系的内容，考查有关文件资料来确定当事人的信托意思表示，然后断定各当事人之间是一种真正的信托关系，所以又称为确定信托或指定信托，这种法定信托是英美法律上的一种特有现象。比如，某人去世后留下一笔财产，但未留有遗嘱。其所留财产被亲属 A 所掌握，其他 B，C 亲属不服，上诉到法院要求分割。法院立案后

初步认定事实成立,将继续受理其他亲属要求分割财产的要求。在分割财产的一系列工作开始前,要妥善安排财产,保护当事人权益,于是法院出面依法确立亲属 A 与其所掌握的财产之间为法律上的信托关系,而非所有关系。

背景链接

诉讼阶段的法庭指定信托

诉讼阶段的法庭指定信托是指在处理遗产争议的诉讼过程中,由法院指定一位名望高、信誉好的律师作为信托人管理争议的财产,将有关收益存入律师事务所指定账户,并根据法院的指示将收益交付受益人的一种做法。此种做法有效地避免了财产因争议而处于无序管理的状态。著名的“龚如心、王廷音世纪争产案”诉讼持续将近十年之久,就是采用了此种方式让数百亿资产继续有效运作。

3. 强制信托。强制信托是一种强制的法定信托。司法机关以公正公平的法律观念,用法律上强制的解释权,不问当事人的意思表示如何,强制断定有关当事人之间的关系是一种信托行为关系。强制断定这种信托是为了制止某人用诈欺、错误或不法行为攫取他人财产,即只承认该人是法律上的受托人,不承认其是产权的绝对所有人。如某乙凭借某种手段,计诱某甲以极低价格将产业售与某乙,事后某甲发觉上当诉诸司法机关。而某乙辩称是双方自愿。司法机关洞察某乙的动机后,强制某乙成为法律上的受托人,为某甲的利益代理其产权,不确认此产业绝对归某乙所有,某乙对此产业不得进行买卖。所以强制信托实际上是当事人之间根本没有信托的意思表示,而由法院司法确认其信托关系。这是对某甲在经济上免受更多损失的一种法律援助,对某乙的欺诈行为则是一种无形的惩罚。

(二)按信托关系能否随时撤销

1. 信托关系能随时撤销的信托。能随时撤销信托关系的信托是指以法院为委托人的信托,而最初信托的成立是由法院的命令所致。因此法院就可以随时以命令变更信托条件或撤销信托关系。例如某项财产因发生争执而诉诸法院,一时无法确认其所有权,则法院可用委托人的名义,委托某信托机构暂时代管,等到确认无疑,根据裁决再行处理。此时法院要与信托机构订立信托契约,其中写明此信托关系可随时撤销,并规定可随时改变委托人。此种信托,对委托人比较便利,然受益人的利益较不确定。

2. 信托关系不能随时撤销的信托。这是一种比较普通的信托。在成立信托的文件中即订明信托关系不能随时解除,比如遗嘱执行信托和遗产管理信托,其信托关系的成立和信托效力的确认,始于委托人去世之时。在上述信托关系文件中,虽没有写明不得变更信托条件或随时解除信托关系的文字,但也形成事实上不能随时撤销信托关系的一种信托。总之,这种信托是不能由一方当事人的意见而单独变更信托条件或撤销信托关系的。如遇急迫事情不得不变更,则必须得到三方当事人的一致同意或申请法院裁决方可。

(三)按信托事项的立法依据

1. 民事信托。民事信托是指依据各种民事法律(如民法、婚姻法、经济法、劳动法、继承法)而建立的信托关系和发生的信托事项。民事信托旨在调整财产关系和人身关系。例如财产的管理、遗嘱的执行、遗产的继承和管理、财物的买卖、财物的抵押和寄托等,由此发生的信托事项均为民事信托。

2. 商事信托。商事信托是指依据各种"商事法"(如公司法、票据法、保险法和海商法)而建立的信托关系和发生的信托事项。商事信托旨在调整企业商业活动和经济活动关系。例如,股份公司的设立、改组、合并、解散与清算的信托,公司债(企业债)的发行、还本付息的信托,商务管理的信托,商业人寿保险的信托等。

3. 民事商事通用信托。商事信托与民事信托有时没有明显的区别,因为两者有很多密切联系,所以有些信托事项两者可以通用,既可划为商事信托类,也可划为民事信托类。例如,"附担保公司债信托"即是如此。凡发行公司债券则属于商事法规范畴,而提供担保品给受托人的做法,涉及抵押品问题,则适用于民法范畴。若要真正划分这种信托属于哪一类,可以其设定信托的动机来加以区分。设定信托的动机偏重于债券发行的目的,即为商事信托;设定信托的动机偏重于抵押品的确实与安全,则为民事信托。

三、按信托目的进行的分类

(一)按设定信托受益人性质

1. 公益信托。公益信托是指为增进社会公共利益,使社会公众或者一定范围的社会公众受益而设定的一种信托。具体来说,就是为了救济贫困、救助灾民、扶助残疾人,发展教育、科技、文化、艺术、体育、医疗卫生事业,发展环境保护事业、维护生态平衡,以及发展其他社会公益事业而依法设立的信托。公益信托通常由委托人提供一定的财产设立,由受托人管理信托财产,并将信托财产用于信托文件指定的公益目的。其受益人不是特指某一个人,而是社会中有资格享受这种利益的人。如诺贝尔奖就是诺贝尔本人在1901 年以 170 万英镑本金设定的信托,由特定受托人管理运用,每年将收益的一定数额奖励给有突出贡献的学者。

背景链接

诺贝尔经济学奖

诺贝尔经济学奖并非诺贝尔遗嘱中提到的五大奖励领域之一,该奖是1968年瑞典为庆祝瑞典银行成立300周年而专门设立的,全名叫瑞典中央银行纪念阿尔弗雷德·诺贝尔经济学奖,该奖项奖金由瑞典中央银行提供,委托瑞典皇家科学院评定,原则与诺贝尔奖原有奖项的评定相同。1969年第一次颁奖,由挪威人弗里希和荷兰人丁伯根共同获得,美国经济学家萨缪尔森、弗里德曼等人均获得过此奖。

2. 私益信托。私益信托是指委托人为了特定受益人的利益而设立的信托,受益人范围窄,一般又可分为自益信托、他益信托。自益信托指信托的目的为委托人自身的利益,从理论上讲,委托人和受益人都是信托关系人,虽同为一个人,但信托关系仍存在。信托早期主要是为他人受益,随着社会的发展,委托人开始利用信托为自己谋利益,也就出现了委托人将自己定为受益人的情形。通过这种形式,委托人可以把自己不能做、不便做的事项委托给信托机构去做,利用信托机构的专门人才和专业设施,使财产获取更大的收益。共同基金就是一种典型的自益信托。他益信托则是指信托的目的是为委托人指定的第三者谋利。例如,身后信托就属于他益信托。

另外,也有自益、他益目的兼而有之的信托。如委托人约定,一定年限内每年经过运用所得收益归委托人自身(收益受益人),过了一定年限后本金归第三者(本金受益人)。

(二)按受托人是否盈利

1. 营利性信托。营利性信托是指受托人以收取报酬为目的而承办的信托业务。从信托制度在英国的起源与确立过程可以看出,营利性信托是在信托发展到一定阶段以后出现的。信托事项经历了从无偿到有偿收费,再到追求利润的发展过程。有偿收费是在1896年《公共受托人条例》和1897年《公共受托人条例实施细则》颁布后开始的,但此时收费较低,主要满足实际费用开支需要。真正追求利润的营业信托是在1908年标志英国从个人受托向法人受托时代过渡的公共信托局建立之后,特别是大量的私营信托机构设立以后普及起来的。目前,世界各国绝大部分的信托业务属于这类信托。

2. 非营利性信托。非营利性信托是指受托人不以收取报酬为目的而承办的信托业务。信托产生的早期,主要是个人信托,委托人寻找的受托人也大多是自己的亲朋好友,受托人承办信托业务大多是为了私人情谊,而不是为营利。委托人有时也向受托人支付一定的报酬，但这只能看作是一种谢意。从受托人角度看，他并不以收取这种报酬为目的。在现代信托制度下，这类信托的目的是提供一种社会服务，如为慈善事业、文教事业、科技事业等举办的公益信托。

（三）按信托目的

1. 担保信托。担保信托是指受托人掌握信托财产产权之目的在于保护受益人的合法权益，如附担保公司债（企业债）信托。某公司以某种财产移转于受托人（信托机构），发行公司（企业）债券于销售市场。各债券持有人（受益人）当然不能分管某公司（企业）受押的财产。如果把财产移转于受托人（信托机构）保管，就可以保护各持券人（受益人）的抵押权利。把财产移转给受托人以保护受益人的权益，即为担保信托。这种信托的目的在于保证信托财产的确实与安全，不在于对此种信托财产的管理和使用。注意担保信托不同于保证信托，并非是受托人接受委托为单位或个人提供某种信托担保。

2. 管理信托（或称财产管理信托）。管理信托的受托人掌握信托财产的目的在于保护财产的完整、维护财产的现状，不变更财产的方式或形态，并收取该项财产的固有收益和应支付的必要费用，使财产不致有任何损失。例如，受托管理某委托人的房产，受托人只能负责管理，使之不受损坏，收取规定的租金，支付必要的维修费用。受托人不能随意变卖此房产或重新拆建此房产，即受托人有管理信托财产之权，而没有支配信托财产之权。

3. 处分信托（又称使用和处分信托、财产处理信托）。处分信托受托人掌握信托财产的目的在于使用和支配信托财产，处理这种信托财产，以使信托财产的本身价值增加，或使信托财产收益增加。为了实现上述目的，受托人掌握信托财产物上代位权，可以变更信托财产的方式和形态。例如，为了信托财产增值，受托人按信托文件的要求，可以将信托资金换成不动产或有价证券，再把不动产或有价证券换成现金。

四、依据信托的其他内容分类

（一）按信托财产的形态

1. 资金信托。资金信托是指受托人受领的信托财产是货币形态的资金，在信托终了或依信托契约规定，给还原本金（信托财产）时，仍以金钱交付受益人的信托。如信托贷款、证券投资信托或年金信托等都属这种信托的形式。

2. 动产信托。凡以工业企业的设备，交通事业的车辆、船只、飞机及其附属设施，其他运输工具作为信托标的物，再由信托机构将这种财物贷放给有关的使用单位或运输部门，即是动产信托。信托标的物也可以由受托人代为管理或处分，例如信托标的物是某种商品，委托受托人出售的信托，也是动产信托。但用商品动产经营要受商品的质量、价格、市场等多种因素的影响，容易造成损失，故一些国家的法律规定，一般信托机构不得承受这种信托。

3. 不动产信托（或称房地产信托）。凡以不能移动的财产，即移动后会引起性质、形态等变化的财产作为信托财产而成立的信托称为不动产信托。例如把土地、地上建筑物的产权转移给受托人，受托人根据一定的信托目的，对此加以管理或处分。其中属代收地租或房租、代付房产税和地产税、代为维修房屋等信托事项则为不动产管理信托；属委托出售土地或建筑等不动产则为不动产处分信托；属代为发行不动产债券则为广义的不动产信托。

4. 债权信托。债权信托是指委托人以债权移转给受托人，在此项债权给付清算后再交委托人或受益人管理、使用或支配。以人身保险信托为例，委托人保有人身险，对保险公司享有赔偿的债权；在信托关系成立时，委托人转移给受托人的产权不是实物形态的信托财产，而是将来收取保险公司赔偿的保险金的债权。又如催还信托，受托人受托的是催还欠款的债权证书，不是实物，目的是要经过代为催要或诉讼，收回所欠款项交付受益人。

（二）按委托人性质进行分类

1. 个人信托业务。个人信托业务是指个人委托人设定的信托业务。

2. 法人信托业务。法人信托业务是指法人委托人设定的信托业务。

3. 个人和法人通用信托业务。个人和法人通用信托业务是指个人和法人均可以作为委托人设定的信托业务。

（三）按设定信托涉及地域范围分类

1. 国内信托。国内信托是指信托业务所涉及的范围限于一个国家境内，或者说信托财产的运用只限于一国的范围之内的信托。

2. 国际信托。国际信托是指信托业务所涉及的事项已超出了一国的范围，引起了信托财产在国与国之间的运用。

第二节　个人信托业务

一、个人信托业务设立

（一）个人信托的含义

个人信托是指委托人（指自然人）基于财产规划、财产管理和对财产的投资运作目的，将其名下财产，包含金钱、有价证券、不动产等资产，交由受托人（信托机构）依照信托契约执行各项管理运用,以期达到预定的信托目的。个人信托包括个人生前信托和身后信托两类。

(二)个人信托成立的基本程序

1. 审查有关成立人、保护人、受益人的资料。根据一连串内部的程序,确保有关人士的身份及财产来源的合法性。

2. 委托人需与信托公司、法律顾问或财务顾问商讨其意愿并确定相关事项。如,成立信托的目的、受益人的类别等,信托公司的权利及责任、何种资产需要注入信托、何时及以何种形式将资产分配给受益人。

3. 根据以上分析,委托律师行起草及处理信托法律文件。法律顾问所建议的信托架构及文件需经委托人及信托公司详细阅读并认可签字。信托合同及有关文件经委托人和信托公司签署后,信托关系正式建立。

4. 委托人将有关资产正式交与信托公司。信托公司开始正式处理受托资产,直至信托合同终止。

(三)个人信托的意义

个人信托重在解决委托人的后顾之忧。首先,受托人对信托财产的管理和处分不受委托人死亡因素的影响,个人信托不仅能使委托人的各种财产做最有效的整体规划与处理,使其财富能够积累下去,也能通过对财产的管理保障委托人身后未成年子女、精神疾病患者亲属的正常生活。其次,个人信托的内容具有高度的弹性及隐秘性,委托人对信托的财产亦能保有控制权。因而,个人信托业务为顾客提供的财产管理是其他金融产品或理财服务所难以企及的。

二、生前信托业务

(一)生前信托的特点

1. 生前信托含义。生前信托是指信托机构与委托人个人在其生前订立信托契约而成立的一种以财产管理为主的信托关系。在这种信托关系中,既然称“生前”,委托人必然是自然人个人。受益人可以是委托人本人,也可以是第三者。生前信托订立的契约,在委托人在世时即具有信托法律效力。因此,此类信托的突出特点是生前签约、生前生效。

2. 生前信托的标的物。生前信托的标的物既可以是金钱形态,也可以是其他动产或不动产等。

生前信托的目的主要是通过信托机构的经营管理,使原有财产得到增加,使财产得到保障并能增加收益,使财产的处理更加方便并免受损失。具体到委托人而言,通过由别人替自己料理相关事务，可以减轻自己的负担，节约精力、时间。可见，生前信托最能反映信托的财富管理职能，突出地发挥了方便社会和民众生活的作用。

（二）生前信托的内容

从信托机构讲，生前信托目的在于满足社会各界委托人提出的各种关于生前信托的要求，内容十分丰富，所以其提供的服务种类多、方式多。概括起来，有以下几种业务：

1. 以增值财产为目的。委托人把财产信托给有丰富理财经验的受托人，由受托人经营，达到增加收益、增值财产的目的。通过个人生前信托业务，受托人利用自身的能力和经验及其他优势为委托人管理经营信托财产，既减轻了委托人的负担，解决了委托人的困难，又能提高财产的收益，于国于民都是非常有益的。

2. 以保全财产为目的。保全财产指委托人通过财产的信托，利用信托财产的独立性，保护其财产不受损、不丢失。财产信托出去以后，在信托期间由受托人持有，并由受益人享受信托收益，委托人便不再对信托财产拥有处置权，委托人在信托期间所形成的债务也不会影响到信托财产，从而保全了这部分财产。同时受益人对信托财产的权利是由委托人确定的，受益人只能享受已定的权利，这样也能达到保全信托财产的目的。

3. 以处分财产为目的。此种信托的目的包括：由信托机构代委托人分割、交付财产与各受益人，出售财产，办理财产抵押以获得资金以及税收、法律事务等。

4. 以资金理财为目的。这类生前信托的目的是谋求货币的增值，一方面要谋求收益有保障，另一方面还要使效果显著。因信托机构具备经验丰富、设备完备、技术较高等条件，托其代为经营财产，功效显著，收益有保障，又可免去自己管理财产的烦劳。以此种目的建立生前信托关系的最多。

5. 以某种特定目的成立的生前信托。此种信托目的十分广泛，如个人捐赠款项的公益信托，子女医疗、教育费的信托，委托代管父母、子女赡养费或其他生活费的监督付款信托，等等。

（三）生前信托的受益人

生前信托的受益人由委托人指定，也可以由委托人自为受益人。有时在信托之初委托人即是受益人，以后则指定第三者作为受益人。

1. 委托人自为受益人。委托人自己受益的情况有以下几种：①财产所有人因健康原因不能自理财务，将财产移交信托机构经营，自己享用其收益。②财产所有人年老引退，不愿自理财务，想省却操劳之烦，将财产移交信托机构经营，自己享用其收益。③财产所有人长期在外，无暇经营自己的产业，将产业移交信托机构代为经营，将收益归自己所有。④财产所有者年轻无经营经验，承受财产后难以妥善管理，将财产移交信托机构代为管理，自己享用其收益。

2. 委托人指定第三者为受益人。委托人指定第三者为受益人的情况，主要是对家属、亲属或社会公众而言，其常见的有以下几种：①家长将部分产业移交信托机构，委托代为支付子女的教育费、生活费、医疗保健费、婚嫁费。②子女将资金交与信托机构，委托其定期送交老年父母，或其赡养的其他亲属，作为生活补助费、医疗保健费。③财产所有人将其部分财产委托给信托机构，为其家属的其他特别需要而经营生利，比如家属中的某人购建住房之用。

3. 先为自身受益，后为第三者受益。生前信托在执行过程中，由于时间差别，会引起受益人的变动。即委托人在生前是自身受益，委托人自为受益人，信托期间原委托人去世，则由其指定的第三者受益，此时第三者为受益人。

三、身后信托业务

个人身后信托业务的开展与遗产有关，是围绕遗产的继承和分配而设立的。

（一）身后信托的特点

身后信托是指信托机构与委托人在生前订立信托契约，受托办理委托人去世以后的各种事务；或者由死者的亲属和司法机关为委托人，与信托机构订立信托契约，受托办理死者身后的各种事务。多数这类信托契约订立于委托人生前，但其信托效力却在委托人去世之后，这是身后信托的第一要素；其次，身后信托的受益人必为第三者。

（二）身后信托的内容

信托机构举办的个人身后信托业务有以下几种：

1. 执行遗嘱信托。执行遗嘱信托是为了实现遗嘱人的意志而进行的信托。遗嘱的执行，其出发点在于谋求遗嘱上各种事务的便利，以表现遗嘱意志，按遗嘱处理遗产。遗嘱执行上的事务分为债权的收取、债务的清偿、遗赠物的交付、遗产的分割四大类。遗嘱执行人根据遗嘱，参照法律办理清理遗产等事务。目前世界各国大都由信托机构承担遗嘱执行事务。

信托机构在执行遗嘱上具有下列优势和便利：①信托机构是独立法人，在遗嘱执行中可以排除各种干扰，做到公平客观。②信托机构社会联系面广，对债权债务的清理较为方便。③信托机构拥有专职技术人员，对遗产的分割处理有丰富的经验。④信托机构较个人受托执行遗嘱更具安全性。⑤信托机构永久存立，不像个人受托人会因事务繁忙而中断或拖延遗嘱的执行，而且信托机构都有固定的办公时间，便于各方联系。

信托机构经营执行遗嘱信托业务必须依法办事，一切工作以遗嘱为依据，以法律为准绳。执行遗嘱信托的成立与终止，都有明确的规定，便于社会监督和法律监督。我国关于以信托方式处理遗产的事项尚未普遍采用，这与我国的社会习惯和传统有关，也与社会大众个人和家庭财富积累的数量有关。对于社会大众而言，如果采用以信托方式处理身后事务，则信托标的资金数额略显偏低，成本相对偏高。

背景链接

戴安娜王妃的遗产信托

英国已故戴安娜王妃在与查尔斯王子离婚后，立即更改了其遗嘱的某些内容，其中包括她身后遗产处置的安排。戴安娜王妃遗嘱的条款规定，除支付遗产税，剩下的财产由威廉王子和哈里王子平分。但不管是威廉王子还是哈里王子，不到25岁谁也没有权利分享其遗产的收益。当威廉王子和哈里王子年满30岁以后，他们可以全权支配这笔财产。到2008年年底，这些遗产所有项目相加的总额已达到1 200多万英镑。

2. 管理遗产信托。管理遗产信托业务是执行遗嘱信托业务的延续。在执行遗嘱信托中，遗产分割落实，遗嘱人的意志基本实现。但析产完毕，还会涉及许多财产事项和其他事项需要继续处理，或者留存有分割遗产未决的问题。比如，当析产问题长期不能解决时，不能坐待遗产中的有些事务停顿。

管理遗产信托基于两种基本需求：

（1）“继承已定”后遗产的受托管理。这主要包括以下情况：①继承人继承遗产后，不能立即接管分得的财产。如继承人长期患病，不能接管而自理，只得办理管理遗产信托。②继承人继承遗产后，如果本人事务繁忙或经验不足，不能立即接受遗产，委托信托机构代为管理。③继承人继承遗产后，因心情抑郁悲痛，不愿立即接管遗产，亦可由信托机构办理管理遗产信托。

（2）“继承未定”前遗产的受托管理。这主要包括以下情况：①有的遗产没有立遗嘱，无法体现遗嘱人对继承的具体意思表示，虽然根据法律顺序可以析产，但由于各方存在意见分歧，导致继承未定。由于遗产不能无人管理，只能委托信托机构办理管理遗产信托。②有的遗产分割继承有遗嘱可据，但继承人一时找不到，继承无法落实。遗产不能无人照管，只得委托信托机构办理管理遗产信托。③有的遗产既无遗嘱可据，按法定程序，又一时找不到继承人，同样可以委托信托机构办理管理遗产信托。

受托人的主要职责是编制遗产清册，处置遗产，公告继承人，公告债权人和受遗赠人，偿还债务和交付遗赠物，或帮助继承人进行理财。此项信托的目标只是妥善管理遗产，并在信托终止前将遗产交还继承人。

在上述信托关系成立时，原执行遗嘱信托时的委托人、各种继承人都是委托人，所有继承人又都是受益人。

3. 监护信托。监护是指依法对某人的人身、财产以及其他一切合法权益加以监督和保护的一种法律行为。监护信托是利用信托方式由信托机构对未成年人或禁治产人的人身和财产以及其他一切合法权益给予监督、保护、照顾和管理。这种信托的创设在于保护委托人遗属的利益。在此种信托关系中，受托人称为监护人或保护人，受益人则称为受监护人。监护信托业务主要可以分为未成年人监护信托和禁治产人监护信托两部分。

(1)未成年人监护信托。未成年人是指按法律规定不足"法定年龄"而无民事行为能力的人。信托机构受托办理未成年人的监护事宜，即为未成年人监护信托。此种信托关系中，信托机构既是委托人，又是监护人；未成年人既是受益人，又是受监护人。信托机构作为未成年人的监护人应尽的职责是：承担未成年人的养育责任，并对未成年人的财产进行管理。承担未成年人的养育责任应该首先行使其父母对未成年人应尽的义务和权利，同时负责从信托财产中向未成年人提供生活费用和教育费用，保护未成年人健康成长。对未成年人的财产进行管理，首先要保证其财产的安全，以保障未成年人应有的经济利益，同时应尽可能妥善管理信托财产，使其不断增值。在对财产进行管理经营时，应将安全性放在首位，不能将未成年人的财产用于风险性投资，信托机构更不能利用未成年人财产为自己谋取利益。在监护期间，信托机构要定期向委托人或法院提交关于信托财产运用的会计资料和报告。监护结束时，信托机构将财产转交给有关人士。信托机构可以获得正常的信托报酬，但不得从被监护人的财产中获取非法利益。

(2)禁治产人监护信托。禁治产人监护信托是指为不能亲自独立掌握和处理自己财产的无民事行为能力的人(如精神病患者)所设定的信托。对禁治产人的确定不能随意指定，以防止他人随意剥夺某人财产所有权或管理、使用和受益权。禁治产人一般由亲属向法院请求鉴定，由法院宣告才能确认。这种信托关系的成立，信托机构是受托人又是监护人，禁治产人为受益人，又是受监护人。

在财产管理上，上述两者的区别在于：前者重在对受监护人的培养教育；后者重在依据监护人的财产状况，看护并治疗受监护人的病症。

4. 人寿保险信托。人寿保险信托是人寿保险业务的继续，两者的不同之处在于：保险契约是一种债权证书，对保险公司而言是一种付款契约，是保险金给付的重要单证。信托契约是管理财产的契约，契约中只明确委托人、受托人、受益人之间的权利和义务关系。

信托机构开办这项业务，一方面可以代投保人按时交纳保险费，防止保险中断，为投保人提供了便利；另一方面由信托机构领取保险金，并代为经营管理，可以解决保险受益人由于本身条件限制，在领取保险金和管理保险金方面存在的困难，更好地保障受益人的利益。

第三节　法人信托业务

一、法人信托业务的设立

(一)法人信托的含义与特点

法人信托是指由公司、社团等法人委托信托机构办理的各种信托业务,与"个人信托"对应。通过此类业务,企业在关于创设与重组、筹融资、动产管理、养老金等方面的工作都可以得到专业信托机构的协助。

法人信托是信托机构重要的业务形式。与个人信托相比,法人信托具有以下特点:①只能由法人信托机构承担此业务。因为法人信托所涉及的信托财产一般数额巨大,并关系到法人组织的整体利益,个人由于实力和经营管理能力的限制,无力承办。②与企业生产或者职工利益直接相关,信托机构在运用信托财产时更需十分谨慎。③法人信托与经济发展关系密切。在经济繁荣时期,企业经营效益较好,法人信托的业务会大量增加;而在经济萧条时期,企业普遍经营不佳,法人信托业务会相应缩减。

(二)法人信托的发展基础

法人信托业务的产生和发展是建立在多种法人机构,即各种从事经营以营利为目的的企业或其他非营利性企业有较大发展的基础之上的。在这种业务中,委托人是公司、社团等法人,而受托人只能是信托机构,任何个人都没有受理法人信托和代理的资格。法人信托的建立必须首先进行公司申请。公司依据自身业务和经营状况,认为确需信托机构提供服务,可以选择一家经营作风好、实力雄厚的信托机构作为受托人。信托机构受理信托后,双方要签订公司信托合同。现在,法人信托业务成交数额在整个信托业务中的比重已超过发展较早的个人信托。

我国的社保基金管理就是一种法人信托,但目前我国地方社保基金管理框架中存在一个突出问题,就是角色模糊。在各省市党委一把手权力很大的情况下,属地方管理的社保基金因为缺乏独立的受托人而经常被挪用。地方政府社保部门既是监管人,又是受托人和投资者,角色不清晰,政企不分,这是很多问题的根源。

背景链接

上海社保骗贷案

2006年7月17日,上海市劳动和社会保障局局长祝均一因涉嫌违规使用32亿元社保基金而被隔离审查，涉案金额达百亿元人民币的上海社保基金案也随之浮出水面。

根据上海企业年金发展中心提交的起诉书，上海市劳动和社会保障局年金发展中心先后将34.5亿元的资金通过委托资金运营的方式拆借给张荣坤所管理的福禧投资及其股东沸点投资，用于收购高速公路等资产。据上海社保局福利保险处有关人士透露，截至2005年年底，上海年金发展中心管理的资金在110亿元以上，占到全国年金总额的1.6%。也就是说，上海1/3的补充养老保险资金都借给了张荣坤使用。

（三）法人信托业务的种类

1. 公司创设、改组、合并、撤销和清算的信托。当企业面临经营管理的巨大变动，如面临被收购兼并的危险时，信托机构协助其筹集资本，管理与此相关的具体事务，使企业在特殊情况下维持经营稳定。

2. 筹融资的信托。公司债信托是信托机构为协助公司或企业发行债券提供发行便利和担保事务而开办的信托业务。信托机构承办以有价证券为对象的信托业务，实际上充当了债权人和债务人双方的代理人，信托机构既是发行公司的代理人，受托代办有关发行债券的具体事务，为发行单位提供种种服务和便利；同时，信托机构也是投资者的代理人，参与对发行公司筹资建设项目的审查和监督，为投资者保管抵押物品，保证投资者的合法权益。

3. 企业营运的信托。这是一种在海外很普遍的信托业务，是指没有后裔的富豪设立信托基金，逝世后仍能够使企业长期按照委托人的意愿经营。它可以避免家族财产纷争，防止继承人将财产转移或散尽。这种业务当今已扩展到子女幼小或对子女的管理能力持怀疑态度的富豪，他们也是用这种信托方式管理身后的产业的。

4. 处理债务的信托。当一个债务人对许多债权人负有债务，在其出现支付困难而又想避免"破产程序"时，可采用这种信托方式以达到清偿债务的目的。

5. 动产信托。动产信托，又称设备信托。这是由设备的拥有者作为委托人委托信托机构代为处理有关动产设备的信托业务，如企业单位的机器设备、交通运输工具以及其他类似的财产，都可以借助信托的方式进行有效的管理和运用。

6. 权利的信托。这种信托方式中，受托人管理的是委托人的无形财产，诸如发明专利权、著作版权、设计使用的商标权等权利。设定权利信托的目的是保护委托人的权利不受侵犯，并使这种权利商品化，在信托结束时，受托人交给受益人的是由这种权利带来的经济利益。

7. 关于公司员工受益的信托。职员受益信托是指以法人作为委托人，委托信托机构代为处理有关为雇员提供利益的各项事务的信托。这种信托方式是公司为员工提供的信托，即公司定期从员工的工资或公司利润中扣除一定比例的资金，交给信托机构，委托后者加以管理和运用，并约定信托的目的是为了本公司员工。

二、企业创设、改组合并、解散清算的信托

（一）公司创设信托

公司创设信托，是信托公司受委托人委托代为办理有关公司创设事项的信托。委托人一般为公司的发起人。信托公司根据公司的创设方式（发起创设或募集创设）办理有关公司创设的法律手续，报送有关文件。采取发起创设方式，信托公司只负责监督发起人的认购情况；采取募集创设方式，信托公司一般负责向社会募集股票的工作。待公司依法宣告成立时，信托关系结束。公司创设信托实为代理业务，信托公司为代理人，只为公司创设代为办理有关筹建事务。

1. 公司创设代理内容。公司创设过程中信托机构代理的内容可根据被代理人的实际需要而由代理人与被代理人（委托人）共同商定，大体上的内容包括：

（1）代理建立内部财务制度和核算体系。

（2）代理建立内部管理制度，如劳动用工制度、人事制度、组织机构等。

（3）代理办理有关外部事务，如向工商行政管理部门办理申请营业执照事宜，代向税务机关申请税务登记事宜，代向银行开立账户等。

（4）代募股款。

（5）代理其他双方商定的事务。

2. 公司创设事项代办程序。创设信托的流程如下：

（1）委托人向信托公司提出代理申请，填写代理申请书，说明公司的性质、经营范围、种类、方式、资金来源，并且要有主管部门的批文等。

（2）信托公司接到申请后，对申请人的资格及创设新公司的条件进行审查。

（3）审查合格后，双方在公证部门监督下，签订“代理协议书”，以明确代理事务的范围、程度及双方相应的权利、责任和义务。

（4）信托公司依照“代理协议书”的规定代理新公司创设的各项事务。

（5）新建公司经有关部门验收合格后，信托公司按照“代理协议书”的有关规定，收取代理手续费，双方委托与代理的关系即告结束。

（二）公司改组合并信托

公司改组合并信托，是信托公司受委托人委托，代为办理有关公司改组和合并的事项。委托人是参与改组或合并的各公司。信托公司负责有关文书的起草工作，负责对参与改组或合并的各公司进行协调，推进有关事项的完成，负责有关法律手续的办

理，有时还负责对原公司的债务人和向全社会进行公告。由信托公司办理改组合并，可以使各公司避免许多不利因素的影响，使各项业务基本上照常进行，公司可省去不少琐碎的麻烦事，并可节省改组合并费用。信托公司办理的该项业务，实为代理类信托业务。

1. 信托机构办理该信托业务的职责

（1）代办公司改组事项。

（2）改组时集中管理证券。公司改组时须先集中股权、债权，信托公司于公司改组完毕时代为办理凭原收据换发新股票或新债券的手续。信托公司办理的此种代保管证券业务能推进公司改组的进程。

（3）代办公司合并事项。

2. 信托公司代办公司合并的程序。信托公司接受代办公司合并事项，首先应分辨与其他公司合并的公司的组织形式，合并是否取得了合法的依据，即公司合并是否取得了股东、董事会或股东大会决议的同意。无限公司与其他公司的合并应取得全体股东的同意；股份有限公司与其他公司合并，应有股东大会通过的决议。信托公司必须查阅股东会的议案，一是为了证实公司合并的合法性，二是为了证明在该公司（委托公司）的合并上是否拥有办理合并事务的法律权限。同时信托公司还需查明合并公司的资产负债表及财产目录、通知和公告债权人、充当监事人。其次，公司合并之后，应依法向有关主管部门进行登记。在代为申办登记时信托公司应按不同情形申办登记：为因合并而存续的公司申办变更登记；为因合并而消失的公司申办解散登记；为因合并而另立的公司申办创设登记。除此之外，还需办理公司合并过程中的合并公司间的财产的估价、条件的磋商及权利的分配、营业的划分、对债权人提供清偿或担保等有关的繁杂事项。

（三）公司解散清算信托

公司解散清算信托，是信托公司受委托人委托，代为办理有关公司的解散清算事项。这里的委托人既可以是待解散清算的公司，也可以是法院。信托公司接受委托人委托后，即代委托人向主管部门申办解散手续。信托公司对公司进行清算，即对公司的资产、债权和债务等关系进行清理，为公司偿还债务，收取公司的对外债权，缴清公司应纳税款并对公司的剩余财产按公司章程或公司的有关规定进行处置。清算结束后，信托公司须提出清算报告和有关财务报表送交委托人和法院。

1. 代办公司的解散

（1）公司解散的原因。公司解散的一般性原因包括：章程所规定的解散事由发生，如公司章程所规定的期限已满；公司所经营的事业已经成就或不能成就；与其他公司合并；公司破产；政府主管部门或法院下令解散。

各种公司组织解散的特有原因有：无限公司的全体股东同意解散或要求解散；两

合公司的全体无限责任股东或全体有限责任股东退股，或全体股东同意或要求解散公司；股份有限公司股东会做出解散的决议，或股东人数或资本总额低于法定的最低数额。

（2）信托公司的义务职责。公司的解散须办理解散登记及各种必备的手续。至于破产则另有程序，不在普通办理解散手续之中。若酝酿解散的公司生机尚未绝望，或只是因一时周转困难但股东尚强烈希望经营下去，此时若公司咨询于信托公司，且信托公司认为其可以转机，则信托公司当以谋划维持为先而对该公司设法相助。若公司毫无转机希望，只得解散，则信托公司只好接受委托，办理解散事务。

2. 代办公司的清算。清算与解散紧密相连，清算手续因解散而发生，解散手续必经清算才可得以了结，所以公司解散事务与清算事务通常委托同一信托公司代为办理。

（1）清算人的选任与解任。信托公司办理公司清算，首先应取得清算人资格。信托公司因选任而成为清算人，选任者也具有解任信托公司的权力。信托公司被选任或被解任清算人职务时，都需在一定的时日（一般为 15 天）内将其住所、名称及就任、解任日期向法院呈报。若信托公司成为清算人是由法院选派的，还应公告其受任解任。

（2）信托公司的职权与职责。信托公司一旦被选任或选派为清算人，则具有代表公司一切行为的权力，此种职权与清算公司的董事相同。清算人的主要职责为：检查公司的财产状况；了结公司现有的业务；收回公司的债权，偿还公司的债务；分派清算公司的剩余财产；请求承认清算结果。

三、企业筹资信托

（一）企业筹资证券化趋势

企业向外部筹资有两个途径：一是发行公司股票；二是借债。根据资金用途及使用期限不同，企业在筹措资金时必须考虑以何种方式借款、向谁借款等具体问题。一般来说，如果企业所需资金数额不大，借用期限较短，多向银行申请贷款；如果所需资金数额巨大，借用时间较长，多以社会举债的方式来筹措资金。其中公司债券是企业法人向社会公众筹集资金所使用的一种信用工具。发行公司债券的筹资方式是资本市场“筹资证券化”的主要方式之一。

发行公司债的企业一般都不自办发行。一是因为发行事务及手续极其繁杂，二是因为发行公司债必须得到社会的信任。因此，发行公司债券最好由信用卓著的金融机构作为第三者予以证实其资信及发行的合理合法，方有可能使其发行的债券取信于民，取信于社会，从而达到发行的预期目的和效果。该类金融机构一方面为发行公司债的企业提供举债的各种方便，辅助其发行推销；另一方面谋求投资者的信任，保证债权稳实，负责债务清偿。这种中介金融机构一般都是信托公司。

同时,由于目前债券投资人对担保债权的追偿主要是通过集体诉讼的方式进行,成本较高,如发行人及担保人经营状况在债券存续期发生较大变化,债券投资人的权益很难得到保护。通过附担保公司债信托则可有效解决这一问题。以公司债发行人作为委托人,以所有公司债投资人为受益人,信托公司作为受托人,为所有债券投资人取得债券受益权与担保权,并替债券投资人管理与处分担保物,及时监测发行人及担保人、担保物的情况,代投资人追偿债权。

(二)发行公司债信托的含义

发行公司债信托,简称公司债信托,又可称为抵押公司债信托或附担保公司债信托,它是信托机构为协助公司(或企业)发行债券提供发行便利和担保事务而设立的一种信托业务。即企业委托信托机构担任其发行债券的受托人,用以保障承购人或债权人的权益,进而能顺利完成资金的募集,取得稳定而长期的营运资金。

(三)发行公司债信托的种类

通常对发行公司债信托的分类都是以是否可以就同种财产多次发行公司债及先后发行的公司债是否具有同等顺位的抵押权为标准。依此标准,抵押公司债信托分为闭锁抵押公司债信托和开放抵押公司债信托两种。闭锁抵押公司债信托亦称闭锁担保公司债信托,是指在发行抵押公司债时,将发行公司(委托人)与信托机构(受托人)之间的信托契约所规定的公司债总额一次发行,所提供的抵押财产无论其价值多大只作该次发行公司债的抵押,即一次足额发行公司债,以后不得就同种抵押财产增发公司债,或者所提供的抵押财产价值大大超过当次发券总额,契约规定日后可就同种抵押财产继续发行公司债,直到各次发券总值达到财产价值为止,但后发行的公司债对于该项财产的抵押权在顺序上劣后于前发行的公司债。开放抵押公司债信托亦称开放担保公司债信托,是在发行抵押公司债时,将发行公司(委托人)与信托公司(受托人)之间的信托契约所规定的公司债发行总额分数次发行,并以同一标的物设定抵押权,分次发行的公司债在抵押权上是等同的,无优先劣后之分。在此种信托下,发行公司以其财产为抵押,可以多次发行公司债,只要各次债券发行的总额不超过抵押财产的价值即可,这样发行公司可以充分发挥其抵押权的作用而获得合理的资金融通。

(四)发行公司债信托的意义

1. 为债券发行公司提供了举债便利。发行企业由于受自身资信限制,单独发行债券难以得到公众信任,同时其也无力应付发行过程中的各项烦琐事务,所以需要信誉卓著的信托机构给予担保,并协助其办理推销、发行、还本付息等事宜。

2. 有利于保护债权人的利益。在公司债信托业务中,债权人即投资者对所抵押的信托财产有相应的抵押权,即在发行企业不能按时还本付息时,可以要求将抵押物拍卖。由于公司债发行的总金额原则上不能超过抵押物的价值,因此在信托机构拍卖抵押物后,可以基本保障债权的偿还,这样投资的风险就大大降低了。

四、雇员受益信托

(一)雇员受益信托的含义

雇员受益信托是雇主为了雇员的利益而设立的信托,此类信托利于完善社会保障制度。

雇员受益信托的委托人一般是雇员所在的公司,公司为其雇员提供利益而设立信托,或者设置基金并以基金设立信托。但在形成财产信托中,公司只起委托代理人的作用,而真正的委托人是雇员自己。雇员受益信托的受托人一般是信托机构,受托人的一切活动必须为雇员提供利益,正确管理投资事务。雇员受益信托的受益人是雇员本人,且受益人并不是委托人所指定的少数几个人,而是根据公司规定的方式,获得受益人资格的多数员工。雇员受益信托的信托财产,主要是金钱和有价证券,信托财产与公司的资产完全分开。

根据设立的目的不同,雇员受益信托分为养老金信托、财产积累信托、自我雇佣者退休信托、员工持股信托(职工持股计划)、储蓄计划信托、利润分享信托等。

(二)养老金信托

养老金信托又称退休金制度、年金信托,是指信托机构接受委托人定期交纳的养老基金,负责基金财产的管理运用,并在雇员退休后定期向其支付退休金的一种信托业务。养老金信托以养老金制度的建立为基础。养老金制度是关于如何积累并分享退休金的一种制度,即由职工个人、企业、政府或者三方共同定期积累一定数目的资金,等养老金制度参加者年老退休后,向其支付。养老基金可以为每个雇员单独设立,也可以把所有雇员当作一个整体设立养老基金。

在养老金信托中,员工享有的利益取决于职业养老金计划的类型。通常,职业养老金计划分为两种,一种是收入关联计划,另一种是货币购买计划。收入关联计划也称为最终薪金计划、利益确定计划,它按照受益人退休或离开企业时在企业工作时间的长短计算应得的养老金利益。这种计划一般有最低年数限制。货币购买计划是根据员工和企业交纳分摊款,以及养老基金的投资报酬,来决定企业员工能够获得的利益。

(三)财产积累信托

财产积累信托是指把职工的财产积累储蓄委托给信托机构管理运用,以便将来能形成一项财产(如住房)的一种指定金钱信托业务。一些国家在经济取得高速发展的同时,国民的收入没有同步增加,个人的财产积累有一定难度,这又反过来制约了社会总需求,使国内经济需求疲软。因此许多国家开始以立法形式鼓励国民积累财产,如日本政府于1971年制定了《促进职工财产积累法》,确定财产积累制度是以国家和雇主援助职工增加储蓄和房产为目的,具体包括:①职工财产积累制度;②职工财产积累养老金制度;③职工财产积累奖金制度;④职工财产积累补助金制度;⑤职工财产积累基金制度。

(四)自我雇佣者退休信托

自我雇佣者也就是公司的资产所有者,虽然公司的税后利润都归其所有,但当公司经营不善时,所有者在晚年也可能得不到必要的生活保障,因此他们也存在着积累养老金的问题。20世纪60年代初期,美、日等国都通过了自我雇佣者税收养老金法案,允许资产所有者为自己设立利润分享计划。当然设立这一计划是有条件的,必须受三方面的约束:①公司内所有全日制雇员都享有雇员受益信托,其中对"全日制"的定义是年工作量超过1 000小时。②自我雇佣者退休金信托交金融信托机构管理,与公司的雇员受益信托分账管理。③该信托年出资额不得超出其所得总额的15%。

(五)员工持股信托

员工持股信托是指将员工买入的本公司股票委托给信托机构管理和运用,待员工退休后再享受信托收益的一种信托安排。交给信托机构的信托资金一部分来自于员工的工资,另一部分由企业以奖金形式资助员工购买本公司的股票。企业员工持股信托的观念与定期小额信托较为类似,其不同之处是企业员工持股信托的投资标的为所服务的公司股票,且员工可额外享受公司所提供的奖励金。但是员工一旦加入持股会,除退休、离职或经持股会同意的事项外,不得将所购入的股票领回。

职工持股信托按当初的信托财产形态可分为两种:一是金钱信托以外的职工持股信托,即信托机构接受职工的资金和公司发放的奖金,买进本公司的股票并代其进行管理,待信托终了时,信托机构将股票交还给职工。二是管理有价证券信托方式的职工持股信托,即职工用工资和奖金购入本公司的股票后将股票委托给信托机构进行管理,在信托终了时信托机构将股票归还于职工。

(六)储蓄计划信托

储蓄计划信托是公司把养老金计划和储蓄计划结合在一起而设立的一种信托。委托者是公司,信托财产来自职工的储蓄和公司的捐款两部分(一般来说,后者的数额要远远大于前者),作为受托人的金融机构负责信托财产的管理和运用,以及职工退休时支付收益的事项。该信托的目的是为了向公司职工提供更多的退休收入。与养老金信托相比,其最大的好处是这种信托的灵活性,它允许提前向职工支付收益。

(七)利润分享信托

利润分享信托是为职工将来分享公司利润而设立的。公司作为该信托的委托人,每年将净利润的一定比例委托给金融信托机构管理和运用,并在一定时期后将信托本金及收益支付给公司职工。这一信托的主要特点是:①信托本金和收益是不确定的;②信托本金和收益与职工的年龄和工龄无关;③职工可以较灵活地支取款项;④法律对该信托当事人的资格要求较为灵活。

第四节 通用信托业务

一、通用信托的含义及种类

(一)通用信托的含义

通用信托是指那些可以由个人委托人或法人委托人设定的信托业务。信托机构为了扩大业务范围,要根据不同的社会需求创造各种信托方式。从委托人委托的事项内容看,有些信托业务局限于个人委托人,有些信托业务局限于法人委托人,而另有一些信托事项则既涉及个人委托人的信托要求,又涉及法人委托人的信托要求,这类信托业务就属于通用信托业务。

(二)通用信托的目的

由于委托人的需求千差万别,设定信托的目的也会各有不同。从通用信托设定信托的目的看,无非是三种:促进公共事业发展、谋求投资增值、代理各种事务。因此,通用信托业务也就包括了公益信托、信托投资、不动产信托、代理等。

本节将重点介绍公益信托、信托投资和代理与咨询业务。

二、公益信托

(一)公益信托的含义

1. 公益信托的含义。公益信托(Community Trust)是指热心于某项社会公共事业的委托人为社会公共利益而设定的信托,最终目的是为了推广社会福利事业的发展。这种信托事项的内容可以包括办学、扶贫、推动医疗保健、推动人文社会科学发展等带有慈善性的社会福利项目,因而又被称为慈善信托(Charitable Trust)。

2. 公益信托发展的原因。导致公益信托发展的因素有:财富积累集中、有社会公德的富人(有钱、有责任心、有公益之心)、公益事业发展缺乏资金支持,以及比例较高、数额较大的个人所得税和遗产继承税。此外,其发展程度与国家干预也有关。相比较而言,美国的慈善信托比英国发达,其差别就在于国家在慈善信托发展上的态度。早期,英国国王担心过多的私人财产转为公益之用会影响国家税赋收入,因此,英国不主张公益信托全面扩张,限制其发展;业务上较侧重支持兴办学校为主的公益信托以及对个人实物形态财产的捐赠管理。而美国独立战争后,财富、资本的集中使得在政府发展公共事业之外借民间力量推动美国公共事业的发展有了重要的经济基础;同时美国强调自由与个人自主活动的充分结合,对任何信托,只要其目的不明显有害,捐助人合理,对公共利益有利,就允许办理;而更为重要的一点是,在美国,从国家的角度不存在因财富集中转移引起的恐惧。所以,美国的慈善事业在形式和内容上都得到了更深入的发展。

在我国,《信托法》第六十一条提出国家鼓励发展公益信托,并规定为了下列公共利益目的之一而设立的信托,属于公益信托:救济贫困;救助灾民;扶助残疾人;发展教育、科技、文化、艺术、体育事业;发展医疗卫生事业;发展环境保护事业,维护生态环境;发展其他社会公益事业。《信托投资公司管理办法》对此也进行了相同规定。

3. 公益信托的意义。公益信托具有深远的社会意义,不但能够推动社会进步,促进公益事业发展,还可以减轻政府财务负担,用社会力量来举办公益事业。在英美等国家,公益信托运用得很广泛,在社会生活中,特别是在发展社会公益事业方面,发挥了非常重要的作用。英美许多著名大学、美术馆、艺术博物馆都是在公益信托的支持下发展起来的。

(二)公益信托的当事人

1. 委托人。委托人即公益信托的出资人,此出资人可能本身就是富有者,因此可以以个人名义独自捐出或者以家庭名义捐出(如梅琳达盖茨基金)一笔款项;也可能本身并非富有者,为了某项公共事业的发展,采取募集方式从社会筹集资金。不论独自捐出还是募集的公益信托资金,均视同公款并受到监督。公益信托的委托人可以是个人,也可以是企业单位,凡是有志于社会公益事业的个人、家庭、社会组织都有权作为公益信托的委托人设立公益信托。因此公益信托是一种个人和法人通用性质的信托业务。

2. 受托人。公益信托中的受托人是为专门管理出资人用来举办社会福利事业的机构,其目的是便于举办的事业永久存续下去,不致因为管理人员更迭而受影响。在资金的使用和管理上,多数是不动本金,便于长期举办下去。通过信托机构的专业化管理,保证公益信托资金的安全,并获得稳定的收益。此外,信托机构的介入将更有利于公益信托接受公众的监督。在美国,设立公益信托的机构须由各州政府批准,其慈善地位需得到法律确认,因为基金会将可以享受免税待遇;同时也是为了加强监督,防止其谋私利。公益信托机构一般定名为某某基金会,在名称上可用出资人的名字,如美国的卡耐基基金会、洛克菲勒基金会、福特基金会等,也可以用成立基金会的目的定名,如美国的生命科学基金会、艺术与人文科学基金会及中国儿童福利基金会等。

背景链接

英国国家信托(National Trust)

英国国家信托是一个非营利的公益性组织,成立于1895年,经过100多年的发展,现已成为欧洲最大的慈善性质的自然及文化遗产保护机构。该组织自100多年前成立时起始终以保护英国古迹及自然美景为宗旨。作为一个已注册的慈善机构,它完全独立于英国政府之外,主要依靠其成员及社会各界的捐助开展工作,拥有超过24.8万公顷的各种风景林地及600英里左右的美丽海岸线供游人享受。其管理的各种景点及古迹包括:林地、森林、沼泽湿地、农场、丘陵、岛屿、考古遗迹、自然保护区、山庄等。

该组织在英国是唯一具有不可剥夺财产权的组织。这意味着如果没有英国下院授权,其资产不能被出售、抵押或强制购买征用。它的各种收入全部用于维修旗下的古迹及自然景观。该组织主要收入来自于会员会费以及社会捐助,此外,它还拥有一家商业公司,掌管国民信托组织旗下的商业活动。公司运营所有收入都要返还给组织,其数额十分可观。

英国国内许多古老的私人庄园没有通过传统继承方式传承,而是交给国家信托管理。在中部地区白金汉郡(Buckinghamshire)有一个著名的沃德斯登庄园(Waddesdon Manor),属于欧洲闻名的罗思柴尔德(Rothschild)家族,目前由国家信托管理。庄园于1874年建造,庄园里除了有巨大的花园、大鸟笼、各种园中雕塑景观、各种树木外,在庄园的建筑物里还有世界上最精美的法国18世纪的装饰艺术收藏,如油画、家具、地毯等。

背景链接

梅琳达盖茨基金会

梅琳达盖茨基金会成立于2000年1月,其创立者为微软公司创始人比尔·盖茨及其妻子梅琳达·盖茨,比尔·盖茨个人财产的98%捐给此基金会。梅琳

> 达盖茨基金会是目前世界上最大的慈善基金会。基金会总部位于西雅图。该基金会属非营利性质,主要为各国人民的健康、教育、图书馆建设及美国西北部的建设等提供援助,旨在促进全球卫生和教育领域的平等。
>
> 著名的股神沃伦·巴菲特也将他大部分个人财产(其个人财产的99%)捐赠给梅琳达盖茨基金会及其他家族基金会,捐款额达370亿美金,是迄今美国最大笔的个人慈善捐赠,梅琳达盖茨基金会获得了其中的85%。

3. 受益人。在设定公益信托时,受益人范围特定,但具体受益人不定。用于受益人部分的资金源于对本金的有效管理和投资运作。

(三)公益信托的监管

公益信托的设立必须取得专设机构的批准、指导和监管。

1. 未经许可不许私自设立公益信托,而私益信托只要签订信托契约即可设立。公益信托之所以如此,主要原因是:①受益人范围比较广泛,为社会大众。广大受益人直接对受托人的信托活动进行监督难以操作。②资金数额比较大,且享受减免税。为使慈善资金不被滥用,国家就以分散的基金受益人代表的身份,组成专门委员会,对其本金运用、收益分配情况进行检查和监督,保证公益信托目的的实现。

2. 英美慈善信托监管机构。1918年,美国成立了公益信托总会(Community Chests and Councils),对公益信托进行必要的指导与监督。在英国,公益信托是由独立的慈善团体管理委员会(Board of Charity Commissioners)负责指导和监管。对信托条款的审阅、信托基金的管理使用和分配、信托存续期内的随时检查巡视等,都有统一的要求,以防止其所享有的税收减免权被滥用,或以信托的名义从事某种投机事业,或利用公益信托基金谋取私人利益,从而侵害信托受益人的利益。

3. 我国对发展慈善信托的规定。我国公益信托的目标是发展社会公共福利事业,并在《信托法》中有如下规定:第六十一条规定,国家鼓励发展公益信托。第六十二条规定,公益信托的设立和确定其受托人,应当经有关公益事业管理机构批准。未经公益事业管理机构的批准,不得以公益信托的名义进行活动。第六十三条规定,公益信托的信托财产及其收益,不得用于非公益目的。第六十四条提出公益信托应当设置信托监察人。信托监察人由信托文件规定。信托文件未规定的,由公益事业管理机构指定。第六十五条提出信托监察人有权以自己的名义,为维护受益人的利益,提起诉讼或者实施其他法律行为。

(四)设定公益信托的其他要求

1. 公益信托的目的必须是完全为了社会公共利益。公益信托不仅以公益为目的,而且公益目的的实现确实能促进公共利益。公益信托的目的必须具备下列条件:一是需有利益存在;二是利益需合法;三是利益需有公共性;四是受益人的不确定性。因此,公益信托的目的必须具有绝对的、排他的公益性,不得包含非公益目的或从中获取私利。

2. 公益信托的受益人不完全确定。设立私益信托时必须有明确的受益人,否则信托不能成立。而公益信托成立时的受益人必须是不特定的社会公众,即使委托人限定某一特定团体的受益人也必须有增进公共利益的效果,所以公益信托没有具体受益人,是社会公众或社会公众中的一部分人,根据信托契约规定的受益条件来确定每一时期的受益人。公益信托的委托人可以对受益人的范围或者人数做出规定。

3. 公益信托不得中途解除合同。信托终止时,若信托财产无归属权利者,主管部门可以按照原信托的宗旨,运用于类似目的,使信托继续下去,但是信托财产不能归属于委托人或其继承人。而私益信托可以因中途解除契约而终止,其信托财产可以为受益人或者委托人及其继承人所有。

(五)美国的慈善基金会

公益信托在美国最为发达。公益款项的来源除富有者捐赠的巨款外,还广泛地向社会募捐。慈善基金会(简称为基金会)是美国最具特色的一种公益信托制度,对美国社会有深远的影响,而且这种公益信托事业的发展超过了西欧发达的工业国家。公益信托基金的使用多数是用息而不动本金,便于长期持续举办下去。通过认识美国的基金会,不但能够了解美国慈善信托业务状况,对美国的社会结构也可以有所认识。

1. 基金会含义。慈善基金会是由民间出资(捐赠或募集)为举办公益事业而建立的信托机构,具有非营利性、规模较大、组织严密的特点,属于非营利性社会组织。美国基金会的设立根据资助内容有不同的名称。比如,史密森学会(Smithson Institute)是专门资助博物馆的基金会。纽约卡内基公司(The Carnegie Corporation of New York)基金会在不断研究新形势中提出新的工作重点:20 世纪 60 年代之前,贯穿基金会发展的是教育,60 年代至 80 年代倾向于平等和改良。80 年代以后的几大目标是:避免核战争,改善美苏关系;教育全体美国人,特别是青年,以适应一个以科技为基础的社会;防治各种对儿童和青少年的伤害,包括吸毒、酗酒和少女怀孕等社会问题;在第三世界培训和开发人力资源。

美国的基金会较为有特色的方面是在其组织形式上,最具代表性的是以公司形态组建的公益信托机构。这种信托事项中,成立出资人即是董事会成员,董事会负责决策、管理慈善资金,基金会雇用高级职员和普通职员,资金经营完全托付给公司职员处理。

2. 作用。由于其资金投向自由,活动灵活、有弹性,因而在发挥一般公益性基本作用的同时,基金会还敢于和甘冒风险承担政府机构或一般慈善机构不愿开展的风险项目,比如有争议、复杂或短期内不能解决的课题,并且富于创造性地开拓新事业,关注新出现的不被重视的问题。一旦所关注的事业有所改善，基金会的资金可以灵活地转移到其他开创性项目上。

3.资助对象。美国的基金会资助对象很多，早期资金用途以卫生事业、儿童福利事业居多，目前比较集中的资助对象包括：

(1)教育部门。教育部门是各基金会资助的最大对象，相当一部分资助教育的钱都投向了大学。

(2)社会福利部门。社会福利方面接受各基金会的捐助占资助对象的第二位。各基金会的目标和兴趣，主要集中于儿童、少年与老年人的福利方面，其他如妇女、残疾人福利等也有相当数额。

(3)国际活动部门。该部门接受各基金会的捐助占第三位。它是基金会发展过程中出现比较晚的一个部门。对该部门的资助计划，主要是少数几个规模较大的基金会所支持的。

(4)保健部门。各基金会对该部门的资助过去曾居第一位，但近年来资助额有所减少，主要是因为政府对该部门的拨款大幅增加。

(5)科学部门。该部门的资助对象包括物理、生命科学、社会科学等各个领域。原来资助额以生命科学领域为最多，后来由于航天科学的发展，物理学领域的资助也较多。

(6)宗教部门。宗教在美国慈善事业中居于重要的地位，但基金会并没有把其作为一个最重要的资助对象，因为美国的传统观念认为，对宗教的捐赠适宜于个人捐赠，不宜通过信托法人。

(7)人文科学部门。基金会对于人文科学的资助包括音乐、戏剧、博物馆、艺术和哲学等领域。

三、信托投资

(一)信托投资的含义

1.信托投资。信托投资是集合不特定的投资者，将资金集中起来，建立某种专门进行投资管理的形式或机构，共同分享投资收益的一种信托方式。由于在设定信托关系中，不特定的众多委托人是受益人，所以信托投资属于自益信托。

信托投资最适合于中小投资者。因为分散的中小投资者缺乏雄厚的资金实力去单独满足被投资者的巨额资金需求，无力对投资对象做充分的调查和选择，又不能有足够的资金分散投资于不同投资领域而减少风险，因此，将大量中小投资者的资金集合起来，委托具有专门投资知识和经验的人进行管理运用，以达到既可保全原投入的资金，又可获得投资的收益的目的。

信托投资方式创始和发展至今，已有一百余年的历史，最早由英国创设，产生于

19世纪中期英国迅速扩张的海外投资活动。

2. 标的物。信托投资的标的物是以货币资金为主,属于资金信托的范畴,具有投资性。其投资对象主要限定于有价证券,故在日本把这种信托称为"证券投资信托",我国称为证券投资基金。但也有少数国家的投资信托除证券外,还大量投资于不动产(如瑞士)。此外,信托投资为了分散风险,需要按产业、地域、证券种类分散运用。

3. 信托投资的特性。社会上分散的中小投资者不愿将其富余的资金简单地进行储蓄,而是希望将资金投向利润较高的证券市场,但个人势单力薄,风险较大。于是各投资专家将分散的闲置资金集中起来,采取签订信托契约的形式,或类似股份公司的形式,成立某种信托,委托对证券市场或不动产市场具有专门知识和经营经验,又可以信赖的人从事这方面的投资。因而,投资信托方式具有四个主要性质:

(1)储蓄性。各投资资金持有人希望通过资金的运用,做到既保本又获利。这与银行储蓄存款类似,保本生息,使资金增值。投资信托方式的推行在于谋求以最小风险获得最大利益。投资信托的收益通常高于储蓄利息。

(2)合作性。各投资人一般都是有限的社会闲散资金持有者,资金运用实力差,投资信托方式以一般社会大众为对象,将他们的资金集合起来加以运用,资金实力大为增加,更好地满足了投资人的愿望。所以说,参与投资信托的投资人目标一致,具有一种合作投资性质。

(3)专业性。投资人把钱交给专家来管理,可以解决个人投资者在时间和专业知识方面不足的问题。投资信托通过专业的经理人操作管理,这些经理人都学有所长,并在证券投资领域里具有多年的经验,投资绩效更优。

(4)流动性。投资信托具有变现性高、流动性强的优点,投资人可以因个人需要随时将基金份额脱手变现,其变现性和流动性优于银行定期存款、房地产等。

(二)信托投资的基本形式

按资金汇集的方式来分,信托投资有两种:一是设立投资信托公司,发行股票,委托者本身就是股东,所得"股份"不属于为经营该股份公司而投入的资本金,只是为了购买可转让的其他公司发行的有价证券(股票或债券),以达到获得利息和股利的目的。因而,投资者持有的份额多,可获得分配的收益就多,但不存在对公司经营发言权的大小。公司型投资信托运作的依据并非信托契约,而是公司章程,委托人与受托人之间不是本原的信托关系。二是单位信托,在资金汇集方式上,与投资信托发行股票、设立投资信托公司不同,是受托人通过发行信托券(一种单位面值均等的受益凭证)的方式来筹集资金,委托人通过认购获得信托券,委托人作为认购人与受托人之间是真正的信托关系,而不是股东与股份公司的关系。在这种单位信托中,受托人会聘请专业的经理人来经营。有时,前者被称为公司型投资信托,后者被称为契约型投资信托。作为转移储蓄和理财的手段,单位信托则是我国及日本等国广泛使用的信托投资形式,我国习惯使用契约型投资基金的叫法。

(三)契约型投资基金运作核心

1. 契约型投资基金的基本类型。受益凭证可以在市场上流通转让,也可以由受托人在信托期间随时买回,或由受托人追加发行。一旦投资信托具备了后一特征,这种契约型投资信托关系的信托财产就会发生不断的增减变化,因此被称为“开放型”投资基金。反之,如果契约规定不得将受益证券在信托期间买回,也不能追加发行,则称为“封闭型”投资基金。

在“开放型”投资信托的买回或追加发行时,每份受益证券的价格依基金单位净值确定。基金单位净值会随投资对象的市场行情波动而发生变化,同时,由于需要每日计算净值,对从业人员(会计、律师、审计)、硬件软件等条件要求都较高,适合在成熟稳定的金融市场中发展。

2. 契约型投资基金运作的核心原则。规范基金运作的最核心原则就是“管理与保管分开”,基金管理公司只负责基金的管理与操作,下达投资买卖的决策,本身并不经手基金的财产。保管机构则负责保管并依管理公司之指示处分基金的资产,基金的资产在保管机构内的账户是独立的,若管理公司或保管机构因经营不善而倒闭,其债权人无权动用这笔资产。

契约型基金以信托契约为依据成立并管理,由投资管理人、信托管理人及信托单位持有人(或称受益人)三方面构成。基金管理公司创立基金,是契约中的投资管理人;在基金募集完成后,将基金的资产交由契约中的信托管理人保管,而基金管理公司只是负责基金的操作。信托管理人通常是银行、信托公司等金融机构,信托管理人接受投资管理人的委托,依据信托契约保管并处分(如处理股票买卖的交割、核对账目)基金的财产,是基金资产的保管机构;受益人则是出资人,基金投资的损益由受益人承担。

除“管理与保管分开”外,资金的操作情况必须在季报及年报中披露,持股情况(各类股占总资产的比例)也要定期提供给媒体,做到资讯公开,且所有的交易不仅需要内部稽核和证券主管机关的监督,账册明细也需由被认可的会计师事务所签证,故一切都在公开、透明的环境下操作。

3. 其他基金类型划分

(1)依据投资对象的不同,可以将基金分为股票基金、债券基金、货币市场基金、混合基金等类别。

股票基金是指以股票为主要投资对象的基金。股票基金在各类基金中历史最为悠久,也是各国广泛采用的一种基金类型。根据中国证监会对基金类别的分类标准,60% 以上的基金资产投资于股票的为股票基金。

债券基金主要以债券为投资对象。根据中国证监会对基金类别的分类标准,80%

以上的基金资产投资于债券的为债券基金。

货币市场基金以货币市场工具为投资对象。根据中国证监会对基金类别的分类标准,仅投资于货币市场工具的为货币市场基金。

混合基金同时以股票、债券等为投资对象,以期通过在不同资产类别上的投资,实现收益与风险之间的平衡。

(2)根据投资目标的不同,可以将基金分为成长型基金、收入型基金和平衡型基金。

成长型基金是指以追求资本增值为基本目标,较少考虑当期收入的基金,主要以具有良好增长潜力的股票为投资对象。收入型基金是指以追求稳定的经常性收入为基本目标的基金,主要以大盘蓝筹股、公司债、政府债券等稳定收益证券为投资对象。平衡型基金则是既注重资本增值又注重当期收入的一类基金。

一般而言,成长型基金的风险大、收益高;收入型基金的风险小、收益较低;平衡型基金的风险、收益则介于成长型基金与收入型基金之间。不同的投资目标决定了基金的基本投向与基本的投资策略,以适应不同投资者的投资需要。

(3)依据投资理念的不同,可以将基金分为主动型基金与被动(指数)型基金。

主动型基金是一类力图取得超越基准组合表现的基金。与主动型基金不同,被动型基金并不主动寻求取得超越市场的表现,而是试图复制指数的表现。被动型基金一般选取特定的指数作为跟踪的对象,因此通常又被称为指数型基金。

(4)根据募集方式的不同,可以将基金分为公募基金和私募基金。

公募基金是指可以面向社会公众公开发售的一类基金;私募基金则是只能采取非公开方式,面向特定投资者募集发售的基金。

公募基金可以面向社会公众公开发售基金份额和宣传推广,基金募集对象不固定;投资金额要求低,适宜中小投资者参与;必须遵守基金法律和法规的约束,并接受监管部门的严格监管。

与公募基金相比,私募基金不能进行公开的发售和宣传推广,投资金额要求高,投资者的资格和人数常常受到严格的限制。如美国相关法律要求,私募基金的投资者人数不得超过100人,每个投资者的净资产必须在100万美元以上。私募基金在运作上具有较大的灵活性,所受到的限制和约束也较少。它既可以投资于衍生金融产品,进行买空卖空交易,也可以进行汇率、商品期货投机交易等。私募基金的投资风险较高,主要以具有较强风险承受能力的富裕阶层为目标客户。

(5)根据基金的资金来源和用途的不同,可以将基金分为在岸基金和离岸基金。

在岸基金是指在本国募集资金并投资于本国证券市场的证券投资基金。由于在岸基金的投资者、基金组织、基金管理人、基金托管人及其他当事人和基金的投资市场均在本国境内,所以基金的监管部门比较容易运用本国法律法规及相关技术手段对证券投资基金的投资运作行为进行监管。

离岸基金是指一国的证券投资基金组织在他国发售证券投资基金份额,并将募集的资金投资于本国或第三国证券市场的证券投资基金。

背景链接

美联储主席伯南克的投资策略:安全至上,存钱防老

出任美联储主席的本·伯南克掌控着美国的金融运作。很难想象,其个人投资策略颇为保守,他把大部分资产投放在退休投资账户中,很少参与股票投资。

TIAA - CREF 为美国教师保险及年金协会(世界上最大的养老金公司)的简称,在其所服务的美国教育界享有很高的声誉。在 TIAA - CREF 的 200 万参与者中,大约有 160 名诺贝尔奖奖金获得者,其中有些人效力于该公司董事会。

伯南克的申报文件称,截至 2004 年年底,其 TIAA - CREF 账户的总价值介于 100 万 ~500 万美元。资料没有进一步详细列出投资组合的构成,按该账户 2004 年只提供 1.5 万 ~5 万美元的投资收入推算,相信大部分资产为低风险的投资。TIAA - CREF 养老金计划被伯南克视为个人理财的重中之重,这显得他的其他投资都是浅尝辄止。

伯南克投资了一个高收益型共同基金和一个大盘股基金,投资额分别为 1.5 万 ~5 万美元和 1 000 ~1.5 万美元。此外,他还购买了两份养老金性质的基金,一个属于国际增长型,另一个属于货币型,两者价值都为 1 000 ~1.5 万美元。国债方面,伯南克购买了 5 万 ~10 万美元的加拿大政府债券,他的现金和支票账户上还留有 1.5 万 ~5 万美元的闲散资金。

股票方面,伯南克只购买了美国烟草大鳄菲利普·默里斯(Philip Morris)母公司 Altria 集团公司(MO)的股票,后者为道琼斯工业平均指数的成分股。

(摘自:深圳新闻网——深圳特区报,2006 年 5 月 18 日)

四、代理与咨询业务

代理业务和咨询业务虽然不是信托公司主要的利润来源,但它们对信托公司构建多元化的盈利模式、培养客户资源、分散经营风险等具有重要的意义,也是信托公司不应该忽视的业务。拓展这些业务一方面可以充分利用信托公司在这些领域的特有优势,为社会提供多元化的服务,另一方面也可以稳定信托公司的经营。

(一)代理业务

1.代理业务的含义。代理业务是指信托机构接受客户的委托,以代理人的身份,在被代理人授权范围内代为办理其指定事务的业务。代理业务是信托机构办理的一项传统业务。代理业务是代理人和被代理人之间产生的一种契约关系和法律行为,具有代客户服务的性质。代理业务一般不要求委托人转移其财产所有权,信托公司在办理代理业务中,不垫资,不承担风险。

代理的当事人主要包括两个:代理人和被代理人。被代理人即委托人,是指由别人代其办理事务的人,被代理人按照代理合同规定拥有种种权利和义务。委托人最主要的权利是向代理人授权,最主要的义务是向代理人支付各种费用。代理业务的受托者就是代理人。代理人在代理关系中处于极为重要的地位,负有重要的职责,并享有权利。

2.代理的种类。根据代理权产生原因的不同来划分,代理可分为委托代理、法定代理和指定代理。

(1)委托代理是指代理人根据被代理人的委托,在被代理人的授权范围内,以被代理人的名义所进行的代理。委托代理也称授权代理,因为这种代理最主要的特征在于:它是基于当事人的意思表示为前提的,即委托人的授权委托。在委托代理中,被代理人往往称为委托人或本人,代理人则称为受托人。委托代理是代理制度中最重要的一种。委托授权在委托代理中具有决定性的意义,使其与法定代理、指定代理区别开来。后两种代理都不是基于当事人的授权而产生的,而是由于法律的直接规定或指定机关依职权进行指定而形成的。

(2)法定代理是指根据特定当事人之间存在的社会关系而依法设立的代理。法定代理的产生依据是法律的直接规定。法定代理人的代理权限范围也是由法律规定,而且一般都属于全权代理,没有权限范围的特殊限制。法定代理人与被代理人之间往往存在某种特定的血缘或亲缘关系,这种特定的血缘或亲缘关系正是法定代理产生的前提。法定代理的宗旨在于保护无行为能力和限制行为能力的公民能够通过代理行为顺利地参加民事活动,取得权利,履行义务。法定代理都是无偿的。

(3)指定代理是指司法部门依照法律规定进行指定而产生的代理,大都是无偿的。指定代理与法定代理都适用于无民事行为能力人或限制民事行为能力人,但二者在许多方面有区别:①法定代理是由于法律的直接规定而产生的,也就是说,法律对这种代理权和代理关系是有明文规定的。而指定代理是由于指定机关的指定而产生的,没有指定行为便不会有指定代理。②法定代理和指定代理是前后衔接,互为补充的。法定代理人如果是已明确的,则不发生指定代理,只有在没有法定代理人或担任法定代理人有争议或法定代理人有正当理由不能履行代理职责的情况下,才产生指定代理。③法定代理权的证明文件是能够证明代理人与被代理人之间身份关系的法律文件，如户口簿、结婚证等；指定代理权的证明文件是司法机关或其他指定机构出具的指定书。

3. 信托的主要代理业务

（1）代理收付款业务。该业务是指信托公司接受单位或个人的委托，代为办理其指定款项的收付事宜，又称收付信托。它是信托公司利用其自身和联行的业务机构、清算手段、专业人才优势，为客户提供服务，并获取一定的手续费收入。

（2）代理清理债权、债务业务。该业务是指信托公司受委托人之托，代为办理财产清算的业务。如代为催收欠款、协助单位解决贷款结算过程中形成的相互拖欠，代收债权，代偿债务，分派剩余财产以及其他各种财务清算事务等。

（3）代理有价证券业务。该业务是指信托公司受企业的委托代为办理有价证券的发行、买卖、过户、代付收益和保管事宜的业务。在代理有价证券业务中，信托公司作为债权人、债务人双方的代理人，既为发行单位提供服务和便利，又通过有价证券的审查和监督，维护认购单位和个人的合法权益，从而促进了有价证券业务的发展。

（4）代理保管业务。该业务是指投资信托公司设置保管箱库，接受单位或个人委托代为保管各种贵重物品及重要凭证的业务。

（二）咨询业务

1. 咨询的含义。咨询从词义上讲，就是向他人征求意见和商量自己不了解或不太了解的事情，即“求教于人”。信托咨询是信托机构办理咨询业务的通称。信托机构受托对指定的企业单位、建设项目、工程技术或经济效益及信用情况进行专门的调查、分析、论证，向委托人提供有关的经济信息、数据资料、方案或可行性研究报告，使委托人凭以作为决策的依据。信托咨询是一种信托行为，是信托当事人在相互信任的基础上，将有特定目的的信息进行传递和反馈。

2. 咨询的种类。中国信托投资机构办理的咨询业务主要有以下几种：

（1）资信调查。资信调查又称信用调查，信托机构受托此类咨询，主要替委托人了解对方的支付能力、资产状况、信用情况、经营能力以及经营作风等内容。其次是为委托人了解对方企业负责人的情况、企业成立的时间长短、业务经营状况、生产规模、技术水平、产品质量、产供销状况以及其在社会上的信誉。

（2）金融咨询。信托机构受托为委托人查询和商量关于金融动态和金融事宜的一种业务。这种咨询涉及的内容有：查询有关国家的金融法规、金融制度、金融管理的政策；查询金融活动的习惯做法；了解某行业或企业单位的资金信用情况；分析和预测国外某种货币、利率的变动趋势，国际金融市场的动态，了解国内金融政策和金融市场发展状况；帮助了解金融活动的新办法、新业务，以及解答有关的金融理论问题等。

（3）投资咨询。信托机构经营的投资咨询业务分为两个部分：证券投资咨询与基本建设投资咨询。证券投资咨询的内容有：证券投资时机的选择，证券投资环境的选择,介绍证券投资的对象、收益、有关手续费等。基础建设投资咨询的内容比较复杂,主要内容有:为客户提供投资信息、受托对投资项目进行市场调查和预测、对投资项目进行机会分析和风险分析、对投资项目进行初步可行性研究和评价可行性研究、为投资人提供可供选择的投资方案等。

(4)商情咨询。商情咨询是指信托公司受理的,对与信托项目有关的国内动态以及各国、各地贸易商品价格、贸易政策及做法等方面的咨询业务,如提供商品市场的有关信息、调查分析商品的销售情况和趋势等。

(5)介绍客户。介绍客户是指信托公司利用自身业务联系广泛、信息灵通等优势,作为介绍人为国内外客户牵线搭桥,通过联络介绍,沟通双方合作意向,协助进行业务商谈,促进合作双方达成协议。

(6)财务咨询。财务咨询是指信托机构对企业单位提供财务管理上的咨询服务与培训财会人员。如会计制度的设计订定、财产保管运用制度的建立、成本核算的技术问题。

3. 信托咨询的特点。信托咨询以信用咨询为主体,以经济信息为产品,以智力型服务为特色,以双重服务为宗旨。

(1)信托咨询以信用咨询为主体。信用咨询的具体内容包括两个主要方面:介绍客户与资信调查。在经济交往中,交易双方若互相不了解对方的情况,商品交换的实现必定会遇到一定的困难。可委托信托机构通过信托咨询方式,穿针引线,对交易双方进行介绍,促成交易实现;也可委托信托机构对交易一方单独进行信用调查,这在信托机构的咨询服务中占主要地位。

(2)信托咨询的标的物是经济信息,经济信息是信托咨询的"产品"。当今世界上许多发达国家把经济信息视为社会发展的重要支柱之一,许多企业也把经济信息视作"无形的财富"。金融机构经办征信的咨询业务,通过财务分析、信用调查、信用档案的存储与使用,形成各种报告或文件依据,为客户提供咨询服务,所提供的报告或文件依据,即是"咨询产品"。

(3)信托咨询业务为客户提供智力型服务。信托咨询需要一批专业水平高,有相当政策技术水平的咨询服务人才。信托机构有条件用其咨询专家雄厚的经济理论基础,来分析委托人提出的各种问题与要求,解决和满足委托人的信托要求,达到其信托目的。

(4)对社会服务对象而言,信托咨询业务是一种双重服务。信托机构既可为交易的购货方提供咨询服务,也可为销货方服务;既可为生产单位提供服务,也可为消费单位服务;既可为投资单位提供服务,又可为被投资单位服务。但在提供服务时,信托机构必须对咨询双方做到实事求是,不偏不倚。

4. 信托咨询的作用。咨询活动是商品经济特定条件下的产物,它的存在与发展有助于商品经济的繁荣。其作用有以下几个方面:

(1)推动横向经济联合,互通有无,互补不足,在资金、物资、技术方面加强合作,使社会生产力加快发展。

(2)降低风险,保证投资安全。现代经济是急剧变化的经济,经济往来的区域不断扩大,各种经济关系越来越复杂,这些都增加了经济交往中的不可知因素,使得风险越来越大。通过咨询就可以很容易解决这个难题。信托机构利用自己的专业人员及其专业技能,可以获得详细的信息,为企业提供可靠的依据,保证投资安全。

(3)提供信息来源。在现代社会中,企业很难依靠自己的能力去收集和获取直接的信息。信托机构的咨询部门专门从事此项工作,有充足的信息来源,可以及时、全面地向企业提供有关信息,为企业抓住竞争时机创造基本条件。

(4)为企业决策提供充足依据。随着咨询业务的发展,现代咨询不仅可以提供各种信息,而且还可以为企业提供分析、预测等服务。由于信托机构占有丰富的信息资料,并拥有高水平的专业人才,可以为企业进行分析预测,并保证了分析预测的科学性,从而为企业的经营决策提供了科学的依据,对促进经济发展、提高企业的投资效益起到了积极的作用。

第五节 房地产资金信托

一、房地产资金信托的含义

房地产信托是指信托机构受委托人的委托,为了受益人的利益,代为管理、营运或处理房地产及相关资产的一种信托行为。房地产信托实际上包含不动产信托和房地产资金信托两个方面的含义。在不动产信托中,委托人通常是不动产的所有权人,其为受益人的利益或特定目的,而将不动产的财产权转移给信托机构(即受托人),受托人根据委托人的要求,按照所签订的契约,对不动产进行买卖、租赁、交换、转让等管理和处理业务。在房地产资金信托中,委托人为投资者,其基于对信托机构(即受托人)的信任,将自己合法拥有的资金委托给受托人,由受托人按委托人的意愿,以自己的名义,为受益人的利益或特定目的,将资金投向房地产及其相关资产,并对其进行管理和处分。房地产资金信托基本结构如图 3-1 所示。

在我国,处于资金密集型行业的房地产开发企业大部分自有资金都较少,均使用较高的财务杠杆。同时,一般房地产的销售或租赁都需要较长的过程,所以房地产开发企业资金短缺是一个长期状态。相对于受到严格监管的银行信贷资金来源,房地产资金信托有着较高的灵活性以及独特的财产隔离功能与权益重构功能,并且可以财产权模式、收益权模式以及优先购买权等模式进行金融创新。因此,房地产资金信托作为银行信贷的重要补充,逐渐成为我国大量采用的房地产融资方式之一。

我国房地产资金信托大多于项目开发阶段介入,事实上,凡是开发商急需资金而

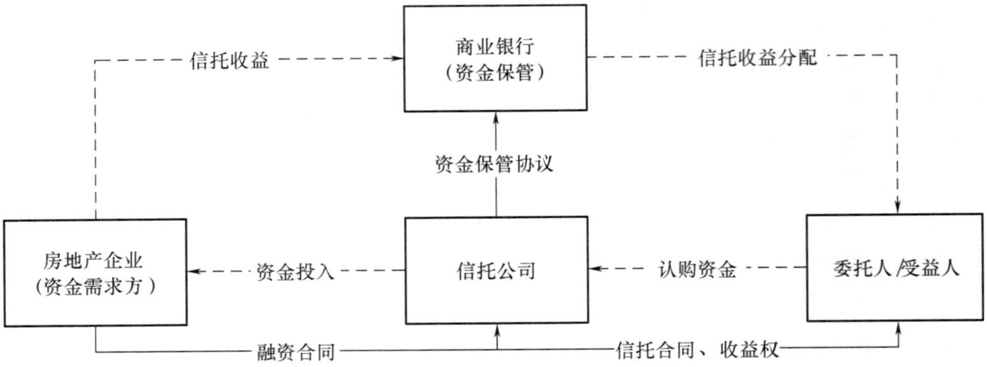

图 3-1　房地产资金信托基本结构

贷款不能介入的时点都是有必要引进信托资金的时点,主要包括:①招拍挂前或土地使用权出让金足额缴付前,一方面不能以流动资金贷款缴纳出让金(法律规定流动资金贷款不得用于固定资产、股权等投资),另一方面尚不符合开发贷申请条件,最好的办法即通过设计信托产品募集资金;②受让土地后、开发贷条件具备前,或者银行开发贷在审批过程中,这时也可用信托资金过渡;③银行开发贷到期必须收回,而项目仍需建设资金,此时可由信托资金置换银行开发贷。

二、房地产资金信托的模式和运作流程

美国、日本和我国在房地产信托的模式和运作流程上有着较大不同,美国以房地产信托投资基金(REITs)为主要模式;日本则是将房地产资金信托与不动产信托相结合;而我国的房地产信托模式较为宽泛,以贷款信托、优先购买权信托、财产权信托、受益权转让信托等为主。

(一)美国模式

美国的房地产信托通常是以基金的形式出现,将大众投资的资金,由专业投资机构投资于商务办公大楼、购物中心、酒店等成熟物业,投资人取得受益凭证,报酬以配息方式进行。由于基金可以挂牌公开交易,因此投资人还可以在公开市场上买卖,赚取资本利得。美国模式的主要运作流程为:

1. 基金筹划。基金发起人为满足自身需求,进行基金募集的筹划,主要工作包括:预估所需资金数量,确认选择基金为筹资工具,并考虑投资标的的收益性能否达到必要的回报率等。

2. 接洽承销商、接洽律师及会计师、不动产顾问公司等中介机构,当所有文件备齐后即可以向 SEC 申请募集,在申请成功后,要决定保管机构并签订基金契约。

3. 房地产信托成立并在证券交易所挂牌交易后，进入正式运作阶段。值得注意的是，该类证券一般需经过信用评级机构的评级。房地产投资信托公司必须按成立阶段所定协议实施投资计划，保管机构则依房地产投资信托公司的指示，进行业务操作，执行房地产买卖、佣金收付及租金与相关商业投资的收支等事宜。投资者通过券商购买基金，投资收益则从保管机构处获得。

（二）日本模式

日本模式的土地、房地产等资产由投资人直接持有，并融合了不动产信托。日本模式的主要运作流程为：

1. 房地产公司将土地、建筑物分售给投资者，由投资者缴纳土地、建筑物的价款给房地产公司。

2. 投资者将房地产产权信托给信托公司进行经营管理。

3. 信托公司将房地产全部租赁给房地产公司，同时向该公司收取租赁费。房地产公司也可以将房地产转租给承租人，向承租人收取租赁费。

4. 信托公司向投资者发放红利。信托银行也可以将该房地产在市场上销售，从购买者身上获取价款，再按比例分配给投资者。

（三）中国模式

与美国和日本模式中主要持有成熟物业不同，我国的房地产资金信托主要是为房地产开发进行融资，因此期限更短，风险更高。中国模式的主要运作流程为：

1. 信托公司面向投资者发行房地产资金信托计划，投资者与信托公司签订信托合同并交付投资资金。

2. 信托公司按照信托文件的要求，购买或参与开发房地产项目，或将房地产出租、出售，收取租金和购买金。

3. 信托公司按照信托文件的要求，扣除必要的管理费用和其他税费后，向投资人支付本金和投资收益。

三、房地产资金信托的主要风险及防范

（一）房地产资金信托的风险

1. 项目风险。单个项目的风险往往很难评估预测，由于我国房地产资金信托主要为房地产项目的开发阶段进行融资，因此面临较高的项目风险。

2. 流动性风险。房地产信托的信托财产多以土地、房屋、股权等形态表现，担保措施主要为土地、房屋等固定资产抵押。如果融资方未能按期偿还本息，受托人又无法及时变现信托财产或行使抵押权，则可能产生流动性风险。

3. 其他风险。其他风险主要包括法律风险、操作风险、信托管理自身风险等。

（二）房地产资金信托的主要风险防范措施

1. 抵押物。在房地产资金信托的各类风险保障措施中，抵押物是最常用的保障性措施。在实务操作中，土地以及相关地上建筑是最常见的抵押物，抵押率越低，意味着在信托项目发生风险时，信托可承受的房价、地价下跌幅度越高。但处置抵押物，通常需法律介入，耗时较长，也存在一定不确定因素。

2. 信托分层设计。信托分层设计即将信托投资人分为优先级受益人和次级受益人，其中优先级受益人在分配信托收益或剩余信托财产时享有优先分配的权利，剩余收益（若有）或剩余信托财产（若有）由次级受益人取得。次级受益人一般为开发商（资金需求方）或其关联公司，在房地产信托法律关系中还承担着保证优先级受益人能够获得信托文件约定的收益之责任和义务，即若信托收益不能满足优先级受益人按约定应获得的收益，则由次级受益人追加认购次级信托份额，并将该等追加资金分配给优先级受益人。

3. 其他措施。其他设施如设置独立托管账户、信托公司参与房地产项目公司日常管理、第三方连带担保、项目公司股权质押等，也是房地产资金信托常用的风险保障措施。

四、房地产资金信托的类型

根据资金投向的不同，房地产资金信托可分为四类：

（一）债权型房地产资金信托

此类信托即贷款类或债务融资类信托产品，是由房地产公司向信托公司借款，并将土地使用权或在建工程折价抵押，房地产公司在产品到期后还本付息的一种信托产品。债权型房地产资金信托运作流程如图3－2所示。

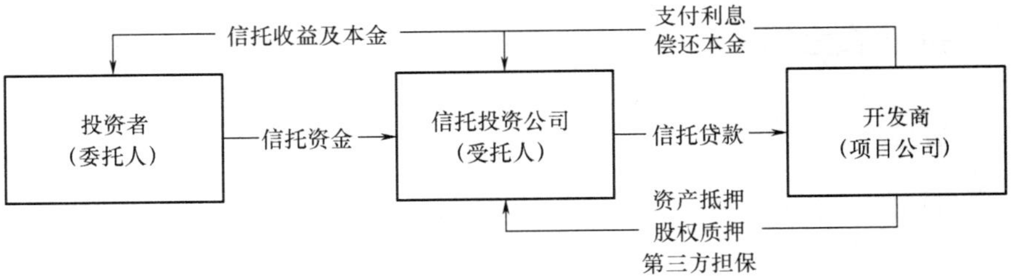

图3－2　债权型房地产资金信托运作流程

（二）股权型房地产资金信托

股权型房地产资金信托是指房地产企业将其拥有的优质房产项目的项目公司的绝对控股权阶段性让渡给信托公司，并承诺在未来一定期限内按约定价格全额回购相应股权，以实现融资的目的。在这种模式下，房地产企业继续拥有项目公司房产开发经营权，也未丧失项目开发的最终利益，同时降低了企业自有资金筹措压力，有助于发挥企业资金效益的最大化。股权型房地产资金信托运作流程如图 3－3 所示。

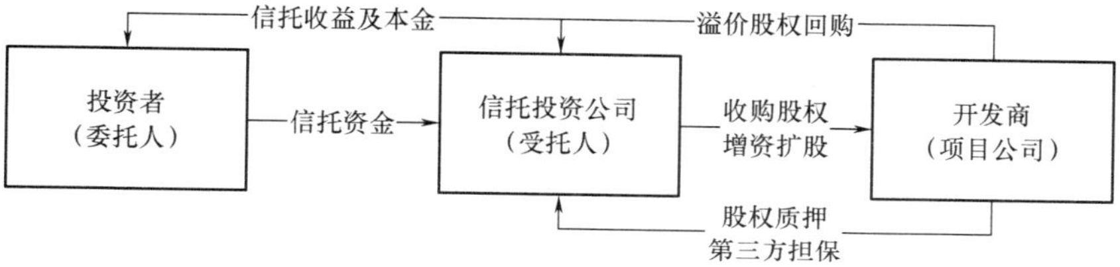

图 3－3　股权型房地产资金信托运作流程

（三）财产收益型房地产资金信托

此类信托类似资产证券化产品，主要针对已建成且可产生稳定现金流的物业，即开发商将房地产开发项目（建设中或已建成）作为信托财产委托给信托公司管理，该信托财产的部分受益权由委托人转让给投资人以获得资金，在约定的信托期限届满时，由委托人或委托人的关联公司回赎受益权以结束信托。财产收益型房地产资金信托运作流程如图 3－4 所示。

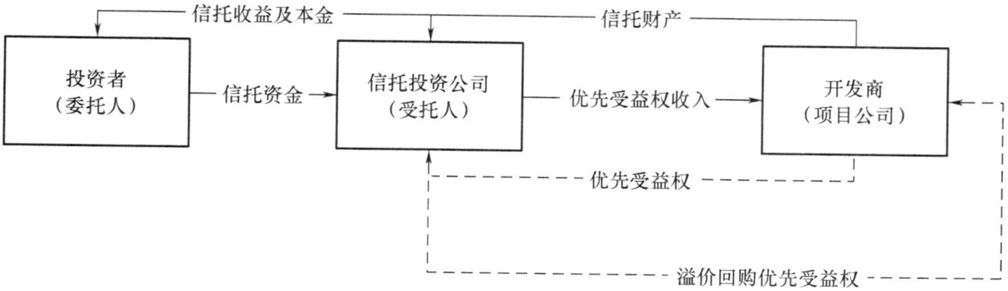

图 3－4　财产收益型房地产资金信托运作流程

背景链接

财产收益型房地产资金信托案例

1. 项目情况

项目发行机构为X信托公司，发行总额7 000万元人民币，信托期限为两年，资金运用为购买A商场租金收益权财产信托受益权，同时设立监管账户，保证受益权转让资金全部用于A商场的后期建设。A房地产公司为A商场开发商。

2. 信托运作模式

A房地产公司以A商场20年租金收益权作为财产信托给X信托，信托受益人为A房地产公司，同时A房地产公司委托X信托将上述受益权转让。

3. 项目风险控制

X信托与A房地产公司签订《商品房买卖合同》，并在房管部门备案登记，一旦A房地产公司不能到期回赎受益权，则X信托将持有A商场的物业产权。X信托可以通过处置该物业取得收入偿还投资人。A商场房产市价约7 000元/平方米，X信托以3 414元/平方米的价格取得，这意味着一旦转让方不能回赎，商铺处置达到市值的50%就可以实现偿还全部本金。

A商场租金收入进入监管账户监管使用。受益权转让资金进入监管账户由X信托监管使用，保证专款专用。本笔7 000万资金将用于A商场后期购置设备及装修，此笔资金的进入将会增加本物业的价值。

(四)混合型房地产资金信托

信托公司向房地产公司提供资金，可以采取混合以上三种形式来进行，不仅有股权投资，而且带有债权和权益型投资。

(五)各类型房地产资金信托比较

表3－1、表3－2和表3－3列出了各类型房地产资金信托运作模式、优劣势，及风险防范措施的比较。

表3－1　各类型房地产资金信托运作模式比较

类　型	融资方资质要求	进入方式	退出方式
债权型	四证齐全、二级以上开发资质、自有资本金达一定比例(如35%)、项目盈利能力强	发放贷款、债权融资	偿还贷款本息

续表

类 型	融资方资质要求	进入方式	退出方式
股权型	股权结构相对清晰、项目盈利能力强	股权收购或增资扩股	溢价股权回购
财产收益型	已建成的商场、写字楼、酒店等租赁型物业，产权清晰，证件齐全，能产生稳定现金流	财产受益权转让	溢价受益权回购或转让
混合型	对公司经营管理能力、项目市场前景及盈利能力等有较高要求	以股权和债权的组合方式	偿还贷款本息、溢价股权回购

表 3-2 各类型房地产资金信托优劣势比较

类 型	优 势	劣 势
债权型	1. 融资方资质良好 2. 债权债务关系，有法律保障 3. 抵押物保障	1. 融资方资质要求过严 2. 资金用途有限制 3. 出现风险，需进入破产程序，时耗长
股权型	1. 投资面广，不受硬性条件局限 2. 多采用优先劣后分层设计 3. 信托公司参与日常管理 4. 出现风险时，退出方式多样	1. 融资方偿债能力难以保障 2. 融资方成本高 3. 投资风险偏高
财产收益型	1. 未来现金流有保障 2. 盘活固定资产 3. 国内最接近 REITs 的产品	1. 期限长、不确定因素多 2. 物业建成，开发商融资需求减弱

表 3-3 各类型房地产资金信托风险控制措施比较

类 型	关键保障措施
债权型	土地等资产抵押物、股权质押、第三方担保、设置独立账户
股权型	开发项目股权、参与项目日常管理、第三方担保、信托分层等结构化设计、融资方或关联方承担劣后资金
财产收益型	物业收益权、业务回购承诺、第三方担保、股权质押
混合型	土地等资产抵押物、参与项目日常管理、设置专门账户、股权质押、第三方担保等

第四章　信托机构的创设、经营与风险管理

第一节　信托机构的创设

一、信托机构创设的基本条件

（一）信托机构的名称

原则上，公司的名称应该能够表明公司业务经营的种类，这样做可以名实相符地注册、开张营业，以便于归类管理。如日本的信托机构监管当局要求在名称中必须明白地显示“信托”，而其他金融机构不得标识出“信托”字样。我国自改革开放以后，组建了多家信托机构。但是，由于特殊的组建背景，那时的信托机构有名无实，即虽然被称作某某信托投资公司，但实则是一个准信贷机构，且经营的内容既包括金融，又包含实业。2007 年 2 月，中国银监会颁布《信托公司管理办法》《信托公司集合资金信托计划管理办法》（新两规），旨在彻底纠正国内信托业的发展方向。其中一项重要的规定就是将管理办法修订前的“信托投资公司”一律更名为“信托公司”，以明确对本业的回归。

（二）信托公司设立的核准

信托机构只有在商品经济比较发达的地区或城市才有顺利开展业务的可能，因而核准设立信托公司须符合客观经济发展需要。对信托公司的核准机构，各国情况有所不同，如日本由大藏省批准，美国由各州政府批准。我国改革开放以后，曾出现过不同创设主体建立的信托投资公司，因而核准机构也有所不同。随后经过调整，在 2003 年以前基本由中国人民银行进行审批和监管，2003 年以后，转由中国银行业监督管理委员会负责这项工作。

（三）信托机构的注册资本金

创设信托机构的一个重要条件就是要按照法定资本金数额，收足资本。资本数额规定是指信托公司注册时所拥有的最低资本金，没有上限规定，低于下限的机构不能被批准设立。我国 1986 年的最低限额规定是：全国性信托机构 5 000 万元，省级信托机构 1 000 万元，地区级信托机构 500 万元。“信托新两规”在保留信托公司的注册资

本不得低于 3 亿元的同时，又对从事不同业务的信托公司的注册资本进行了不同规定：对申请从事企业年金基金、证券承销、资产证券化等业务的信托公司，其注册资本需符合其他法律法规相关规定的最低注册资本要求；信托公司处理信托事务不履行亲自管理职责，即不承担投资管理人职责的，其注册资本不得低于 1 亿元。

（四）我国信托机构的设立

我国信托机构的设立是以发展经济、稳定货币、提高社会经济效益为目标的。信托公司是办理信托投资业务的金融企业，作为独立法人实行单独核算，自负盈亏，业务上受银监会领导。因此，它的设立必须具备一定条件，遵守一定原则，按规定程序进行。我国目前信托公司的准入实行审批制（见表 4－1）。

表 4－1　信托公司设立条件

审核要素	标准/内容
机构组织形态	符合《中华人民共和国公司法》的要求，采取股份有限公司或者有限责任公司的形式
有限责任公司公司章程	有限责任公司，其章程必须包括：(1)公司名称和住所；(2)公司经营范围；(3)公司注册资本；(4)股东的姓名或者名称；(5)股东的出资方式、出资额和出资时间；(6)公司的机构及其产生办法、职权、议事规则；(7)公司法定代表人；(8)股东会会议认为需要规定的其他事项。股东应当在公司章程上签名、盖章
股份有限公司公司章程	股份有限公司章程应当载明下列事项：(1)公司名称和住所；(2)公司经营范围；(3)公司设立方式；(4)公司股份总数、每股金额和注册资本；(5)发起人的姓名或者名称、认购的股份数、出资方式和出资时间；(6)董事会的组成、职权、任期和议事规则；(7)公司法定代表人；(8)监事会的组成、职权、任期和议事规则；(9)公司利润分配办法；(10)公司的解散事由与清算办法；(11)公司的通知和公告办法；(12)股东大会会议认为需要规定的其他事项
最低资本金	信托公司注册资本最低限额为 3 亿元人民币或等值的可自由兑换货币，注册资本为实缴货币资本。申请经营企业年金基金、证券承销、资产证券化等业务，应当符合相关法律法规规定的最低注册资本要求。开办受托境外理财业务注册资本金不低于 10 亿元人民币或等值可自由兑换货币。中国银行业监督管理委员会根据信托公司行业发展的需要，可以调整信托公司注册资本最低限额
股东资格	单位性质、投资数额、投资形式、资金来源、经营状况等均要满足相关规定。 允许境外企业、外商独资企业、中外合资企业、商业银行向信托公司投资入股。 在工商行政管理部门登记注册的具有法人资格的企业；经营业绩良好，按期足额归还银行贷款，向信托公司投资入股时要有合法真实的资本投入，年终分配后，净资产达到全部资产的 30%，投资的累计金额不得超过企业净资产的 50%。外资买家单独持有被投资金融机构的股权不得超过 20%，共同持有部分也不得超过 25%

续表

审核要素	标准/内容
高管人员任职资格和信托从业人员条件要求	董事长、副董事长、监事长、总经理、副总经理适用核准制，任职前必须通过资格审查；副监事长适用备案制，在任职前应报备。信托从业人员则由监管部门对其实行信托业务资格考试，未经考试或者考试不合格的不得经办信托业务
公司内部管理的要求	具有健全的组织机构、信托业务操作规程和风险控制制度
公司营业场所、设施和安全防范措施的要求	有符合要求的营业场所、安全防范措施和与业务有关的其他设施
监管部门提出进一步要求	可以根据经济发展的需要和信托市场的状况对信托公司的设立申请进行审查

二、业务经营范围

（一）一般信托机构的业务分类

信托机构的业务分为两大类：主营业务与兼营业务。主营业务是指其经办的本业，即各种信托业务；兼营业务是指信托机构在主营业务以外，经营的广义信托业务或非信托业务，如代理业务、银行储蓄业务。对于业务经营范围的确定，各国或地区因客观经济环境的不同而有所不同，如日本信托机构的业务分为信托业务、银行业务、兼营业务三类。

（二）我国信托机构的业务范围

1949 年以前，我国的信托机构业务经营包括信托业务、银行储蓄业务、代理业务、证券投资业务等。1979 年改革开放后的 20 年间，信托业定位不清，是十足的混业经营的金融机构。2001 年，我国《信托法》颁布以后，信托投资公司开始回归本业，主要经营以资金信托为主的财产信托事务。

我国信托公司允许经营的业务范围见表 4－2。

表 4－2　信托公司业务经营范围

主营业务	资金信托
	动产信托
	不动产信托
	有价证券信托
	其他财产或财产权信托
	作为投资基金或者基金管理公司的发起人从事投资基金业务
	公益信托

续表

兼营业务	投资银行业务	经营企业资产的重组、购并及项目融资、公司理财、财务顾问等业务
		受托经营国务院有关部门批准的证券承销业务
	中间业务	办理居间、咨询、资信调查等业务
		代保管及保管箱业务

2007 年,“新两规”出台后,进一步明确、增加了信托公司的业务范围,信托公司可以从事承销股票、短期融资券、资产支持证券,办理居间、咨询、资信调查等业务。信托公司可以根据市场需要,按照信托目的、信托财产的种类或者对信托财产管理方式的不同设置信托业务品种;信托公司管理运用或处分信托财产时,可以依照信托文件的约定,采取投资、出售、存放同业、买入返售、租赁、贷款等方式进行;信托公司不得以卖出回购方式管理运用信托财产。

信托公司固有业务项下可以开展存放同业、拆放同业、贷款、租赁、投资等业务。投资业务限定为金融类公司股权投资、金融产品投资和自用固定资产投资。信托公司不得以固有财产进行实业投资,但中国银行业监督管理委员会另有规定的除外。信托公司不得开展除同业拆入业务以外的其他负债业务,且同业拆入余额不得超过其净资产的 20%,中国银行业监督管理委员会另有规定的除外。

信托公司可以开展对外担保业务,但对外担保余额不得超过其净资产的 50%。信托公司经营外汇信托业务,应当遵守国家外汇管理的有关规定,并接受外汇主管部门的检查、监督。信托公司禁止经营的业务范围见表 4-3。

表 4-3 信托公司业务禁止范围

固有业务	向关联方融出资金或转移财产
	为关联方提供担保
	以股东持有的本公司股权作为质押进行融资
信托业务	利用受托人地位谋取不当利益
	将信托财产挪用于非信托目的的用途
	承诺信托财产不受损失或者保证最低收益
	以信托财产提供担保
	法律法规和中国银行业监督管理委员会禁止的其他行为

三、信托机构的内部组织设置

根据《信托公司管理办法》的规定,信托公司只能采取股份有限公司或有限责任公司的形式。公司是企业法人，有独立的法人财产，享有法人财产权。公司以其全部财产对公司的债务承担责任。有限责任公司的股东以其认缴的出资额为限对公司承担责任；股份有限公司的股东以其认购的股份为限对公司承担责任。

（一）董事和董事会

1. 董事。信托公司董事应当具备法律、行政法规和中国银监会规定的资格条件；公司章程应明确规定董事的人数、产生办法、任免程序、权利义务和任职期限等内容；董事应以认真负责的态度出席董事会，对所议事项表达明确的意见；董事无法亲自出席董事会的，可以书面委托其他董事按其意愿代为投票，并承担相应的法律责任；董事个人直接或者间接与公司已有的或者计划中的合同、交易、安排有关联时，应当及时将其关联关系的性质和程度告知董事会、监事会，并在董事会审议表决该事项时予以回避。

2. 独立董事。信托公司要设立独立董事。独立董事要关注、维护中小股东和受益人的利益，与信托公司及其股东之间不存在影响其独立判断或决策的关系；独立董事人数应不少于董事会成员总数的四分之一，但单个股东及其关联方持有公司总股本三分之二以上的信托公司，其独立董事人数应不少于董事会成员总数的三分之一；信托公司独立董事应有良好的职业操守和道德品质，熟悉信托原理和信托经营规则，并有足够的时间和精力履行职责；信托公司独立董事不得在其他信托公司中任职；公司应当明确规定独立董事的产生程序、权利义务等内容。

独立董事享有以下职责或权利：提议召开股东（大）会临时会议或董事会；向股东（大）会提交工作报告；基于履行职责的需要聘请审计机构或咨询机构，费用由信托公司承担；对重要业务发表独立意见，可就关联交易等情况单独向中国银监会或其派出机构报告；对公司董事、高级管理人员的薪酬计划、激励计划等事项发表独立意见；法律法规赋予董事的其他职责或权利。

3. 董事会。董事会对股东（大）会负责，并依据《中华人民共和国公司法》等法律法规的规定和公司章程行使职权。股份有限公司的董事会成员为 5 人至 19 人。有限责任公司的董事会成员为 3 人至 13 人。董事由股东选任，并在其中推选董事长和副董事长。董事任期由公司章程规定，但每届任期不得超过三年。董事任期届满，连选可以连任。

公司董事会的一般职责有：召集股东（大）会，并向股东（大）会报告工作；执行股东（大）会的决议；决定公司的经营计划和投资方案；制订公司的年度财务预算方案、决算方案；制订公司的利润分配方案和弥补亏损方案；制订公司增加或者减少注册资本以及发行公司债券的方案；制订公司合并、分立、变更公司形式、解散的方案；决定公司内部管理机构的设置；决定聘任或者解聘公司经理及其报酬事项，并根据经理的提名决定聘任或者解聘公司副经理、财务负责人及其报酬事项；制定公司的基本管理制度;公司章程规定的其他职权。

表4－4为中诚信托股东举荐董事及监事表,供参考。

表4－4 中诚信托股东举荐董事及监事表

股东名称	持股比例%	推举董事数量	推举监事数量
国家股	32.5	1(董事长)	
国华能源投资有限公司	20	2	
兖矿集团投资有限公司	10	1	
招商局中国基金有限公司	6.8167	1	
永城煤电集团有限责任公司	5.0133	1	
中国中煤能源集团公司	3.33	1	
邢台矿业(集团)有限责任公司	3.33	1	
盘江煤电(集团)有限责任公司	3.33	1	
赤峰大地基础产业股份有限公司	3.33	1	
平顶山煤业(集团)有限责任公司	3.33	1	
山西焦煤集团有限责任公司	2.5		1
山西潞安矿业(集团)有限责任公司	2.5		1(召集人)
福建省煤炭工业(集团)有限责任公司	2.5		1
淮北矿业(集团)有限责任公司	1.67		1

注:公司还分别设有职工董事和职工监事各一名,同时设有总经理一名,副总经理3名及纪委书记一名。

资料来源:中诚信托网站 http://www.cctic.com.cn。

(二)监事和监事会

1. 监事。信托公司监事应当符合法律、行政法规和中国银监会规定的资格条件,具备履行职责所必需的素质。监事会成员不得少于三人。信托公司董事、高级管理人员及其直系亲属不得担任本公司监事。

监事有权了解公司经营情况,并承担相应的保密义务;信托公司应当采取措施切实保障监事的知情权,为监事履行职责提供必要的条件。

监事应当列席董事会会议。列席会议的监事有权发表意见,但不享有表决权;发现重大事项可单独向中国银监会或其派出机构报告。

2. 监事会。信托公司应当设监事会。监事会可下设专门机构,负责监事会会议的筹备、会议记录和会议文件保管等事项,为监事依法履行职责提供服务。

监事会每年至少召开两次会议,会议记录自做出之日起至少保存15年;监事会可以要求公司董事或高级管理人员出席监事会会议,回答所关注的问题;公司应将其内部稽核报告、合规检查报告、财务会计报告及其他重大事项及时报监事会。

基于履行职责的需要，监事会经协商一致，可以聘请外部审计机构或咨询机构，费用由信托公司承担。

（三）股东及股东（大）会

1. 股东。信托公司股东应当具备法律、行政法规和中国银监会规定的资格条件，并经中国银监会批准。信托公司股东应当做出以下承诺：入股有利于信托公司的持续、稳健发展；持股未满三年不转让所持股份，但上市信托公司除外；不质押所持有的信托公司股权；不以所持有的信托公司股权设立信托；严格按照法律、行政法规和中国银监会的规定履行出资义务。

信托公司股东不得有下列行为：虚假出资、出资不实、抽逃出资或变相抽逃出资；利用股东地位牟取不当利益；直接或间接干涉信托公司的日常经营管理；要求信托公司做出最低回报或分红承诺；要求信托公司为其提供担保；与信托公司违规开展关联交易；挪用信托公司固有财产或信托财产；通过股权托管、信托文件、秘密协议等形式处分其出资；损害信托公司、其他股东和受益人合法权益的其他行为。

股东与信托公司之间应在业务、人员、资产、财务、办公场所等方面严格分开，各自独立经营、独立核算、独立承担责任和风险。

2. 股东大会。信托公司股东（大）会的召集、表决方式和程序、职权范围等内容，应在公司章程中明确规定。股东（大）会议事细则包括通知、文件准备、召开方式、表决形式、会议记录及其签署等内容，由董事会依照公司章程制定，经股东（大）会审议通过后执行。

信托公司股东单独或与关联方合并持有公司50%以上股权的，股东（大）会选举董事、监事应当实行累积投票制，即股东（大）会选举董事或者监事时，每一股份拥有与应选董事或者监事人数相同的表决权，股东拥有的表决权可以集中使用。

（四）高级管理层

高级管理人员的任职资格应当符合法律、行政法规和中国银监会的规定。信托公司不得聘任未取得任职资格的人员担任高级管理人员或承担相关工作。公司总经理和董事长不得为同一人。总经理向董事会负责，未担任董事职务的总经理可以列席董事会会议。

总经理应当根据董事会或监事会的要求，向董事会或监事会报告公司重大合同的签订与执行情况、资金运用情况和盈亏情况。总经理必须保证该报告的真实性。

高级管理层应当为受益人的最大利益认真履行受托职责：在信托业务与公司其他业务之间建立有效隔离机制，保证其人员、信息、会计账户之间保持相对独立，保障信托财产的独立性；认真管理信托财产，为每一个集合资金信托计划至少配备一名信托经理。高级管理层应对公司的各个层面实施风险评估，实施评估的深度和广度应与公司的业务范围和各部门的职责相适应；同时应加强风险管理，有效检测、评估、控制和管理风险，逐步提高风险识别和风险管理的能力。

高级管理层应当根据公司经营活动需要，建立健全以投资决策系统、内部规章制度、经营风险控制系统、业务审批及操作系统等为主要内容的内部控制机制，并报中国银监会或其派出机构备案。

内控制度应当覆盖信托公司的各项业务、各个部门和各级人员，并融入决策、执行、监督、反馈等各个经营环节，保证各个部门和岗位既相互独立又相互制约。

信托公司应当设立内部审计部门，对本公司的业务经营活动进行审计和监督。信托公司的内部审计部门应当至少每半年向公司董事会提交内部审计报告，同时向中国银监会或其派出机构报送上述报告的副本。

高级管理层应当设立合规管理部门，负责公司的合规稽核，对公司各部门及其人员行为的合规情况进行全程监控，协助高级管理层有效识别和管理信托公司所面临的合规风险。

四、信托机构种类

（一）兼营的信托机构

兼营的信托机构一般是指既经营信托业务又经营银行业务的单位。兼营形式的信托机构又一般分为两种。

1. 信托业为主银行业为辅的信托公司。这类机构以日本的信托公司为典型。第二次世界大战后日本出现严重的通货膨胀，国民私有财产很少，长期资金无法吸收，财产资金信托难以开展，而且政府的证券交易法又限制了信托公司的证券业务，使信托公司的经营陷入困境。于是，政府通过《银行法》使信托公司改组成为信托银行，又通过《兼营法》使其得以经营银行业务，形式上似乎它们以银行身份兼营信托，实际上却是以信托公司的地位，专门经营信托并兼营银行业务。这使信托业务转入良性循环，并不断开发出新的信托业务。这种状况一直延续到 1954 年实行信托分离后才被改变，信托银行又成为实质上的专业信托机构。

2. 银行业为主信托业为辅的银行信托部。这些机构有的是独立法人，有些则不是独立法人，它们一般是商业银行或专业银行为兼营一部分信托业务而设置的银行附属机构，因而一般以银行业务为主要业务，信托业务则处于从属地位。这种兼营形式以美国最为典型。美国 1913 年根据《联邦储备银行法》批准国民银行兼营信托业务，继而各州政府也批准各州银行兼营信托业务。这样，美国专业性的信托公司很少，信托业务基本上由大商业银行设立的信托部所垄断。

(二)专营的信托机构

专营的信托机构一般是指专门办理信托业务的经济组织,它属于非银行金融机构,往往被称为信托公司。

(三)信托机构种类选择

1. 选择基础。对于信托机构种类结构的选择主要取决于一个国家的经济体制模式、金融体制模式及信托业务经营的目的,此外,还要受制于一个国家有关信托的法规。

2. 各种类型信托机构比较。如果单从信托机构本身的状况来考虑,应从以下几方面进行比较:①从发挥信托职能的角度比较其专业性;②从经营的角度比较其收益性;③从管理的角度考察其对成本的重视性;④综合考察信托业发展的稳定性。不同类型信托机构的对比如表4-5所示。

表4-5 信托机构的比较

信托业务机构形式	专业性	收益性	对成本重视	信托业务发展的稳定性
专业信托公司	好	不好	好	好
信托公司兼营银行业	好	好	好	很好
银行兼营信托业	不好	好	不好	较差

3. 选择机构类型的原则

(1)信托业务和信贷业务必须明确分工。信托和银行信贷业务虽然都属于金融业务,二者可以相互配合,业务经营上也可相互交叉,但二者又具有各自的职能和特点。因此,从其职能和特点的规定性,信托业务不能违背委托人在契约合同上确定的目的要求,由他主意旨变为自主意旨的经营;而信贷业务也不能逾越自己的职能和经营范围,按他人目的要求代为管理和处理财产和经济业务。信托、信贷必须明确分工、相互配合,办理兼营业务的机构,必须对业务分别核算。

(2)以明确的法律规定作为信托与信贷业务分工配合的准则。信托、信贷二者都属于金融业务,没有法律保证,则信托信贷都难于明确的分工和配合,也难以发挥正常作用。因此要明确制定银行法规、信托法规等经济法规,对各自的业务、经营方式和经营法规加以规范,使之不得相互混淆,同时,还要使各项业务尽可能符合社会经济发展的实际情况和客观要求。

第二节 信托机构的管理

一、信托机构管理的原则

（一）信托机构管理的目标

管理是为了有效地获取、配置、利用企业的现有资源，实现既定目标而进行的一系列动态活动。管理的目标是使组织的存在有意义，无论是盈利的责任还是社会公益的责任，都要通过有效的管理来实现。相对信托业来说，从信托市场规则的制定与实施，信托管理公司内部管理，到每项信托业务的操作都贯穿着管理，信托业务从起点到终点是一个严格的管理流程。有效的管理，可使信托组织与机构更加规范，使信托业务的风险降低。信托机构的管理涉及组织管理、业务管理、财务管理和人事管理等。

（二）信托机构管理的原则

第一，认真履行受托职责，遵循诚实、信用、谨慎、有效管理的原则，恪尽职守，为受益人的最大利益处理信托事务。

第二，明确股东、董事、监事、高级管理人员的职责和权利义务，完善股东（大）会、董事会、监事会、高级管理层的议事制度和决策程序。

第三，建立完备的内部控制、风险管理和信息披露体系，以及合理的绩效评估和薪酬制度。

第四，树立风险管理理念，确定有效的风险管理政策，制订翔实的风险管理制度，建立全面的风险管理程序，及时识别、计量、监测和控制各类风险。

第五，积极鼓励引进合格战略投资者、优秀的管理团队和专业管理人才，优化治理结构。

（三）信托公司经营的原则

第一，信托公司管理运用或者处分信托财产，必须恪尽职守，履行诚实、信用、谨慎、有效管理的义务，维护受益人的最大利益。

第二，信托公司在处理信托事务时应当避免利益冲突，在无法避免时，应向委托人、受益人予以充分的信息披露，或拒绝从事该项业务。

第三，信托公司应当亲自处理信托事务。信托文件另有约定或有不得已事由时，可委托他人代为处理，但信托公司应尽足够的监督义务，并对他人处理信托事务的行为承担责任。

第四，信托公司对委托人、受益人以及所处理信托事务的情况和资料负有依法保密的义务,但法律法规另有规定或者信托文件另有约定的除外。

第五,信托公司应当妥善保存处理信托事务的完整记录,定期向委托人、受益人报告信托财产及其管理运用、处分及收支的情况。委托人、受益人有权向信托公司了解对其信托财产的管理运用、处分及收支情况,并要求信托公司做出说明。

第六,信托公司应当将信托财产与其固有财产分别管理、分别记账,并将不同委托人的信托财产分别管理、分别记账。

第七,信托公司应当依法建账,对信托业务与非信托业务分别核算,并对每项信托业务单独核算。

第八,信托公司的信托业务部门应当独立于公司的其他部门,其人员不得与公司其他部门的人员相互兼职,业务信息不得与公司的其他部门共享。

二、信托公司内部责任中心的划分

信托公司作为独立法人是以盈利为基本目的的非银行金融机构:一方面,以满足社会在信托方面的需求为其存在的市场根据;另一方面,以不断的盈利积累提供其竞争和发展的能量。信托公司按其职能部门和分支机构设置的目的和要求可划分为不同层次的责任中心,不同层次的责任中心的经理承担不同的责任,公司对其计划和控制的内容也不同。信托公司内部责任中心可划分为以下三个中心:

(一)费用中心

这是信托公司责任中心层次的最低一级。该中心的负责人仅对在其可控制范围内的费用负责。可被划入费用中心的部门,包括信息技术部、人事部、财务部、办公室、审计部和研究发展部。费用中心的预算目标称为费用目标。如果成本/效益的标准可以满足,那么控制费用中心的有效方法是零基预算法。在零基预算法下,每个费用中心的经理在做下一个年度的预算时,都要对其所管理的部门在下一个年度的职能活动重新审查和安排,去掉那些既消耗相当资源又无太大意义的活动,对于那些必要的活动,可设计可完成该活动的多个方案,从中选择费用低的方案。

(二)利润中心

利润中心处于信托公司责任中心层次的较高一级。该中心的负责人除了要对其可控的费用负责,还要对其收入负责。可被划入利润中心的部门包括投资银行部、投资部、租赁业务部、个人信托管理部和团体信托管理部。对利润中心可下达预算利润目标,利润中心还要对实际利润完成情况与预算利润目标的差异展开分析和找出原因,并由此对实际的经营措施或经营目标根据需要进行调整。信托公司在信托业务上的收入来源于两个方面:一是手续费收入;二是提取业绩报酬。研究和发展部既可以作为费用中心,也可以作为利润中心,关键看其在投资决策中的作用。

（三）投资中心

这是信托公司责任中心层次的最高一级。投资中心的负责人既要对其可控收入、费用负责，又要对其可控投资负责。毫无疑问，信托公司本身是投资中心，信托公司的总经理既要对信托公司的利润负责，又要对信托公司的股东权益报酬率负责。

通过设立责任中心，信托公司可以将经营和财务目标逐级分解到各部门和分支机构的每一个工作岗位，使责、权、利真正地结合起来，有效地调动整个公司的资源，形成统一的公司目标。

三、与其他金融机构的合作

（一）银信合作

银信合作最初集中在由商业银行代售信托产品并代理资金收付上。最近几年这种合作的领域和技术含量在我国都有了质的飞跃，比如：银信银团贷款、双层信托银信连接理财产品（即由委托人与商业银行以人民币理财产品为载体建立第一层信托关系，再以商业银行为机构委托人与信托公司以集合资金信托产品为载体建立第二层信托关系）、筹集和补充银行资本金（发行集合资金信托计划募集资本金）、资产证券化（信托公司把银行信贷资产证券化）、信托财产银行托管、质押贷款（把信托产品在银行进行质押贷款，解决信托产品流动性问题）等方式。

背景链接

银行入股信托试点

中国银行业监督管理委员会于2007年5月批准在香港和上海两地上市的交通银行股份有限公司对湖北省国际信托投资有限公司实施重组，组建“交银国际信托有限公司”。这是中国首次正式批准商业银行入股信托公司实施混业经营，以此为标志，成为中国信托行业重整转型的重要信号，更是金融混业经营在信托业领域的实质性突破。交通银行股份有限公司董事会30日通过了关于投资湖北国投的决议。“交银国际信托有限公司”注册地在武汉。公司注册资本人民币12亿元，其中外汇资本1 500万美元。交通银行以现金出资10.2亿元人民币，持有公司85%的股权；湖北国投以现金出资1.8亿元人民币，持有公司15%的股权。

(二)与证券公司、基金公司的合作

信托公司与证券公司、基金公司主要有以下合作方式:

1. 股权合作。这主要表现在信托公司持股证券公司、基金公司。

2. 托管。这是指把证券公司和基金公司的资金托管给信托公司,信托公司赚取手续费。

3. 合作设计产品。这是指采用结构性分层制度,为不同风险偏好的投资者设计具有不同风险收益特征的两类子产品:优先受益权产品和一般受益权产品。证券公司和基金公司作为一般受益人,当信托财产净值触及止损线时强制平仓。

4. 将信托产品购买基金公司基金,或者与证券公司和基金公司合作投资(如打新股)。

此外,某些银行(如兴业银行)的人民币信托资金理财产品中引入财产保险,为信托资金提供信贷资产转让履约保证保险,银信保合作的雏形正在呈现。

总体而言,尽管从监管机构的设置看,我国金融业仍处于分业监管的状态,但金融走向混业经营的趋势已经越来越明显。

四、信托机构的财务管理

信托公司的财务管理工作主要是通过对各项资金的形成、筹集和使用的管理,来扩大经营成果,提高经济效益,促进经营管理的加强和各项业务的展开。做好财务管理工作对于信托公司增加营业收入、降低营业成本费用、提高经营管理水平、增强在国际与国内金融市场上的竞争力都起到了重要作用。

信托公司的财务管理侧重于价值管理,一般认为,信托公司财务管理的职能包括财务决策、筹集资金和资金控制等。

(一)信托公司财务管理的原则

财务管理的原则,是指进行财务管理工作所依据的准则。它是人们对财务活动的共同的、理性的认识,是理论与实务联系的纽带。它具有以下特征:它是财务假设、概念和原理的推论,必须符合大量观察和事实,被多数人接受,是财务交易和决策的基础,为解决新的问题提供指引。面对日益广泛的资金运动和复杂的财务关系,财务管理必须遵循这些基本原则:

1. 价值最大化原则。价值最大化原则是指在其他条件相同的情况下,人们会选择使自己经济利益最大化的行动。它假设人们在衡量每一项交易时会选择对资金最有利的方案来行动。

2. 风险—报酬权衡原则。在风险与报酬之间存在一种对应关系,企业必须对报酬和风险做出权衡,为追求较高报酬而承担较大风险,或者为减少风险而接受较低的报酬。

3. 资源合理配置原则。资源的有限性决定了企业在生产经营活动中必须有效地、

合理地运用资源，充分考虑其机会成本，将有限的资源用到最需要的环节，使企业的经营活动获得最大的经济效益。

4. 成本效益原则。在市场经济条件下，企业没有免费使用的资金，各种资金的筹措、调整、运用、分配等都要充分考虑资金成本，还要考虑资金管理中的各项成本。资金管理要在讲求效益的基础上考核成本，在关注成本的前提下提高效益。

（二）财务核算

财务核算是利用价值形式记录、计算、分析和比较经营活动中的消耗和成果，使企业本身的收入能够抵偿支出，并取得盈利的一种有计划地管理经济的方法。财务核算是财务分析的依据。通过财务核算，可以准确、及时、真实、完整地了解信托业务的活动状况及其经营成果，有利于资金的灵活调度、充分运用和不断地加速资金周转，使信托资金取得良好的经济效益。

信托财务核算的要求是：第一，财务核算要做到数字准确、情况真实、编制及时完整。第二，财务核算要做到能为业务开展提供信息反馈和决策依据。第三，财务核算要能起到促进降低费用水平和增加盈利的作用。

（三）财务分析

财务分析是信托企业按照各项经济计划指标和会计核算资料对信托业务的活动状况及其经营成果进行全面的研究和分析，以改善企业经营管理、提高经济效益的一种有效方法。它是企业经济活动分析的组成部分，要求通过分析，能客观地、综合地反映和评价企业在一定时期内经营活动的成绩和不足，从而可以针对存在的问题，采取改进措施，加强企业管理。开展财务分析，一定要深入实际，研究调查，掌握经济活动的全面情况，运用科学的方法，正确分析、评价经济效果和存在的问题，为上级主管部门进行决策提供信息和依据。

1. 信托资金分析。资金分析主要是为了了解信托资金运用的程度及考核其运用效率，以便进一步挖掘资金潜力，提高经济效益。

（1）信托资金来源分析。信托资金来源主要包括自有资金、信托存款、委托存款等项目。信托资金来源的分析，首先以整个信托资金来源的本年实际数与本年计划数相比，以了解信托资金来源计划的完成情况。然后进一步分析信托存款、委托存款、发行债券、同业拆借、人民银行拆借等各个组成项目的本年实际数比上年实际数和计划数变动的原因。

信托企业要善于利用会计账表所反映的数据，掌握信托资金来源结构的变动情况，不失时机地把信托资金组织好和使用好。同时要加强财务管理，避免资金积压，从而把资金潜力充分调动起来，积极扩大资金来源。

（2）信托资金运用分析。信托资金的运用主要包括：信托贷款，固定资产投资，委托贷款和投资、租赁等项目。

信托资金运用,一般可以通过计算信托资金运用的频率来进行考核,在信托资金总数相等的情况下,信托资金运用累计发生额越大,运用频率就越高;反之,信托资金运用频率就越低。一般在贷款、投资等结构相同的条件下,信托资金在一定时期内运用次数越多,资金运用的效果就越好。但应注意,中长期资金的运用,不能单以运用频率来考核,而应着重运用效益分析。

另外,资金运用效果的高低还取决于资金的利用程度。一般地说,信托资金利用效率越高越好。所以,为提高信托资金的运用效益,除了促进企业不断改善经营管理和加速资金周转外,还要提高信托资金的利用率,最大限度地将资金投入到正常的、合理的周转中去。

(3)信托贷款的分析。信托贷款可以从结构和投向进行分析。信托贷款的结构是指各类不同性质贷款的比例构成,包括固定资产贷款、流动资金贷款以及其他贷款的年末余额和平均余额的增减变动情况。分析时需将本年实际发生额与去年同期及计划指标进行对比。开展贷款的结构分析,一般可根据一定时期的贷款账户余额编制分析表,在贷款结构分析中,应着重分析在贷款总额中,哪些属于正常贷款,哪些属于逾期或不正常贷款,如果不正常贷款占有一定比例,需要采取有效措施,加强贷款管理。

信托贷款投向分析主要是检查信托贷款支持各种经济成分使用贷款的情况,国民经济发展的重点和薄弱环节要作为分析的重点。对信托贷款投向的分析是为了更好地发挥信托企业对社会经济的调节和控制作用。

信托贷款逾期率 =(信托贷款逾期额 + 信托贷款“借旧还新”额)/贷款平均余额

2. 信托项目经济效益分析。一个项目往往是长期的,它形成的固定资产包括土地、建筑物和设备等,所花费的投资额也是巨大的。因此,通过设立一些主要指标对投资项目进行分析和考核,既可以综合评价项目建设的实际投资效益,又可以发现项目决策与建设过程中的缺点和不足,尽快制订补救方案,争取使投资项目获得尽可能好的投资效益。对于企业指定用途或项目的信托投资项目,通过分析与评价,可以促使信托机构注意投资方案的选择,减少或避免投资失误,更好地发挥信托投资的作用。

对信托投资项目的分析和考核,按照是否考虑货币的时间价值因素来区分,可以分为静态分析法和动态分析法。

(1)信托投资项目的投资效益率。项目的投资效益率是通过投入与产出的对比来判断的。投入量一定的情况下,获得的产出越多,经济效益越好,或者说,为获得一定量的产出,投入越少越好。只有把反映投入量的指标和反映产出量的指标加以对比,才能构成综合反映投资项目经济效益高低的指标,这个指标就是项目投资效益率。投资效益率是指正常年度建设项目的效益与原投资额之比例,它包括投资利润率、投资利税率和投资净产值率三个指标。

投资利润率又称作纯收益率,是指投资项目的年税后利润额与原投资额之比。该指标可以反映每一单位投资每年能够给企业带来的收益量。

投资利润率 = 年税后利润额/原投资额 × 100%

投资利税率又称毛利率,它是反映投资项目的年利税之和与原投资额之比。该指标能够反映每一单位投资能给国家和企业带来多少收益。

投资利税率 = 年利税额/原投资额 × 100%

净产值是企业劳动者在一定时期内新创造的价值。投资净产值率是指投资项目每年获得的净产值与原投资额之比,该指标反映的是每一单位投资每年能够给国家、企业和个人带来的收益量。

投资净产值率 = 年净产值/原投资额 × 100%

(2)信托投资项目回收期。投资回收期,是指回收投资所需的时间。投资项目回收期越短,说明项目效益越好,否则就越差。

3. 信托盈利分析。信托企业在开展业务过程中,要发生营业收入和非营业收入,以及营业支出和非营业支出,还要有相应的管理费用。信托盈利就是营业收入和非营业收入减去营业支出、非营业支出、管理费用和税款的余额,它概括反映了报告年度内信托企业经营活动的财务成果。对信托盈利的分析就是要考核企业经营活动的成果,分析影响信托盈利增减变动的原因以及盈利的分配使用是否合理。

盈利能力分析的核心是利润率分析。信托企业按规定向人民银行缴存的存款准备金连同实收资本金,是信托企业的营运资金。以营运资金与利润额相比,可以大体看出信托业务盈利情况的变化趋势。

信托营运资金利润率 = 利润额/信托营运资金平均余额 × 100%

信托营运资金利润率是信托企业盈利情况的具体体现。利润率高,一般表示信托企业经营管理状况较好;利润率下降,则表示信托企业在组织资金、运用资金和财务管理等方面可能存在一些问题。信托企业要提高盈利水平,就必须在符合政策要求和保留必要准备金的前提下,积极开展贷款、投资和租赁业务,提高营运资金的利用效率。

第三节　信托机构的经营与风险防范

一、信托机构的经营特点

(一)资金来源

资金的信托投资是当代信托公司提供的核心服务,这种服务可以由专门化的信托投资机构来提供,也可以由银行的信托部或一般的信托公司来提供。不论哪类信托机构经营信托业务,信托资金都是信托开展的重要基础。委托人信托的资金多属于长期闲置资金,委托人试图借助专家理财实现资金增值的目的。从中外信托业吸收的资金情况看,信托资金有定期、数整、额大的特点,极少或根本不吸收活期存款资金。

(二)资金运用

信托机构的资金运用主要反映在对长期资金的融通方面。如,投资上市公司股票、债券(公债、国库券、公司债券、金融债券),贷款信托业务,养老金信托业务(在日本被称为年金信托,在我国金融市场中对这两个名词有时混用),对生产企业的直接投资,对住宅建筑和商业建筑的投资等。因而,信托资金运用的特点是:与资本市场关系密切,以各种证券投资为主。信托机构以特有的方式实现储蓄向投资的转化,降低了投融资风险和委托人参与成本,也降低了交易成本与代理监督问题。

(三)利润来源

佣金和手续费是信托机构的主要利润来源。一般来说,信托机构利润主要有两部分,一部分是信托机构固有财产产生的利润,也叫自营业务利润;另一部分是经营信托业务获得的利润,也叫信托业务利润。自营业务利润主要是对外投资所得红利;信托业务利润主要是管理信托财产获得的手续费和佣金。

因信托财产的管理或运用而产生的收益仍属信托财产,归受益人所有,不能计入信托机构的信托业务收入。但是如果信托机构有信心让信托财产获得超值收益,信托机构会在信托合同里注明超过约定以上部分收益按照一定比例分成。这种分成收入在财务上一般也列入手续费收入科目。

背景链接

美国对冲基金的收费

传统基金按资产总额收取一定比例的资产管理费。目前美国对冲基金的做法是从实现了的利润中提取15% ~20%的分红作为酬金,另外收取1%的资产管理年费。

(四)支付准备

相比较而言,传统的金融机构如银行需要必要的支付准备,因为银行作为中间债务人对债权人款项的正常支付极为重要;而信托机构不需要支付准备,因为信托机构不存在作为债务人对款项正常支付的问题,它是作为受托人(而非债务人)在一定信托目的的前提下,从容运用资金的。

二、信托机构面临的主要风险

信托机构在不同的市场环境下,所遭遇的风险不同。通常对金融风险的一般分类与分析,也可在一定范围内适用于分析信托公司的风险。在本节主要是分析我国信托公司的风险管理环境。

(一)信托公司经营目标多样化带来的风险

西方金融理论对金融机构经营目标表述基本上是统一的,即股东利益最大化。股东利益最大化固然是一般公司治理结构所需考虑的一个重点问题,但是对于信托公司来说,仅考虑股东利益最大化是不够的。由于信托公司的核心业务,即信托业务直接关系到信托财产的安全与信托目的的实现,保障委托人与受益人的利益应被视为信托公司业务的核心。只有在此核心利益得到保障的前提下,信托公司才能赢得公众的信任,也只有如此,信托业才有发展的空间。

信托公司的经营目标可以从两方面来界定:一方面,对于信托公司的自有资产,其经营目标是实现营利性,即目标是要保证公司出资人或股东权益最大化,这是一个直接实现目标的过程;另一方面,在信托资产经营中,要尽量实现委托人和受益人权益的最大化,从而保证信托公司的信誉,使信托公司赢得公众的信任,以此来实现业务的扩大,间接实现股东权益最大化。经营目标决定风险管理,由于信托公司的经营目标相对复杂,信托公司内部风险管理体系必须建立在股东、委托人和受托人三方利益最大化的盈利目标基础上。在对不同的资产进行管理时,根据不同的经营目标而制定不同的风险管理战略。信托公司是为利润而承担经营风险和管理风险的,而其获取最大利润的前提,是使风险处在可控的限度内。

从发展趋势看,监管机构有意压缩信托固有资产业务,突出信托主业。这对于当前我国信托业的发展来说无疑是一剂良方。但从目前信托公司不断增资扩股的动向上来看,与新办法的意图多少有些抵触。近年来,几大信托公司的资本金都迅速扩容,庞大的资本金必然会造成固有资产对公司人才、项目、资源、精力的挤占。信托公司作为代客理财、以手续费收入为主要盈利方式的金融机构,不应像银行等金融机构一样追求高的资本充足率,只要满足相关法规对资本金要求的下限即可,信托公司应该更多地关注筹集委托资金和处理委托资金,而不是不断扩充资本金。

(二)盈利多渠道带来的风险

信托公司的一大优势是其在货币市场上可以与金融机构进行金融往来、同业拆借,在资本市场可以发起基金管理公司、证券公司,可以做投资银行业务。信托公司的另一个重要优势就是可以直接投资,如对房地产行业的投资等。信托公司是金融机构中唯一可以直接联结金融资本和产业资本的金融机构,正是因为这种优势,有利于信托公司的资源整合,使其可以发挥其他金融机构所不能发挥的重要作用。但也正因为如此,增加了信托公司风险防范的复杂性。

(三)国有股高度集中带来的风险

从信托公司的股权结构来看,几家大的信托公司几乎全是国有股东控股。第一类是地方政府控股的,有的通过地方政府的财政厅直接控股,有的通过国资委控股,有的通过地方政府控制下的集团公司或者投资经营公司之类直接控股;第二类是国家特大型企业或者产业集团公司控股;第三类是金融控股集团公司控股。

信托公司的客户和业务与股东的客户资源有着极大关系,信托公司业务创新和拓展与股东背景有密切关系。

由于国有股具有政治人和经济人的两面性,所以信托公司既是政治组织又是经济组织。首先,表现在行政控制下的内部关键人控制。大部分信托公司的董事长、总经理、董事、监事基本来自政府和上级的行政任命,或者由上级领导直接出任信托公司的董事长和总经理。由于国有股东的非人格化和不能履行出资人角色等原因,信托公司实际上由行政任命的关键高管控制。其次,表现在这种股权结构中没有真正的利益制衡机制,股东缺乏来自不同出资股东内在利益的真正制衡。

目前,银监会作为监管者强化外部监管,这在一定程度上是对信托公司内部软约束的替代,但如果没有内部硬约束的配合,外部监管必然会任务繁重却收效不大。要求股本回报是形成信托公司良好治理的基础,尤其是在信托公司不能负债、缺乏债权人监督的情况下,但是目前绝大部分信托公司是不给股东回报的。这种状况表明,国有股东或者类国有股东行使所有者权利、要求剩余索取权等对国资企业的核心财务监管制度尚未建立起来。

三、信托风险的防范与控制

(一)加强信托公司的内部监督

有效的内部控制必须覆盖机构所有的部门和岗位,渗透到各项业务过程和各个操作环节,不能留有任何死角,因此,内部控制的需要会对组织结构产生广泛而深远的影响。一般说来,内部控制的基本内容包括四个方面:一是恰当的职能分离,对容易发生风险的业务环节实行有关职能的分离。比如,业务经营与账务处理相分离,信用的受理发放与审查相分离,有价证券和重要空白凭证的保管与使用相分离,信托业务经营与自营业务经营相分离。二是双人原则,对重要岗位如资金交易、信贷管理、财务会计等,要实行双人、双职、双责,对相关活动进行交叉核对并由双人签字。三是独立审计,对公司整个业务活动的合规性、风险性和安全性以及对内部控制系统的完善程度、有效性和效率进行独立的检查和评价。四是完善的程序。显然,信托公司在设计和调整自己组织结构的时候必须界定相应的职能，设置相应部门，配备相应人员并建立相应运作机制，才能满足金融机构内部控制的基本要求。

信托公司必须充分发挥计划、财务、审计、项目评审、法律等部门的职能，加强监督和约束机制，加强对日常经营活动的风险控制和风险管理。审计部门要加强审计监督力度，通过日常审计监督和专项审计稽核，及时发现并化解风险，把风险降到最低程度。行为监督是加强内部控制机制的核心，对从业人员执行金融法规、规章制度和操作规程的情况，要建立有效的监督检查制度。对重要的岗位要实行定期轮换和定期审计制度，严格控制其操作程序和操作权限，做到决策、经营、监督相互分离、相互制约，明确各自的职责权限。

（二）建立科学、严密的决策机制

防范信托风险要把工作重点放在对风险的研究、分析和控制上，要重视做好事前防范工作。必须按照决策、经营、监督各自独立的原则，理顺决策程序，限定操作权限，加强监督力度，使三者相互独立，努力将风险牢牢控制在决策层手中。为保证科学决策，必须成立专门的决策评审委员会，对固定资产贷款、大额流动资金贷款及大额投资项目进行评委会人员集体评审，按照评委会建立的议事规则和否决制度，使评估决策建立在民主、科学的基础上。

（三）完善风险预测预警制度

建立预测预警机制是防范风险的重要手段，这种机制可以使信托公司能够科学、准确地预测风险，及时、灵敏地发出风险信号，达到化解风险的目的。为建立风险预测预警机制，必须首先确立一系列的指标体系，对风险程度进行定量分析。指标体系一般划分为两类：

一类是由公司的监管部门重点掌握的综合指标，包括资产规模、资本充足率、委托与自营存贷比例、担保限额比例、资产流动比例、资产变现比率等。

另一类是由业务部门控制的单项指标，包括投资项目进展情况、信贷业务中的逾期贷款比例、催收贷款比例等。

（四）规范业务操作流程

业务操作流程虽然是程序问题，却又是信托业风险控制的关键环节。信托公司必须采用规章制度的形式使其明确化、制度化，以减少操作失误带来的风险。业务操作规程必须通过不同岗位、不同人员共同参与业务操作，将业务置于双线核算、双重控制、交叉核对、相互制约的状态，达到风险防范的目的。业务操作规程的高效性、严格性不仅体现在相关岗位的操作方法和控制步骤准确衔接、协调配合，业务流程连贯顺畅上，还体现在相关环节之间合理的监督制约关系上。

第二篇

现状篇

信托在中国是一个舶来品，20 世纪初从日本引入，并在初期混沌的状态下经历了从“信交狂势”到“信交倒闭狂潮”的大起大落。改革开放以来，我国信托业获得恢复发展，但由于多方面原因，信托改革深陷“发展—整顿—再发展—再整顿”的循环。在随后的改革和整顿中，监管部门试图用完善的法规来引导信托的回归。从 2007 年开始，信托业经历了爆炸性的增长，并已经稳居金融业第二的位置。然而，信托业的非典型性繁荣并非是经济发展过程中的常态，而是应对金融风暴、防范金融风险及国家宏观经济政策调整的结果，其未来的发展仍存在诸多不确定性。

第五章　信托在中国的发展

第一节　中国信托制度的引入和早期发展

一、我国信托制度引入的背景

在中国，信托制度是一个舶来品。1920 年信托制度从日本引入上海，以后蔓延到全国各大城市。信托在当时的背景下引入上海主要有三方面的原因。

（一）上海的城市特殊性

20 世纪 20 年代的上海已成为远东最大的商贸、金融城市。上海之所以能够成为中国与国际交往的中心城市，与其所处的地理位置及上海地理环境的改善有密切关系。从地理环境上分析，上海近代地理环境的改造、黄浦江独具的深水岸线和泊位，以及连接国内外海、陆、空交通体系的初步建成，都从区位条件上为上海成为 20 世纪初的金融中心准备了重要基础。随着由以上海为中心的主要商贸路线网络密度的上升，及主要经济资源和人力资本的集中，近代上海的绝对经济中心地位也得以确立。在 1910 年以前的绝大部分年代中，上海外贸占到全国总额的 50% 以上。经济活动的聚集创造出对金融服务更大的需求空间，而上海对贸易流转和资金本身流转的支持更使上海的金融业成为全国的风向标。

（二）第一次世界大战时大量游资的形成

第一次世界大战时期，帝国主义放松了对华侵略，国内民族工商业有了发展的机会，民族资本得到发展。但是战争结束后情况迅速改变，帝国主义卷土重来，在经济上加强对华侵略，如日本为达到占领中国市场的目的，曾将其某些工业品以低于成本的价格倾销到中国，排挤中国本土的民族工业，使其纷纷倒闭。20 世纪 20 年代初，正是第一次世界大战战后整理、商务停顿的时期，中国出口货物受到很大影响，交易额大大减少，出口净值从 1919 年的630 809 000海关两下降到541 631 000海关两。而这一时期因国内军阀混战，农业连遇灾害，民不聊生，购买力不足，民族工业品内销外销非常不畅，民族工商业发展停滞。民族工商业的这种不景气，使大量战争时期积累起来的资本，除了银行储蓄，很难找到出路。

由于大批民族企业倒闭，上海的钱庄也变得非常谨慎，不敢贸然放贷。1921 年 2

月 19 日，上海市面银洋库存达4 600多万两，银圆库存达3 700万至3 800万元。数额之大，前所未有，因此也使利息非常低。社会上积累的大量游资需要不断寻找增值机会，随时投向有利可图的地方。

（三）邻国日本的影响

第一次世界大战及战后，英美日的交易所事业（物品交易所、证券交易所）日趋发达，同时，为交易所业务服务的证券公司也获得了很大发展。日本信托业在 20 世纪初发展极为迅猛，自 1902 年兴业银行率先开办信托业务以来，到 1921 年，日本国内信托公司已达 514 家，资本总额为352 224 000日元，实收资本为110 801 000日元。日本信托业的飞速发展，引起了中国一些学者的关注，各种报刊开始不断介绍信托业的情况，信托业渐渐被一部分国人了解。交易所的出现与证券公司发展，能使社会闲散资金或游资转成长期投资的资金，且各阶层各行业都能参加，因而受到社会的欢迎。

于是在民族工商业不景气、游资数量巨大的情况下，交易所和证券公司很快就被引入国内。中国的信托与交易所几乎同时由日本传入。

二、我国信托业的早期建立与初步发展

我国信托业的早期建立与发展状况与日本非常相似。信托公司与交易所在商品、货币、信用没有得到充分发展的社会基础上，畸形发展起来。

（一）机构规模超常发展

1920 年 7 月 1 日，上海证券物品交易所开业，半年不到的时间其年化收益率超过 80%，巨额的利润诱发了游资投机的狂热，交易非常活跃。从 1921 年春天起，各行各业无不开设交易所，从证券、标金、棉花、面粉到煤油、砖瓦、香烟、皂烛、火柴、杂粮油饼等，应有尽有。到了夏季，一些谨慎的银行开始转变态度，交易所资金来源趋紧。但超额的利润使投机者欲罢不能，他们开始创办信托公司募集社会游资，然后以交易所的股票向信托公司抵借资金。

1920 年 8 月 1 日，中国第一家信托公司——上海通商信托公司成立。到 1921 年夏末，上海同时出现了 12 家信托公司，资本额合计高达8 100万元，平均每家信托公司接近 700 万元，按实收资本额计算也接近 200 万元，这种发展规模是不正常的。当时资本总额在 200 万以上的华资公司并不多见，据《银行周报》调查，当时实收资本在 200 万元以上的银行仅有 9 家。信托业的资本规模几乎达到上海华资银行 20 余年的发展水平。这种发展势头迅速蔓延到全国，如京、津、汉口等地，形成交易所和信托公司发展的“信交狂势”。一个国人完全陌生的新兴金融行业，能够在短短数月之内吸引巨额资金进入，这种发展态势有悖常理。事实上，当时交易所和证券公司的发展并没有坚实的社会经济基础，从民族资本的发展看，组成股份公司并上市并不是民族资

本家看好的形式，因此这一前提下形成的快速发展只是在投机驱动下脱离社会经济发展实际情况的盲目、过度的畸形发展狂潮。

（二）业务经营混乱无序

北洋政府延用晚清的银行则例和注册章程，对储蓄银行、实业银行、商业银行的经营范围分别有所限制，但对信托公司这种新鲜事物还来不及制定专门的法规。因此只要按公司条例进行注册，信托公司的经营范围几乎不受任何法律限制。由于缺乏切实的监管，信托公司的经营处于混乱无序的状态。

实际中出现了两种情况：一是以投机为目的的信托公司，经营的唯一目的就是与交易所联手从事股票投机。二是以存款、保险为主业的信托公司。这类信托公司的发起人和经营者主要为银钱界资深人士，对投机的警惕性使他们不以股票投机为主业。但他们在经营中并没有与银行区别开来，所接受的信托资金数额极少，并没有发挥其资产管理的功能，主要仍从事银行业务。此外，信托公司还从事一些代理业务，如代理房地产买卖、经收房租、代理有价证券、代保管和仓租业务。

（三）“民十”信托公司倒闭狂潮

上海银钱业对这一阶段出现的投机倾向十分敏感，在银钱业公会的联合压力下，农商部与法租界当局纷纷采取措施取缔交易所投机，银钱界也采取一致行动反对交易所。市面银根日益紧张，从 1921 年（民国十年）11 月开始，交易所资金不继，投资者开始大量抛售股票，股价暴跌之后，信托公司所持有的交易所抵押股票就成为废纸，交易所和信托公司从“信交狂势”迅速走向衰退，并在全国形成连锁反应，出现大规模倒闭现象，史称“民十信交倒闭狂潮”。这一事件让中国金融业对信托应如何发展有了较清醒的认识，即信托业的发展不具备银行业和钱庄业那样的坚实基础。到 1922 年 3 月，140 余家交易所只剩下 12 家，而 12 家信托公司仅存中央和易通两家。风潮过后的数年间，信托公司在营业能力和规模方面虽然有不小进步，但仍无法扭转信托主业与其他兼业本末倒置的经营情况。

1927 年南京国民政府成立之后，上海成为全国最大的金融中心，信托业打破“信交风潮”后一度沉寂的局面，又开始呈现出向上发展的态势。

三、新中国成立前信托机构的发展格局

1927 ~ 1949 年是国民党政府深入介入和干预、控制金融机构的时期。这段时期的信托业发展表现为民族资本和官僚资本共同发展的格局，但民族资本创办的金融机构受到排挤。

(一)民族资本创办的信托机构

1930 年前后,由于各银行增加货币发行,内地时局动荡,资金纷纷集中于以上海为首的沿海通商大埠。加上当时国际银价下落,大量白银涌入中国。资金的过度充裕导致信用膨胀,有价证券和房地产成为游资的逐利之选。随着房地产、有价证券投资交易活动的日益兴盛,各种相关代理业务的需求也剧增。信托公司既可以经营代理业务,又可以吸收社会资金投资证券和房地产,因而呈现出蒸蒸日上的发展势头。

这一时期民族资本创办的信托机构在经营上的特点是:①经营状况总体较稳定,存活率较高,基本上脱离了投机。②信托投资成为一些信托公司的主营业务。但由于国内投资市场狭窄,品种单一,信托公司的投资主要集中于房地产和政府公债。③商业银行业务仍是大部分信托公司的主营业务,只有极少数的信托公司主营真正意义上的信托业务。

信托公司业务银行化的主要原因有:①这一时期华商信托公司数量增加较快,而信托的需求增长相对较慢,金融信托市场供大于求的矛盾没有得到解决。在信托主体和可供信托的财产都十分有限的条件下,信托公司既要生存发展,又不想再度陷入投机,必然出现与银行争存款、争业务的现象。②1930 年前后上海市面资金充裕,存款利息很低,信托存款业务对信托公司自然失去了吸引力。③大部分信托公司的经营者和银行界都有着千丝万缕的联系,其经营手法不免受到银行经营模式的影响。④民国政府一直没有颁布专门的信托法规,没有约束信托公司银行化的经营方式。⑤信托公司没有确立自己财产管理机构的地位,也没有发挥自己融通长期资金的功能,只是把自己作为银行业的补充,以“小银行”的地位附属、依赖银行业,从而丧失了在金融业中应有的独立地位,使信托业务拓展步履维艰。

(二)官僚资本创办的信托机构

1. 上海市兴业信托社。上海市兴业信托社是官办信托的初期尝试。官办信托是指由官僚资本控制的信托业或信托业务,以 20 世纪 30 年代官办信托业的出现为标志。1933 年 10 月,国民党上海市政府创办“上海市兴业信托社”,它是中国第一个官僚资本的信托组织。“一·二八事变”以后,受战事影响,上海市面萧条,政府为解决市民居住问题和振兴市面,倡导与市政相关的公用事业而建立该社。兴业信托社的运营资金绝大部分来自资本金及上海市银行提供的借款,在业务上也偏重于经营具有垄断性质的市政公用事业。此外,房地产投资和轮渡管理也是该社的主要经营方向。

2. 中央信托局。中央信托局是 1935 年在上海开业的真正具有影响力的官办信托机构,也是国民党政府为控制对外贸易,插手商业活动,建立的四行(中央银行、中国银行、交通银行、中国农民银行)二局(中央信托局、邮政储金汇业局)一库(中央合作金库)金融机构体系中的重要金融组织,通过这一体系,国民党政府集中了金融资源和大量货币。1935 年 10 月中央信托局在上海正式成立时，其实收资本为国民党法币 1 000万元，规模远远超过其他信托公司。由于中央信托局是以国民党政府的名义成立的，成立之初就以信托业“领袖”自居，扩展极快，在全国 20 多个工商业发达城市设立了分局。

中央信托局以吸收特种储蓄存款和信托存款为获取营业资金的主要方式，这是它与其他银行和信托公司的不同之处。归纳起来，中央信托局的主要业务包括：①储蓄业务。除一般储蓄、特种有奖储蓄外，还办理公务员储蓄、军人储蓄，后两种储蓄业务由中央信托局垄断，民营信托不得办理。②信托业务。这包括国民党政府的国营或公用事业，或国民党政府注册的股份公司债券，股票的募集、发行、登记、保证及代付本息，办理机关团体的存款信托，办理机关团体的基金信托、特约信托，办理国民党政府“公有”财产的检查、整理、设计或清算。上述业务由中央信托局垄断，民营信托不得办理，但民营信托可以经营的投资信托、证券买卖，中央信托局同样可以办理。③保险业务，包括人寿险、财产险和兵险等。④保管业务，主要经办国民党政府机关和其他团体等的文件、契据、证券及物料的保管。

（三）两大类信托机构不均衡发展格局

1. 官办信托机构设立的主要目的是为了满足政府的特殊需求。比如，兴业信托社经营的宗旨是“不求利益，但求事业能逐渐发展，一方联络银行界与市民，锐意谋本市区域商业之振兴，一方辅佐市政府办理各种公用事业之完成，及市区道路交通之便利”，无意于扶助信托业的发展。中央信托局的设立最重要的使命也是承接政府委托的各种业务，如代理政府购料及吸收特殊储蓄等。

在实际经营中，上海市兴业信托社和中央信托局均以经营政府机关的信托业务为主，由政府确定其内部组织结构、主要人事安排与营业方针，具有浓厚的行政干预色彩。由于它们享受特殊政策照顾，资金来源充足，经营的大部分属于垄断性业务，其经营模式对于其他信托机构来说既没有指导意义，也没有可借鉴之处。但这两家官营信托机构的出现，以其组织之完善、规模之庞大、发展之迅速，无形中代表了当时上海乃至全国信托机构发展的最高水平。

2. 民营信托机构发展后天失调。由于官办信托机构地位特殊，从一开始就拥有许多民营信托业不可能有的特权，所以它的成立极大排挤了民营信托业，使中国的信托业难以正常发展。总的来说，旧中国的民营信托业先天不足，后天失调。先天不足是指创始期资金薄弱，投机性突出，经营不稳健，脱离实际需要，畸形发展。这与日本信托法公布前的情况相似，所不同的是日本能够主动整顿，而我国是被动淘汰，没有制度化、法律化。后天失调是指在发展期受到官办信托的控制、排挤、打击，得不到健康发展。这一情况在其他国家是少有的。

由于发展受限，民营信托机构没有形成行业规模，也没有自成体系。可以说，旧中国信托业与银行业几乎是同时起步的,但在金融业界真正自成体系的是银行业、钱庄业(银号、票号)、典当业、保险业、证券业,多方面原因使得信托在国内没能作为一个独立的行业发展起来。抗战前夕,民营信托业的经营者曾为扩展业务、发展壮大,组织过各种活动,专门研讨信托的理论与实务,议论法规,提高在金融业中的地位,但收效不大。这当中很重要的原因是官僚资本控制的官办信托的排挤。

除了民营信托与官办信托,这一时期还有一些外资信托机构出现。设立外资信托机构的投资者主要是在华开展业务的洋行。这些外资信托机构的经营模式与欧美各国信托公司相似,主营各种信托业务,重点在有价证券及不动产买卖管理的投资。但绝大部分外资信托机构的设立是外商处理闲置资金的一种方式,属于短期牟利的投机行为,其经营状况并不稳定。

从 1921 年开始,国内信托机构的力量就一直在上海信托业中占绝对优势,外资信托机构的存在并没有引起国内信托界的特别重视,国内信托公司业务没有效仿外资公司的经营模式。但不可否认的是,这些外资信托公司的某些特殊优势,比如,庞大的规模、完善的内部组织以及延用美国法律获取委托人特别信任的方式等都是对国内信托业的发展有所启示的。

第二节 新中国成立后信托业的发展

1949 年 10 月 1 日,中华人民共和国成立,新中国金融业翻开了新的一页。人民共和国诞生之时,面临着国民政府留下的烂摊子。在经济崩溃、物价暴涨、民生凋敝、帝国主义国家对中国采取包围封锁的情况下,摆在当时中央人民政府面前的首要任务是如何尽快治理已长达 14 年的通货膨胀,以安定民生,调整经济,着手建设国家。在这样的背景下,政府开始对金融机构进行改造,并配合计划经济的推行,建立了大一统的金融体系。

一、信托机构与业务的改造政策

新中国成立后,政府对旧中国的金融信托业务进行接管、改造。初期,中国人民银行曾在上海、天津等大城市设立信托部,以后因经济形势的变化,金融信托失去了存在的基础,逐渐停办。

(一)对官办信托:接管与清理

随着人民解放战争的胜利发展,没收官僚资本的工作全面展开。规定没收对象为:“国民党中央政府、省政府、县市政府经营的,即完全官办的工商业”和“著名的国民党大官僚所经营的企业”。没收官僚资本的范围包括:工厂、矿山、商店、银行、公司、仓库、船舶、码头、铁路、邮政、电报、电灯、电话、自来水、农场和畜牧场等。官僚资本在国外的财产也为人民政府所有。

为迅速摧毁垄断金融资本的统治，人民政府对国民党经营的官办信托业，包括中央信托局及其在各地的分支机构以及中国农民银行、中央合作金库和各省市地方银行附设的信托部，采取了坚决没收的政策，予以全部接管并清理。同时对一些有商业银行股份的信托机构，如旧中国银行、旧交通银行所附设的信托机构，随同官僚资本银行的接管进行改造，使其成为社会主义金融信托的组成部分。

（二）上海信托机构的改造

1949 年 11 月 1 日，中国人民银行上海分行信托部在改造后的旧中国银行和旧交通银行信托部的基础上建立起来。一方面它接办了旧中国银行信托部房地产、保管、信托和代理业务，另一方面还接办了旧交通银行的包储业务。因而，上海市分行的信托部经营的主要业务有如下五类：

1. 房地产业务。此项业务以经营上海金融系统在上海解放时接管的公共房屋为主要业务，办理房屋租赁、买卖及职工宿舍的调配和管理。

2. 运输业务。新中国成立初期，为了促进城乡物资交流，推进上海与香港间的铁路运输，反击帝国主义的经济政治封锁，信托部还配合人民银行的押汇业务和中国银行的对外业务开办了国内运输和出口运输业务。

3. 仓库业务。此项业务的开展是利用上海解放时所接管的旧银行仓库进行的，主要承办人民银行的放款及与上述运输业务有关的包储业务。

4. 保管业务。旧中国银行曾经拥有号称“远东第一流”的保管箱。上海解放后，上海市人民银行信托部的保管业务就是在接管旧中国银行和其他银行原有的17 000多只保管箱的基础上开办起来的。该保管业务除为公营单位保管贵重物品及有价单据外，也供个人租用。

5. 其他代理业务。这主要是代理购销和代理保险业务。私人工商业主利用银行与企业的存放业务关系，委托开展同城或异地间的代购代销业务。代理保险业务则通过运输业务和房地产业务的开展，代客办理运输保险和代理投保房屋险。

（三）天津信托机构的改造

中国人民银行天津分行也在接管、清理、改造旧信托机构的基础上建立过信托部，但经营时间不长就被撤销了。试办信托业务时间稍长的信托机构是 1951 年天津市地方集资成立的公私合营天津市投资公司。该公司在成立之初原属天津市人民银行，1953 年由天津财委接管领导，其主要业务有：

1. 发行投资信托证券。该公司于 1951 和 1953 年分别发行两期信托证券。此项业务以投资公司转存发行总额 15% 于人民银行为条件，由天津市人民银行担保发行，保付本息。证券采取不记名方式，可上市交易，自由买卖。

2. 组织私商转业资金。为配合政府对私人资本主义企业进行改造和促进工业发展,该公司直接接收私营商业的全部资金,转投于生产企业,私营商业的雇员由公司负责另行安排;或通过公司的组织安排,将私营商业的资金、雇员一并转移于公司所投资的工厂。

3. 向工商企业投资。该公司不仅开展投资业务,独资或合资建立工业企业,改造私营工厂以实现公私合营,还通过贸易联营投资,支持贸易事业的发展,促进城乡物资交流。

4. 包储业务。这主要是对贷款企业的物品进行存储,以做贷款保证,或由公司给予抵押贷款。同时,仓库也对没有贷款和投资关系的企业开放,收取包储费。

5. 其他业务。如:为扶植私营工业企业增建生产设备,公司还发放过长期贷款;为稳定证券行情,稳定经济,还成立了证券交易服务部,办理证券买卖业务。

(四)对民营信托:疏通与改造

对民族资本主义信托的改造采取的是赎买政策。通过国家资本主义形式,实现民族资本主义信托国有化。主要有以下几个步骤:

1. 严格管理和业务疏导。新中国成立初期,人民政府公布了银钱业管理办法,对私营银行钱庄在信托业的业务活动实行严格管理,以限制信托业中的投机活动,在中国人民银行的领导和严格管理下,组织疏导信托业的资金,使其用于正当业务,以利国民经济恢复和发展。

2. 组织联合经营。1950 年 3 月,人民政府做出了“关于统一国家财政经济工作的决定”。决定将全国的财政收支、物资调度、现金统一管理起来,从而迅速稳定了全国的货币和物价,清除了市场的虚假购买力和虚假繁荣,使一系列依靠通货膨胀和商业投机而生存的社会经济组织失去了存在的条件。这样,一方面加速了那些违法乱纪单位的歇业倒闭,淘汰了一大批资金力量不足、缺乏正常营业基础的信托机构;另一方面又通过金融业联合总管理处的成立,促使其余信托机构进行联合经营。

3. 实现全行业公私合营,组建公私合营银行。公私合营银行是指在 1952 年 12 月,我国金融业实行全行业社会主义改造,信托业与银行和钱庄等一起组建的金融组织。

二、“大一统”金融管理体制对信托发展的影响

(一)“大一统”经济管理体制的形成

“一五”时期,中国进入大规模的社会主义经济建设时期,建立了集中统一的计划经济管理体制。中国的金融体制也按计划经济模式开始改造。

各类商业银行和其他金融机构相继撤并,统一于人民银行之中。信贷资金管理,无论来源还是运用,也都由中国人民银行统一掌握。金融业务也都集中于人民银行,

商业信用被取消，信用都集中于国家银行，证券市场等金融市场也被取消。至此，人们通常所说的“大一统”的金融体制形成。人民银行成为全国的信贷中心、结算中心和现金出纳中心，几乎垄断了全国所有的金融业务，既行使央行职能，又办理商业银行的各种业务。机构单一、信用集中、政企不分和对外封闭是“大一统”金融体系的突出特点。

（二）信托机构与信托业务的停办与中断

新中国成立之初，各地信托业在政府实行接管改造的基础上，继续营业试办，但经过不长的一段时期就纷纷停办，最后，信托业在中国暂时完全停办了。

上海市人民银行信托部于1951年9月起首先停办运输业务，随着经济形势发展，其他各项业务也陆续移交或停办。天津市信托公司也是如此，1954年以后，各项业务逐步收缩直至停业。广州、武汉、北京等地也都是在新中国成立初期经营过一些信托业务，后来随着形势变化分别停业结束。20世纪50年代后期，中国信托机构与业务基本上全部停办，剩下一些代理性业务事项，则转移至中国人民银行继续办理。

（三）信托停办的主要原因

新国家刚刚成立，缺乏管理经济的经验，苏联高度集中统一的模式对新中国的建设产生了重要的影响。同时，全国面临着实现财政经济状况好转的繁重任务。针对当时的生产力状况，国家统一配置资源，组织大规模的国民经济建设，实行高度集中统一的计划经济体制成为现实要求。从1953年起，中国推行第一个五年计划，对国民经济实行集中统一的计划管理体制，金融形式也必然高度集中统一，采取单一金融体制。

另一方面，当时在意识形态领域要完成中国的社会主义建设，排斥资本主义制度下的一切经济活动和行为方式。由于信托是商品经济发展到一定阶段的产物，加之我国金融信托业创办之初的那场“信交风潮”，人们通常倾向于把信托与投机相联系。由于商品经济与中国当时的计划经济相对立，商品经济下的信托自然也应该在计划经济体制下消失。

此外，新中国成立初期生产力水平低，人们收入水平和生活水平较低，社会财富种类以及财富积累数量尚未具备利用信托进行财产管理的需求。此外，社会民众对个人财产的保管、转让习惯于通过近亲密友关系进行，不愿意也不善于通过法人组织处理财产问题。

第三节　改革开放以后信托业的整顿与发展

一、改革开放以后信托业的发展

1978年，中国共产党十一届三中全会召开，确立了改革开放政策，并逐步推动由高度集中统一的计划经济向社会主义市场经济转型。从此,我国金融机构发展进入到新的历史阶段。1979～1984年,中国形成了在中国人民银行行使中央银行职能的基础上,中国工商银行、中国农业银行、中国银行和中国建设银行为主体的专业银行体系。虽然尚未成为商业银行,但为实行社会主义市场经济、建设有中国特色的社会主义发挥了重要的支撑作用。

与此同时,信托业的发展也引入到金融体系改革之中。在改革开放初期,由荣毅仁先生创办的中国国际信托投资公司率先成立,成为1979年改革开放后信托业开始发展的标志。当时创办公司的基本想法是利用荣毅仁的海外关系及影响,为实现国家经济振兴做点实事,如筹集海外资金、引进国外先进技术,并选择了通过组建公司开展业务作为重要的实现途径。此后,银行、地方和各主管部门也设立了信托部或信托投资公司,组建目的主要是适应现实经济生活对融资渠道多元化的需求。

(一)信托机构的市场格局

改革开放初期,形成了四种主体创办的信托投资公司共同发展的格局。

1. 直属国务院、全国性的信托投资公司。如,中国国际信托投资公司(以下简称"中信公司")。这类信托公司具有政府职能。特点是:资产规模大、分布广;参与国家基础设施和重大项目的建设;享受筹集资金及项目的优先选择权。1980年12月成立的广东省国际信托投资公司是与中国国际信托投资公司性质极为相似、发展规模仅次于中信公司的中国第二大信托投资公司,是广东省政府对外借贷和发债的地方级窗口公司,1998年10月其因不能清偿到期大规模债务被关闭。

2. 中央部委所属的信托投资公司。如,中国煤炭信托投资公司、中国电力信托投资公司、中国旅游信托投资公司。这类公司具有很强的行业特点,组建的目的是集中行业内部和社会上的闲置资金,支持行业发展。但是这个目标逐渐淡化,主要是因为部门利益与公司自身利益之间发生矛盾,特别是在项目的选择上。

3. 专业银行所属的信托投资公司。如,建设银行信达信托投资公司、工商银行长城信托投资公司、中国银行东方信托投资公司、中国农业银行信托投资公司。这类公司本质上是银行的一个部门,在1994年以后先与银行脱钩,后与证券业务脱钩。

4. 各级政府所属的信托投资公司。如,山西信托投资公司、厦门信托投资公司、北京国际信托投资公司。这些公司带有浓重的地方色彩,公司行为与地方政府利益保持一致,但由于区域差异,这些信托公司实力差异很大,并且存在一定盲目性。

(二)信托业发展中存在的问题

包括信托业在内的中国金融体系的建立与西方发达工业国家金融体系的建立基础有很大差异。西方国家的金融体系是经历了数百年的分分合合、并购重组而逐渐形成的,这些国家有相对完善的现代企业制度,有发达的工业经济,也有良好的保护投资者的法律制度。而我国改革开放以来建立起的金融体系是由政府主导设计、在不到30年的时间里迅速生成的。因而，这样的体系在建立与发展时，其合理性以及有效性方面就存在各种问题，尤其是在信托业发展探索时期所存在的一些问题，制约了信托业的发展。截止到1998年进入全面整顿以前，中国信托业存在的主要问题有：

1. 不恰当的市场定位。我国信托投资公司从一开始建立就被放在弥补银行作用不足、拾遗补阙的位置上，而没有认清信托本业发展之根本，没有找准市场发展之切入点。改革开放初期，在百废待兴、银行业需要重新构建和调整的特殊环境下，以及直接融资尚未开展的条件下，急需扩展单一的银行融资渠道，因而当时的信托业务范围几乎囊括了所有的金融业务，事实上，当时的信托公司也被称为准银行。这种全面的业务经营促进了融资多渠道的发展。但随着银行制度的逐步完善和直接融资及证券市场的发展，信托业并未做出相应调整，没有适当收缩业务，而是在之前培养起来的业务扩张的推动下，什么赚钱就干什么，什么赚钱快就干什么，有信托公司之名而无信托业务之实，成为十足的混业经营。

不规范的业务范围带来了经营风险，也潜伏了经营危机。中农信公司、广国投公司就是典型事例。即使是生存下来的公司也因不良资产困扰，背着沉重的呆账或应收账包袱，因流动性差而在经营上步履维艰。与此同时，过于全面的经营因为客观市场环境不健全，使信托投资公司发展失控而干扰金融秩序。

2. 信托立法工作相对滞后。自20世纪80年代以来的20年间，各种法规的建立逐渐完善，而在信投资公司的生存发展中，信托立法却未跟上。

3. 财产来源单一，货币资金来源渠道狭窄。1996年人民银行颁布《金融信托投资机构管理暂行规定》，规定各信托投资公司可接受的财产仅限于五项资金：财政部门委托投资或贷款的信托资金，企业主管部门委托投资或贷款的信托资金，劳动保险机构的劳保基金，科研单位的科研基金，各种学会、基金会的基金。在20世纪八九十年代，我国有数百家信托投资公司，如此狭窄的资金渠道，根本无法满足信托投资公司事业发展之需要，迫使各信托投资公司各想“高招”，这其实是不利于其自身规范、有序发展的。

4. 外部监管缺乏力度。长期以来，对信托投资公司的监管只是照章审批，在发展高峰期达394家，这些分散的信托投资公司获准成立后，有关部门所应对其进行的监管却未跟上，管而无力或流于形式。如，未重视信托投资公司的内控建设，使一些公司的内控制度不健全或形同虚设，越权筹措资金并运作资金，使业务失控。再如，未对信托投资公司的经营活动进行有效的现场和非现场监督，致使发现问题后不能及时制定出整改措施，使个别问题越来越严重。

可以看出，由于信托业发展初期定位不准确，在后来金融体制改革进一步深化中，信托业发展方向又不明确，使得信托投资公司作为金融机构的独立地位未得以确定，所应发挥的积极作用也未表现出来。

二、信托业的历次整顿

从1979年新中国第一家信托投资公司成立起，中国信托业前后已经历了数次大规模的全国性清理整顿，这是其他任何金融行业都未曾有过的。

（一）第一次整顿：1982年针对业务不明确

当时信托投资发展过快、资金分散，委托人一般是中央和地方财政部门或企业主管部门，信托存贷款业务较多。1982年4月，国务院颁布《关于整顿国内信托业务和加强更改资金管理的通知》，将计划外信托投资纳入计划内管理，限定信托业务范围只能是委托（包括委托存贷款、委托投资）、代理、租赁、咨询业务。

（二）第二次整顿：1985年针对上年货币投放和信贷规模的双失控

1984年6月，在人民银行召开的"全国支持技术改造信贷信托"会议的影响下，首次明确信托业"金融百货公司"的定位，确认了信托投资公司混业经营的模式。信托业务又掀高潮，但其内容与方式并没有体现出信托特征，基本上还是银行存贷款业务的重复，结果造成信托资金与信贷资金不分，长短期资金不分。由于信托资金与信贷资金不分造成货币投放和信贷规模的双失控。在此后的发展中，信托投资公司基本上按照这一思路，建立起无所不包的全能型经营模式。因而本次整顿明确提出信托资金是长期资金，严格控制以银行信贷资金作为信托资金使用，同时要求停止办理信托贷款和信托投资业务，已办理业务要加以清理收缩。1985年又对信托业的资金来源加以限定，仅限于五项资金来源。

（三）第三次整顿：1988年针对机构乱设

1988年，国内出现明显的通货膨胀，国家对经济实行全面治理整顿。这一年信托机构达到745家。国务院针对各种信托投资公司发展过快、管理较乱的情况，对信托投资公司进行了进一步的清理整顿，由原来的745家缩减为1990年的339家。此后，信托立法呼声渐起。

（四）第四次整顿：1993年针对信托投资机构过分热衷于实业投资和房地产投资

这一年政府采取软着陆措施，挤压泡沫，抽紧银根，收回贷款。为治理金融系统存在的秩序混乱问题，开始全面清理各级人民银行越权批设的信托投资公司，392家信托公司缩减为1996年的244家。这一年开始起草《信托法》，后因时机不成熟而搁置。1995年，人民银行对全国非银行金融机构进行了重新审核登记，针对信托与银行的混业经营，提出并要求国有商业银行与所办的信托投资公司脱钩。

(五)第五次整顿:1999 年针对业务管理及机构设置混乱

从 1997 年起频繁发生信托投资公司倒闭事件,到 1998 年集中爆发行业性的倒闭。较为重要的是中国农村信托投资公司(中农信)、中国新技术创业投资公司(中创公司)及广东国际信托投资公司(广国投)的倒闭。

中农信 1988 年 5 月建立,是直属国务院的从事信托投资业务的国营金融企业,其业务范围很广。1997 年 4 月因高额揽储、非法集资被关闭。中创公司 1985 年 12 月建立,是由国家科技委员会赞助发起,国家控制主要股权的信托投资公司。1998 年因违规向个人发行 4 亿特种金融债券而被关闭。广国投 1980 年 12 月建立,是广东省政府发债的窗口金融公司。窗口金融公司有如当时的经济特区,以特事特办的创新精神发展业务,最终却因无法支付巨额内外债而被关闭。

1999 年 2 月 7 日,国务院办公厅转发《中国人民银行整顿信托投资公司方案的通知》,正式开始第五次清理整顿。由于当时缺乏改革的法律基础和环境,信托业发展方向不明晰,在机构重整中还遇到了来自地方的一些阻力,因而在机构整顿初期效果不显著,在随后的两年,整个信托行业处于停滞发展阶段。

(六)进入 21 世纪后的立法整顿

目前,我国信托业发展的主要依据是"一法三规"。2007 年的若干完善法规之举,使这一年成为一个重要的分界线,此后信托业被认为进入到不同于以往的新阶段(见表 5-1、表 5-2)。

表 5-1　2007 年之前的法规建设及主要意义

法规颁布年份	法规名称	影响
2001 年 1 月 10 日	《信托投资公司管理办法》(目前已废止)	加强对信托投资公司的监督管理,使其与《信托法》的有关内容的表述一致
2001 年 10 月	《信托法》	信托业开始盘整,2002 年,信托公司终于开始推出了规范的、真正意义上的信托理财业务。经过此次整顿,人民银行总行决定对现有的 239 家信托投资公司进行全面的整顿,撤并到 56 家。从此,中国的信托投资公司进入到新的发展时期
2002 年 5 月	修订原有《信托投资公司管理办法》	与原办法相比,增强了可操作性,使信托投资公司在发起设立投资基金、设立新业务品种的操作程序、受托经营各类债券承销等方面展业空间有了实质性突破,即,信托投资公司可以直接作为投资基金的发起人从事投资基金业务,而无须先成立基金管理公司;同时信托投资公司设计信托业务品种可完全根据市场需求进行,而无须向人民银行报批核准

续表

法规颁布年份	法规名称	影响
2002年6月	《信托投资公司资金信托业务管理暂行办法》	为信托投资公司开展资金集合信托业务提供法律和政策支撑
2002年10月	《中国人民银行关于资金信托业务有关问题的通知》	纠正信托业务办理过程中的不规范做法
2004年7月	《关于进一步加强信托投资公司监管的通知》（简称"46号文件"）（该法规已于2007年7月3日废止）	由银监会发布的措辞严厉的监管通知，在证券投资和控制关联交易方面进行了严格规定

表5－2　2007年之后的法规建设及主要意义

2007年1月	《信托公司治理指引》	进一步完善信托公司治理，加强风险控制，促进信托公司的规范经营和健康发展，保障信托公司股东、受益人及其他利益相关者的合法权益；突出了信托公司治理应当体现受益人利益最大化的基本原则；填补了信托业的空白，有利于信托公司的合规经营和风险控制
2007年2月	《信托公司管理办法》（在原《信托投资管理办法》基础上修订）、《信托公司资金信托管理办法》（被简称为"信托新两规"）	为使信托业正本清源，还信托公司主业为做信托业务的本来面目，限制信托公司以自有资金大量从事投资业务，"信托新两规"开宗明义将原"两规"中的"信托投资公司"一律改为"信托公司"，以强化信托公司的信托功能，突出信托公司的理财主业，完善了信托业的制度建设
2010年7月	《信托公司净资本管理办法》	建立以净资本为核心的风险控制指标体系，以加强对信托公司的风险监管，促进信托公司安全、稳健发展

2007年开始的第六次全行业整顿与前五次不同，这次改革属自发自觉而为。根据银监会的统计，截至2006年6月末，全国共有55家正常经营的信托公司，自营资产达623亿元，负债152亿元，所有者权益为471亿元，管理的信托资产合计2 763亿元。虽有金信信托、吉林泛亚信托曝出资金黑洞丑闻，但总体来说没有发生行业性的灾难事件。"信托新两规"的颁布旨在彻底纠正国内信托业的发展方向，重新确定盈利模式，要信托公司及其业务回归"信托"本来的面目。"信托新两规"重点进行了以下调整：

第一，将修订前的"信托投资公司"一律更名为"信托公司"。

第二，注册资本数额的调整。"信托新两规"在保留信托公司的注册资本不得低于3亿元的同时,又对从事不同业务的信托公司的注册资本进行了不同规定:对申请从事企业年金基金、证券承销、资产证券化等业务的信托公司,其注册资本需符合其他法律法规相关规定的最低注册资本要求;信托公司处理信托事务不履行亲自管理职责,即不承担投资管理人职责的,其注册资本不得低于1亿元。此外,“信托新两规”还规定中国银监会可以根据信托公司行业发展的需要,调整信托公司的注册资本的最低限额,使信托公司注册资本管理更加符合《公司法》关于注册资本管理的规定。

第三,对资金来源与运用的规定。信托公司固有财产不得进行贷款、实业投资或融资租赁等业务,其他非实业投资也只能投资于金融类公司股权、金融产品和自用固定资产;除同业拆入外,信托公司不得开展其他负债业务,且信托公司同业拆入的资金余额不得超过其净资产的20%;信托公司可以开展对外担保业务,但对外担保的余额不得超过其净资产的50%。

第四,对信托业务的重新规定。信托公司可以采取买入返售的方式对信托财产进行管理、运用;可以从事证券承销业务,承销国债、政策性银行债券、企业债券等债券,还可以承销股票、短期融资券、资产支持证券等;办理居间、咨询、资信调查等业务;经营保管箱业务;开展有价证券信托业务。

第五,对集合信托合同份数的规定。修订后的《信托公司管理办法》在取消原《信托投资公司管理办法》关于集合资金信托合同不得超过200份、每份合同的金额不低于人民币5万元的限制及规定的同时,引入委托人应为“合格投资者”的概念,规定将顾客单笔集合资金信托计划的投资起点金额从原本5万元的投资门槛一口气跃至100万元,并要求“单个信托计划的自然人人数不得超过50人,合格的机构投资者数量不受限制”。

在此规范发展期间,信托业管理资产规模快速扩张,从2007年的9 400亿元发展到2012年的7.4万亿元。同时,2007年银监会规定信托公司须在三年内达到“新两规”及相关风险管理指引的要求,才可获得新营业许可。因此,10家公司在期间实现资产重组重获信托牌照,截至2011年底,全国信托公司数量增加到66家。

背景链接

关于“合格投资者”

修订后的《信托公司管理办法》对“合格投资者”的规定是:能够识别、判断和承担信托计划相应风险的人,包括自然人、法人或者依法成立的其他组织。具体包括:投资一个信托计划的最低金额不少于100万元人民币的自然人、法人或者依法成立的其他组织;个人或家庭金融资产总计在其认购时超过100万元人民币,且能提供相关财产证明的自然人;个人收入在最近三年内的每年收入超过20万元人民币或者夫妻双方合计收入在最近三年内的每年收入超过30万元人民币,且能提供相关收入证明的自然人。

2010年8月24日,银监会公布实施了《信托公司净资本管理办法》,将信托公司的信托资产规模与净资本挂钩,并对信托公司实施以净资本为核心的风险控制指标体系。《信托法》、信托"新两规"和《信托公司净资本管理办法》共同构成我国信托业监管的主要政策依据,即所谓的"一法三规"。

《信托公司净资本管理办法》(以下简称《办法》)颁布实施后,信托公司须在财务报表中披露其净资本和风险资本,确保每个信托计划均有充裕的资本支持。这使得资本金对信托规模的约束加大,无限做大信托规模成为历史。而信托公司为应对这种情况,必须积极实现业务转型,限制被动管理型信托业务等粗放外延型模式的发展,更多向主动管理型信托业务等模式发展。

同时,由于大部分信托公司现有的净资本不足以支持其资产管理规模的增长,因此信托公司补充资本金的需求加大,未来上市融资的趋势增强。而融资渠道和经营、创新等方面的优劣也会促使信托公司加速洗牌,实现优胜劣汰。

最后,《办法》的颁布实施会促使信托公司回归信托业务的本源。通过风险资本计提比例,引导信托公司大力发展单一资金信托这种针对具体投资人的运作模式,最终实现监管部门对信托公司的定位,即"为合格投资者提供资产管理服务的金融中介机构"。

根据《信托公司净资本管理办法》,净资本是指根据信托公司的业务范围和公司资产结构的特点,在净资产的基础上对各固有资产项目、表外项目和其他有关业务进行风险调整后得出的综合性风险控制指标。

净资本 = 净资产 - 各类资产的风险扣除项 - 或有负债的风险扣除项 - 中国银监会认定的其他风险扣除项

风险资本是指信托公司按照一定标准计算并配置给某项业务用于应对潜在风险的资本。

风险资本 = 固有业务各项资产净值 × 风险系数 + 信托业务各项资产余额 × 风险系数 + 其他各项业务余额 × 风险系数

《办法》要求信托公司计算净资本和风险资本,并且持续要求信托公司净资本不得低于2亿元,净资本与其风险资本的比值不小于100%,净资本不得低于资产的40%,从而建立了风险资本与净资本的对应关系,使各项业务的风险资本均有相应的净资本支撑,促使信托公司将有限的资本在不同风险状况的业务之间进行合理配置,引导信托公司根据自身净资本水平、风险偏好和发展战略进行差异化选择，实现对总体风险的有效控制。

风险资本系数是指根据不同业务类型信托公司计提的风险资本比例，而且融资类业务的风险资本计提比例明显高于投资类业务。为响应计算标准发布时国家对房地产的调控政策，房地产融资业务系数最高。

不同业务类型风险资本计提比例见表 5－3 所示。

表 5－3 不同业务类型风险资本计提比例

项 目		单一信托	集合信托
投资类	金融产品投资	0.1% ~0.8%	0.2% ~1%
	股权投资	0.8%	1.5%
	其他投资	0.8%	1.5%
融资类	房地产融资	0.5% ~1%	1% ~3%
	其他融资	0.8%	1.5%
事务类信托业务		0.1%	0.2%
其 他		1%	3%

第四节 信托在其他国家和地区的发展经验借鉴

一、英国信托业发展经验

英国最早的信托由个人承办，主要处理私人财产事务和公益事务。当时随着英国经济的发展出现一些特殊需要，除单身妇人、孤儿的财产管理之外，要推举社会地位比较高和值得他人信赖的人士（如律师、牧师等）充当受托人管理财产。这种依靠个人关系而进行的信托，在管理和运用财产的时候，常常会出现一些纠纷，造成委托的财产蒙受损失。于是，1883 年英国政府颁布《受托人条例》，开始对个人充当受托人承办的信托业进行管理。1896 年，又公布了《官选受托人条例》，如规定法院可以选任受托人，不过这仍然是以个人身份承办信托事务的制度。随着信托业的发展，1908 年，英国成立“官营受托局”，实行以法人身份依靠国家经费来经营信托业务。直到 1925 年《法人受托人》条例颁布后，由法人办理的以营利为目的的营业性信托才真正开始。官营受托局在当时英国信托业中居重要地位，但因英国工业革命后生产突飞猛进，社会上出现了大批富人，他们对财产的管理和运用有了更多的要求，于是伦敦出现了私营信托公司。从受托主体来看，英国信托业的发展表现为“个人—官选个人—法人”的路径。

目前，英国金融信托业以个人受托为主，其承接的业务量占80%以上，而法人受托业务则主要由银行和保险公司兼营，专营比例小，不仅如此，在银行的信托业务中，有90%以上集中于4大商业银行，即国民威斯敏斯特银行（National Westminster Bank）、密特兰银行（Midland Bank）、巴克莱银行（Barclays Bank）和劳埃德银行（Lloyds Bank）。从经营业务来看，英国信托业仍偏重于传统性业务——个人受托（民事信托）和公益信托。除此之外，英国的证券投资信托也盛行起来，信托作为一种很有活力的储蓄与投资形式，已广为人们所欢迎和使用，较常采用的是“养老金基金信托”、“投资信托”和“单位信托”。为保护参加者利益，英国所有的职业养老金计划都通过“养老金基金信托”建立并进行管理。民事信托中所委托的信托财产均以土地等不动产为主，所以土地等不动产信托比其他国家普遍。

二、美国信托行业发展经验

美国法律允许银行兼营信托业务，信托提供的服务范围很宽，除了本身具有的资产独立和监管的功能之外，还可以提供包括投资管理、交易清算、会计、纳税筹划等一系列的服务，成为中介服务的打包供应商。在美国，信托文化深入人心，美国人对信托平台的使用就和律师、私人医生一样，是生活中非常普通且必要的金融服务，企业和家庭的各种储蓄投资计划都可以成立信托账户。

> **背景链接**
>
> **美国信托业的先驱——北方信托**
>
> 北方信托成立于1889年，已发展成一家以私人银行业务为主的全球性综合金融机构。2011年旗下托管资产达4.4万亿美元，资产管理业务规模达6 622亿美元。北方信托率先对客户进行专业化定位，通过聚焦富裕个人客户和机构客户为自身提供持续增长的动力，不断进行产品创新和拓宽投资领域，为客户提供定制化的理财服务。聚焦高端客户和创新的产品相结合，促使北方信托走上高端财富管理的私人银行道路。

三、日本信托业发展经验

1900年左右，日本从欧美引进信托制度，此后的发展则经历了一个银行业、信托业分业经营到银行业、证券业、信托业混业经营的过程。其中，健全的信托法律体系对日本信托业的发展起到了巨大的推动作用。

日本是当今世界信托业发展中最具代表性的国家,信托业起步较早,发展较快,其信托立法比较完善,政府对信托业实施严格的分业管理。日本信托业发展的经验主要体现为健全的法律制度。日本信托业注重不断开拓适合日本国情的信托业务,为日本经济建设提供了大量的长期资金。日本设有专门的信托协会,由经营信托业务的银行团体组成,目的在于推动信托制度的发展,增进公共利益。另外,日本还非常重视信托思想的宣传和普及,设立了专业刊物和研究奖金。这样,从硬件和软件上都为日本信托业的发展提供了极好的条件。

四、德国信托业发展经验

德国实行的是全能银行制度,所以在德国没有专门的金融信托机构,所有的金融信托业务都由商业银行内部的专业职能部门(或其控股子公司)负责。

德国信托的历史不长,但与其他国家相比发展却异常顺利,数次世界经济动荡也没有对其产生太大影响。这一方面和德国人注重稳健守规的性格有关,一方面得益于其全能银行制度。德国的信托业务具有业务经营面宽,产品设计贴近普通百姓,方式方法灵活多样等特点。全能银行等于商业银行加投资银行加保险公司再加非金融企业股东。其特征主要有:业务领域的充分多元化、国内金融市场垄断化、股权投资业务网络化、业务经营混业化、集团外部相互持股广泛化等。总体来说,德国信托业不及英美等国发达,而所有的金融信托机构都完全依附于商业银行或者由商业银行控股,其信托业务产品一般也是在商业银行的经营过程中根据客户的需要来设计。

五、台湾地区信托业发展历程

中国台湾地区的信托业开始于20世纪60年代,发展于70年代,规范于90年代。20世纪60年代,台湾地区经济发展逐渐由“进口替代”转向“出口扩张”。台湾当局为吸收岛内外长期资金,引导民间资金流入投资事业,开始批准设立信托投资公司,信托业得以在岛内发展。

1996年与2000年,台湾地区的《信托法》和《信托业法》相继出台,其他相关法规、条例也陆续推出。台湾地区的信托业主要由银行经营,因此法律对银行经营信托业务的风险管理有相应的规范。2005年5月,台湾地区对其信托税法进行了一次大修订,加强了对公益信托的税法支持,并明确了遗嘱信托的遗赠性质和他益信托的赠予性质,确立了以受益人为纳税人的各项信托税收法律制度,从而为各类信托项目的有效开展提供了税法制度保障。台湾地区的信托与一般信托相比,既有共性,又有其特性。共性表现在:所有权和受益权分离,信托财产独立,灵活的分配方式,管理连续性。特性表现在:注重个人业务,个人信托理财的品种较多;信托与保险公司合作密切;资金信托业务中,信托资金的使用以投资各类证券或证券投资基金为主;资产证券化发展迅速。

六、香港地区信托业发展历程

中国香港地区的法律制度属于英美体系，其法律继承了英国的法律传统。信托法为英国首创的法律制度，同样被香港地区法律所吸收。

在香港地区的金融体系中，除了接受存款的机构外，主要的非银行金融机构有两大类：一类是单位信托基金；另一类是保险公司。单位信托基金是一种运用他人资金进行投资的组织，通过发售基金单位来吸纳个别投资者的款项，将资金汇总后交由专业投资管理公司负责管理，进行投资，组成一项分散的投资组合。1960 年香港地区第一个单位信托基金成立。1978 年 6 月，香港政府制定了《香港单位信托及互惠基金条例》，将基金组织纳入管制范围，对其成立、运作与推广加以管制，以保障公众投资者的利益，这标志着香港基金业开始进入正常发展轨道。20 世纪 80 年代以来，单位信托基金在香港获得了迅速的发展。目前，香港已经成为全球重要的基金管理中心。

房地产投资信托基金是香港信托的特色之一。2005 年 11 月 25 日，香港地区首个上市的、全球集资额最高的房地产投资信托基金（REITS）——领汇基金正式挂牌上市。香港地区的 REITs 模式主要借鉴了美国税法中规定的 REITs 必须满足的条件，对 REITs 产品提出设立条件和监管要求，但在投资的地理区域、分配要求和税收优惠等三个方面存在差别。

第五节　我国信托的定位和未来发展

一、我国信托的法律界定

根据我国《信托法》第 2 条规定：信托“是指委托人基于对受托人的信任，将其财产权委托给受托人，由受托人按委托人的意愿以自己的名义，为受益人的利益或者特定目的进行管理或者处分的行为”。

委托人、受托人和受益人是成立信托的关键，而我国《信托法》规定，设立信托的当事人只需委托人和受托人（信托公司）意思表达达成一致，依法签署即可，受益人无须参与信托的设立，也不要求设立信托时该受益人必须存在，但必须能够加以明确，否则信托无效。例如，作为委托人的高净值人士可以为胎儿或未来的子女设立信托。

二、我国信托的定位与未来发展

经过六次整顿的洗礼，中国信托业走上了主业回归之路，但未来信托的发展，还需要进一步明确信托在金融体系乃至国民经济中的定位。

(一)确立“独立产业”的定位

根据第十五届海牙国际私法会议通过的《关于信托的法律适用及其承认公约》中有关规定,信托“是指财产授予人设定的、在其生前或身后发生效力的法律关系”。它是一种以资财为核心,以信任为基础,以委托和受托为方式的财产管理体制。因此,从本质上看,“受人之托,为人管业,代人理财”的信托,指的其实是一种社会理财方式和独立的金融产业部门。其基本职能是财产管理,而融资、租赁等其他金融职能不过是其拓展的业务外延。

回顾世界信托业发展历史,无论是在其发端地英国,还是在成熟地美国、日本,信托从来就没有偏离过“财产管理”这个核心。而在混沌中诞生、在不断清理整顿中发展起来的中国信托业,至今仍然没有树立起独立产业的形象。因此,不管今天中国的信托公司在资产规模、管理能力上与国际巨头存在多大的差距,“独立产业”的定位回归,将是未来信托业健康发展的前提。

(二)重建信托盈利模式

信托业发展的核心,是盈利模式的重塑。社会财富结构的不同,形成了不同风险偏好的投资群体。信托业发达国家和地区的经验表明,根据委托金额的不同来细分客户市场,并制定个性化服务措施,是信托公司发展个人信托业务的基本规则。

从目前我国经济发展的实际情况来看,拓展个人信托、产业基金将是我国信托投资公司业务发展中一个大有可为的领域。一方面,我国的基础设施建设、农业发展和高科技产业建设都需要巨额资金。另一方面,分流储蓄、代理民众投资,使储蓄转化为投资也符合我国改善金融资产结构的要求。此外,在美国信托业务中还有“表决权信托”,即由信托公司代表集合的股东权益来行使表决权,以取得在董事会的发言权,从而影响企业决策。这种信托方式对完善公司治理结构特别是产权制度的改革具有重要的现实意义。

美国信托法专家斯考特曾经说过,信托的应用范围可以和人类的想象力相媲美。作为连接资本市场、货币市场和产业市场的金融业四大支柱之一,信托设立方式多样化、受托财产多元化、信托目的自由化以及运用领域广泛化,给予信托业巨大的发展空间。信托业的发展,需要不断调整产品结构和盈利模式,以适应经济环境和客户结构的变化。

(三)信托业的战略转型

从信托业的发展特点来看,信托公司未来进行战略转型主要有五个方向:专业的私人财富管理信托公司、专业的金融信托服务机构、以投资管理为主的专业信托公司、综合性的信托公司和金融控股集团①。

1. 专业的私人财富管理信托公司。向高净值客户提供私人信托服务和全面的财富管理服务,通过组建专业的金融、投资、法律、财务、税务等专业团队,提升全市场资产配置能力和全生命周期的财富管理能力,成为专业的私人财富管理机构。

2. 专业的金融信托服务机构。以受托人身份,为各类金融投资产品的运作提供资产托管为主的信托服务。

3. 以投资管理为主的专业信托公司。自己发起设立投资性信托产品,自主进行投资管理,并接受其他资金的管理委托,提供各类市场的投资管理服务。

4. 综合性的信托公司。关注多个业务领域,全面开展财富管理、金融信托服务和投资管理的综合性信托公司。

5. 金融控股集团。在综合性信托公司基础上,投资或收购商业银行、证券、基金、保险等其他金融机构,整合各类金融资源,形成以信托公司为控股主体的金融产业集团,提供更为全面的金融服务。

(四)未来的业务创新

对于信托业未来的创新发展,金融资产证券化、泛资管时代高净值客户需求、公益信托等为信托提供了新的展业空间。

1. 经济结构调整和转型升级带来的信托机会。2013 年 7 月 1 日,国务院办公厅发布《关于金融支持经济结构调整和转型升级的指导意见》,就结构调整特别提出:逐步推进信贷资产证券化、常规化发展,盘活资金支持小微企业发展和经济结构调整。

早在 2005 年,不少信托机构就曾参与过信贷资产证券化的研究实践。在理财 8 号文②发布后,信托业开展资产证券化的呼声更加高涨,实现非标准化债权资产的标准化,将为信托业破解 8 号文之困,若更进一步实现上市交易,不仅投资者的权益将得到更好的保护,信托业也将迎来转型发展的又一个高峰。而在支持中小企业发展方面,信托也表现出极大的发展空间,相关的创新产品层出不穷。

2. 泛资管背景下寻找新的发展动力。近一段时间以来,监管层对保险、券商、基金等金融同业在资产管理业务政策上密集松绑,其他资管机构可以更多地以经营信托业务的方式,开展与信托公司同质化的资产管理业务。这将逐渐稀释信托公司的制度红利,预示着泛资产管理时代已经到来,信托公司在资产管理领域的发展面临严峻挑战。在市场竞争不断加剧的情况下,信托业急需寻找发展的新动力。

---

① 引自《2013 ~ 2017 年中国信托行业市场前瞻与投资战略规划分析报告》。

② 2013 年 3 月 25 日银监会公布了《关于规范银行理财业务投资运作有关问题的通知》(银监会 2013 年 8 号文),对银行理财产品投资非标准化债权资产的行为进行了约束,在要求资金来源一一对应之外,还提出了限额管理的原则,其主要目的在于规避因银行理财产品信息不透明而引发的流动性风险。

泛资产管理时代的来临，使得信托业的发展环境发生了很大变化。在这场财富管理业务的竞争中，信托公司需要有自己的核心产品、核心客户以及自己的渠道，而这正是其生存发展的核心竞争力。

3. 公益与社会事务信托将大有作为。民政部的公开数据显示，2012 年我国慈善捐赠总额约为 700 亿元人民币，自 2010 年以来连续第二年同比大幅下滑。在"郭美美事件"引发的慈善问责风暴之后，2011 年全年接收国内外社会各界人均捐款 62.7 元，占同年我国人均可支配收入的 0.33%。同年，美国人均捐赠为 962.6 美元，相当于中国人均捐赠的 97 倍。

根据国际经验，公益信托与慈善基金会是开展公益慈善事业最主要的两种方式。然而在中国，由政府管理的公立慈善组织机构和人员管理能力较弱，导致其内部管理出现混乱；与此同时，由私募资金组成的民间慈善组织却缺乏相应的社会资源支持。

2008 年"汶川地震"之后，中国国内信托机构虽对公益信托展开初期尝试，但限于缺乏与公益信托相适应的管理制度及适用细则而未能形成成熟模式。西安信托推出的"5·12 抗震救灾公益信托计划"以及百瑞信托推出的"郑州慈善公益信托计划"可以视为我国公益信托的开始。之后的 5 年中，先后有重庆信托、平安信托、北京信托、中信信托等参与发行公益信托计划。

一方面，尽管我国《信托法》对于公益信托已经做出明确规定，中国银监会也颁布了信托公司开展公益信托的相关法律法规，但与之相适应的管理制度与适用细则至今尚未出台。当前我国公益事业采用的主要还是民政部监管的基金会模式。然而长期以来，基金会的发展一直存在资金供给不足、专业程度不高、公信力差、理财能力不足等问题。相比之下，公益信托在破产隔离、投资运作、资金募集等方面拥有诸多制度优势，但尚未得以体现。不管以何种形式参与公益信托，这都将是信托未来拓展业务空间的一个重要方向。

另一方面，随着未来我国的老龄化、税收改革、失独家庭的增加、问题儿童的增加，以及人们收入水平的提高，资产管理需求会逐渐加大，民事信托范畴的信托业务也会有广阔的发展空间。

第六章　信托行业经营现状与结构

第一节　信托行业发展现状

从信托业的历史和背景来看，经过几百年的发展演变，各发达国家已经形成了各具特色的信托制度和信托业。信托业无论在操作层面还是理论层面都已经十分成熟。我国的信托业自改革开放以来也获得恢复和发展，但是，在改革的过程中，一方面，由于多数信托公司存在业绩不佳、资产不良、信誉不高等问题，信托改革深陷“发展—整顿—再发展—再整顿”的循环。在最近的改革和整顿中，监管部门试图用较新的法规来引导信托的回归。另一方面，自近些年执行应对金融风暴和防范通货膨胀的一系列措施以来，银行、证券等主流金融部门为应对收缩性管理带来的困境，在资金管理、理财方式、投融资等方面进行了一些创新尝试，而这些创新正好利用了信托集合理财和定向投资的某些属性，使信托业作为“中间形态的金融服务提供商”，发挥了在此之前从未发挥过的潜在作用，良好的机遇刺激和带动信托行业在近几年取得了快速的发展。然而，近年来信托业的非典型性繁荣并非是经济发展过程中的常态，而是在应对金融风暴、防范金融风险及国家宏观经济政策调整背景下的结果，其未来的发展仍存在众多不确定性。

本节将从动态历史考察和静态行业比较两个方面对信托业的发展状况进行全面介绍，以发现信托业在发展过程中存在的问题。

一、我国信托业的发展特征

从我国信托业生成及其发展的过程来看，我国信托业的发展具有如下三大特征：

（一）起步较晚，起点较高

与英美等发达国家相比，我国信托业起步较晚。早在 16 世纪，英国就在法律上承认了信托关系并保护受益人利益；而美国在 1822 年就成立了“纽约农民火灾保险及贷款公司”，后改名为“农民放款信托公司”，信托业从此开始快速发展；日本也在 1902 年引进了信托业务。我国信托业在 1979 年第二次生成后才开始发展起来，相比之下起步较晚。但我国的信托业发展起点较高，中国国际信托投资公司一开始就以国内、国际金融信托业务为主营业务，这比英、美、日的发展进程都要快，一开始就走向金融化、国际化。

（二）机构众多，为业广泛

从数量上看，我国的信托机构最多时超过700家，目前仍然有60多家专业信托公司分布在全国各大中城市。除此之外，还有很多金融机构（如基金管理公司、证券公司、保险公司、资产管理公司等）在实际从事着信托业务。无论从数量上看还是从类型上看，我国拥有的信托机构都算得上是形成了世界上最庞大的信托机构体系之一。与之形成鲜明对照的是日本的信托机构，从20世纪50年代到现在，由于主管部门严格把握设立信托机构的各项条件，信托机构一直维持在8家，即三井、三菱、安田、住友、日本、东洋、中央7家信托银行与大和银行信托部。从业务类型上看，我国信托机构开展的信托业务种类也较多，有信托业务（含委托存款、委托贷款、委托投资，信托存款、信托贷款、信托投资）、代理业务、咨询业务、国际信托业务等，涉及的行业有工商、证券、基建、房地产等。

（三）宏观环境较佳，发展潜力巨大

我国经济金融体制改革的不断深化，为信托业的进一步发展提供了良好的宏观环境。第一，社会生产的不断发展使得国民生产总值迅速增加，社会拥有的金融资产已经大幅增加，为金融信托的发展奠定了可观的物质基础；第二，收入分配改革的深化使得国民收入分配结构发生变化，企事业单位能够自主支配的资金数量得以增加，传统的投资形式已不能满足企事业单位对资产多样化管理的要求，而信托则以其专业化的财产管理功能，具有强大的吸引力；第三，国家“藏富于民”的政策使个人拥有的资财大幅增长，居民投资意识也逐渐增强，但投资的风险又使得很多人望而却步，这使得金融信托的市场需求大大增加；第四，信托也可以用于盘活国有资产，深化企业改革，优化社会资源配置，以实现国家经济运行的良性循环；第五，证券市场的发展为证券投资信托（即投资基金）的发展提供了广阔的天地。以上种种因素为信托业提供了生存与发展的空间。可以预计，信托业必将逐步成为我国金融业不可忽视的重要生力军。

二、我国信托业与其他行业的发展对比

由于信托法律构造独特，所有权、经营权、受益权相分离，使得信托在业务运作中颇富弹性且极具社会功能，被英、美、日等国广泛运用于民事、商事及公益领域，已成为与银行、证券、保险并驾齐驱的金融业的四大支柱之一。然而，我国信托业走过的却是一条跌宕起伏的发展之路，长期游离在人们的认识之外。

从行业整体发展情况看，信托行业的繁荣活跃了中国的资本市场，也使其逐步缩小了与银行、保险和证券之间的发展差距。信托公司管理的信托资产规模在2011年已达40 977.73亿元，超过公募基金管理资产规模，接近保险业资产规模。而在2012年，信托业资产规模进一步大幅提升，达到74 705.55亿元，超过保险业的总规模，跃升

为中国仅次于商业银行业的第二大资产规模的金融行业(见图6-1)。

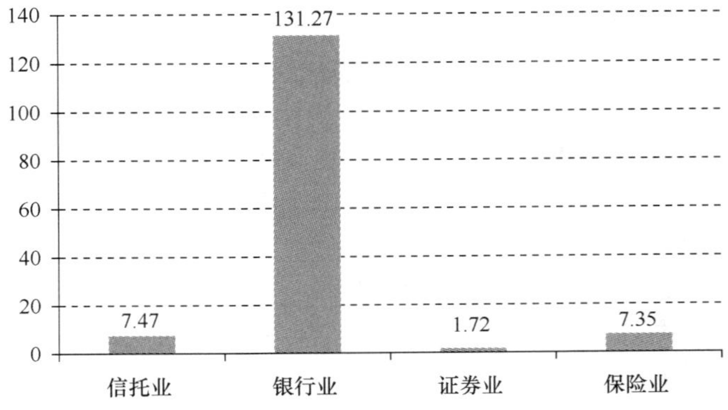

图6-1　2012年四大金融行业资产规模比较图(单位:万亿元)

但是,银行业“一业独大”的特征依然明显,传统计划经济时代“大一统、单极化”格局的路径依赖效应至今依然强大。无论是从规模总量、盈利能力,还是从机构数量、从业人数等方面来看,信托业话语权明显不足。

另外,在金融混业趋势下,银行业、证券业和保险业在围绕主业做强做大的基础上,不断将触角伸向原属于信托业专属的资产管理等领域,使其面临被金融同业不断蚕食的“边缘化”境地,整个行业面临严重的外部冲击。基金管理公司、银行的“多方委托贷款”和人民币理财、证券公司的“三方协议”代客理财和集合型理财产品、保险公司的“投资连接”产品以及私募基金等,都属于信托的业务范畴。从另一个角度考虑,这一系列的“非信托公司”开发的“信托产品”表明,中国信托业的市场相当大,并正处于自然增长之中,信托公司的展业空间相当广阔。

从监管制度上看,监管层对信托公司开设分支机构、异地经营、媒介宣传等有严格规定,与其他金融同业相比,发展受到严重的制度束缚。根据现行《信托投资公司管理办法》,“未经中国人民银行批准,任何经营单位不得在其名称中使用‘信托投资’字样”。但是经监管当局批准成立的信托投资公司,目前却在中国自然增长的信托市场中显得相当单薄。冠以“信托”的“信托公司”的生存空间,在中国信托市场上遭遇了来自其他金融机构强劲的市场竞争。

三、我国信托业经营现状

自2007年修订后的《信托公司管理办法》和《信托公司集合资金信托计划管理办法》颁布实施以来,我国信托业获得了较大发展。2008年次贷危机爆发后,国家实施了积极的财政政策和宽松的货币政策,在这些利好政策措施的刺激下,我国信托公司的资产管理规模迅速扩大,在较短时期内成长为我国金融行业一支不可或缺的重要力量。近年来,我国信托行业规模持续扩大,行业发展景气度大幅提升。据统计,从2005年开始,中国信托业管理资产规模高速扩张。2005年,信托行业管理的信托资产规模合计仅为1 500亿元,而随后的2006年、2007年、2008年分别达到3 600亿元、9 600亿元、1.23万亿元,2009年、2010年、2011年依然保持较快增长,信托资产规模先后超过了2万亿元、3万亿元、4万亿元,2012年更是达到了7.5万亿元,信托业已经逐步成为中国金融体系的重要力量之一。

2012年,信托业继续上演高增长传奇。信托业总量指标方面,2012年信托公司的年报数据显示,66家信托公司年末信托资产规模总计7.47万亿元,同比增长55.43%,在之前连续超越券商和基金资产之后,进一步超越保险资产,成为第二大金融子行业;66家信托公司的总收入为648.60亿元,同比增长45.92%;净利润为347.12亿元,同比增长48.48%;净资产为2 030.82亿元,同比增长25.09%;资本利润率的均值为20.86%,信托报酬率的均值为0.97%,人均净利润的均值为370.95万元。

(一)信托资产规模分析

自2004年以来,信托公司的信托资产规模每年都有大幅度的提升,实现了千亿到万亿的数量级增长,实现增长31倍。持续快速增长的信托资产规模确立了信托公司在资产管理市场的主导地位。截至2012年第四季度,信托公司管理的信托资产规模已达74 705.55亿元,同比增长55.03%。2010年,信托首次超过公募基金的规模,2012年又超过保险业的规模,成为近十年来增长最快的金融部门(见图6-2)。

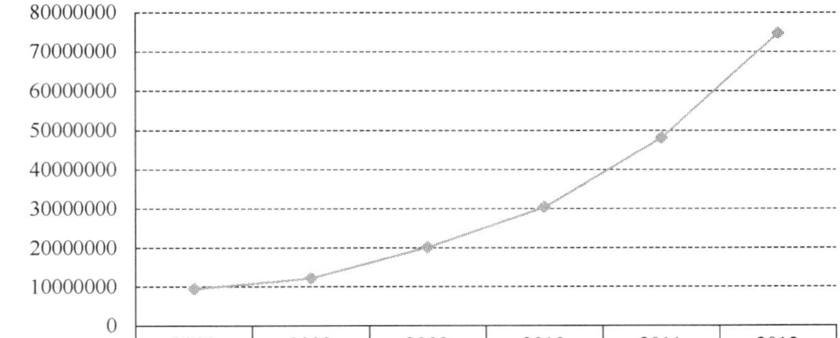

	2007	2008	2009	2010	2011	2012
资产规模	94 915 260	122 310 283	201 631 844	304 045 500	481 143 800	747 055 500

图6-2 信托资产规模变动图(单位:万元)

(二)主要财务指标分析

从资本利润率来看,2012年,信托行业平均资本利润率为20.90%,比2011年上升了2.65个百分点,在经历了2008年和2009年度的连续下跌之后,2010年、2011年及 2012 年三年连续回升，并且回升幅度较大（见表 6－1）。

表 6－1　2007～2011 年信托公司资本利润率统计分析表

年　份	2007	2008	2009	2010	2011	2012
平均值（%）	24.02	14.53	12.97	14.61	18.25	20.90
平均值增长（%）	16.28	－9.49	－1.56	1.64	3.64	2.65
标准差（%）	16.95	10.44	14.57	9.52	13.49	10.46
变异系数	0.7	0.71	1.08	0.65	0.74	0.5

从信托报酬率来看，2012 年，信托行业平均信托报酬率为 0.97%，比 2011 年下降了 0.08 个百分点。可以发现，在经历了 2006 年和 2007 年的超速增长之后，信托行业平均信托报酬率逐年下降，但所有信托公司信托报酬率之间的差异性降低，在一定程度上表明信托行业开始进入相对稳步发展的阶段（见表 6－2）。

表 6－2　2007～2011 年信托公司信托报酬率统计分析表

年　份	2007	2008	2009	2010	2011	2012
平均值（%）	1.29	1.08	0.86	0.69	1.05	0.97
平均值增长幅度（%）	0.17	－0.21	－0.22	－0.17	0.36	－0.09
标准差（%）	1.11	1.12	0.88	0.49	0.76	0.54
变异系数	0.86	1.04	1.02	0.71	0.73	0.56

注：2012 年年报中披露信托报酬率的公司有 54 家，表中数据为 54 家公司的统计结果。

从人均净利润来看，在经历了 2006 年和 2007 年的超速增长后，信托业平均净利润已经逐步回归并保持在一个相对稳定的水平。2012 年信托行业平均人均净利润达到 291.30 万元，同比上升 16.52%（见图 6－3）。

图 6－3　信托公司人均利润率变动图（单位：万元/人）

（三）盈利能力分析

信托业的营业收入及利润近几年飞速发展，2012 年，信托公司共实现营业收入 638.42 亿元，同比增长 45.33%，实现利润总额 441.40 亿元，比上年增长 47.84%（见表 6－3）。

表 6－3　信托公司营业收入统计分析表

	2007	2008	2009	2010	2011	2012
平均值（万元）	35 041	32 651	38 521	50 898	53 929	63 842
增长幅度（万元）	21 377	－2 390	5 870	12 377	3 031	19 913
增长率（%）	156.44	－6.82	17.98	32.13	5.96	45.33

第二节　信托业市场结构分析

广义的市场结构包括了市场商品结构、市场所有制结构、市场网点结构等，本书取狭义的理解，即从卖方角度解释市场的垄断程度和竞争程度，用现代市场结构理论的基本原理说明中国信托业的市场结构。一般来讲，决定市场结构的主导因素包括：①市场集中度；②供应者所占市场份额；③产品差别化；④市场进入与退出壁垒。除了上述这些主导变量外，还包括一些非主导变量决定着市场结构，诸如市场需求的价格弹性、短期的固定费用和可变费用的比例、规模经济、政策及法律法规等因素，而本书在考虑中国信托业市场结构时主要考虑的是这些主导变量的影响，因此信托业市场结构就是指信托市场中各个市场势力的相互关系，是指信托公司的数量、规模、市场集中度、各个信托公司所占的市场份额以及由此决定的竞争形式。

本书将以我国信托业市场集中度、产品差异化程度、信托市场进入和退出壁垒以及相关的政策法规等影响市场结构的主导变量为分析对象，研究我国信托业的市场结构。

一、信托业市场集中度

市场集中度是某一特定市场中少数最大企业所占的份额，市场集中度越高，大规模企业的市场支配能力就越强，获得更高利润的能力就越强。市场集中度的主要计算方法分为绝对集中度指标和相对集中度指标。绝对集中度即行业集中度指数，又称集中率，是最常用、最基本的集中度指标，指在规模最大的前 N 位企业的产值、销售量、资产、职工人数等方面的指标占整个行业该指标的比重，即前 N 位企业所占的市场份额。

从世界范围的信托业市场看，由于信托业的特殊行业特征，即其资本高密集和风险高密集的特点，所以该行业总体而言属于高集中度市场，我国的信托业市场集中度趋势也是如此，对比美国、英国等信托业较为成熟的国家，一个成熟的信托业市场，会形成较高的垄断，虽然近几年我国信托业市场表面上比较稳定，已经由过去的高度分散、过分竞争形势，向着集中垄断趋势演变，市场份额也不断趋于规模较大的几家信托公司，但是整个市场并未形成完全的垄断，只是低寡占竞争市场。

近年来，我国一些规模较大的信托公司逐渐扩大公司的业务，占据了较大市场份额，形成集中趋势加强的局面，同时也促进了我国信托业整体的快速发展。从注册资本、自营资产规模、自营业务收入、信托资产规模、信托业务收入等衡量信托公司综合实力的各项指标数值分布来看，我国信托业两极分化比较严重，强者愈强、弱者被吞并的局面也在不断上演。在“新两规”的指引下，各信托公司争相回归信托主业，信托资产规模连续增长；从产品结构上来看，随着国家对于信托行业政策的放宽以及支持，信托产品所涉及的领域越来越广，产品创新也在不断发展，大量的信托资金流向了房地产、工商企业贷款、基础设施、交通能源等大型项目，占据了所有信托资金的90%，尤其2006年以后房地产投资信托更是展示了强劲增长势头，我国信托业市场已经由过去的单纯投资于房地产开发项目、企业流动资金贷款项目、基础设施建设项目等传统的信托模式，逐步拓展到现在的投资于基金、股票、企业年金管理等多元化投资渠道模式，已成为投资领域扩大化、投资方式多样性的信托市场。

二、信托市场的产品差异化程度

产品差异化是指在一个产业内相互竞争的各个企业通过各种方法手段，在向市场提供产品或服务的过程中，能够提供给顾客具有不同质量、款式、性能、服务的产品或造成明显的消费者偏好，使顾客能够有效区分于同行业中其他竞争性企业提供的同类产品，从而使得该企业在市场中占据有利的竞争地位。

纵观我国信托业的发展阶段，多年来信托业长期处于主要金融行业的补充角色，加之相关信托法律法规及配套信托制度的缺失，我国国内信托公司本身的作用尚未被大众认识到，信托市场还存在很多问题，因此我国信托业的产品差异化总体情况为信托产品结构单一，业务结构相似，缺乏特色竞争手段，业务创新缓慢。

由于我国金融环境的特殊性，信托业实行“分业经营”制度，但是目前国内大多数信托公司仅仅是在机构设置上设立了其他业务部门分管投资银行业务和证券投资基金业务等，而他们将主要精力都只放在了信托业务上。虽然我国信托业最近十几年已经有了很大的发展，但信托产品的创新却很滞后，相比于其他发达国家的信托业务来说，我国信托业80%左右的信托资金都单一地投资于房地产、基础设施、工商企业贷款、开放式基金四类项目，因此信托资金的集中运用导致了我国信托业务品种单调，信托公司业务结构相似，信托业务差别化程度相对较低，资金运用风险集中。自从我国信托业逐步发展起来后，一些位于发达地区、管理体制比较先进的信托公司已经开始推出差异化的营销战略和创新型信托产品，但是总体水平还较低，产品差异化的程度仍然不够。

三、信托市场壁垒高低程度

（一）我国信托业市场进入壁垒分析

进入壁垒是反映一个行业中潜在进入者与现有厂商的相互竞争关系，是指现有厂商对于潜在进入者和刚刚进入者所具有优势的程度，也就是指一些想要进入该行业的潜在竞争者若与现有厂商竞争时所负担的成本以及可能遇到的种种不利因素。我国信托业市场的市场壁垒主要取决于进入壁垒，根据我国的实际情况，主要表现在以下几个方面：①我国实行银行业、证券业、信托业、保险业四业分业经营、分业管理；②我国信托业一直以来都实行行政性的审批制度，对营业执照数量进行控制；③信托业对于专业知识和技术水平的要求很高，必须通过严格的考试和培训，必须取得人民银行认可的任职资格，这是信托业特有的一项人才壁垒。

（二）我国信托业市场退出壁垒分析

退出壁垒是指在市场前景不看好或者企业自身经营不善、业绩不佳时，企业欲从某一行业（市场）内退出，但由于受到各种内在和外在因素的阻挠，阻碍了企业的破产和转行，或者使企业的资源不能顺利转移。从我国信托业市场的实际情况看，由于我国信托市场的进入壁垒较高，潜在进入者的进入行为会受到一定的制约，信托公司的数量较少，而当一些经营不善的信托公司面临退出危机时，地方政府等相关利益主体不愿放弃当地信托公司的名额，一旦信托公司出现了问题，各方利益主体都会通过合并重组等方式解决问题；另一方面，由于信托业务具有很大的社会影响和公众利益，一旦业绩不良面临破产时，会打击投资者对信托业刚刚建立的信任感和积极性，形成严重的社会问题，因此，相关利益主体在综合考虑了各方利弊关系后总是会通过各种渠道和形式，挽救濒临破产的信托公司，保住当地为数不多的信托公司名额。

总的来说，综合上述进入和退出壁垒的分析，再根据我国整个信托业的发展实际情况看，我国信托业市场壁垒是比较高的，这样的高进入和高退出壁垒阻碍了新企业的进入，直接导致了我国信托业的平均利润率相对于其他行业甚至于银行业和保险业来说是处于较高水平的，使得市场价格不能达到一般均衡，从而形成了带有垄断性质的超额利润，这种超额利润自然会在一定程度上损害到整个社会的总福利，从而影响到整个信托业的市场绩效。

第三节　信托产品结构分析

2012 年信托业的关键词聚焦于“7 万亿”。信托业在整体金融制度的框架下，适应市场经济中参与主体的融投资需求，实现了自身跨越式发展。信托资产结构进一步优化，管理财产类信托和自主管理类资金信托规模同比大幅增长；信托对实体经济的支持力度不断提升，投向实体经济领域的信托资金增速超过 50%。信托公司经过多年的发展，投资管理能力日益增强，主要体现为信托公司产品组合日益多元化，产品范围从财产信托等逐步拓宽，覆盖了房地产信托、基础设施信托、证券投资信托等广泛的领域。

一、信托资产功能结构

按信托资产的功能结构，可以将信托分为投资类信托、融资类信托和事务管理类信托。

（一）投资类信托

投资类信托主要指财富或资产管理类信托，是信托公司作为受托人根据委托人的风险偏好，使用债券、股票、基金、实业投资等金融工具，通过个性化的组合配比运作，对信托财产进行管理，使其有效增值。这体现了“受人之托，代人理财”的信托宗旨，一般采取集约化经营模式，收取信托报酬（见图 6－4）。

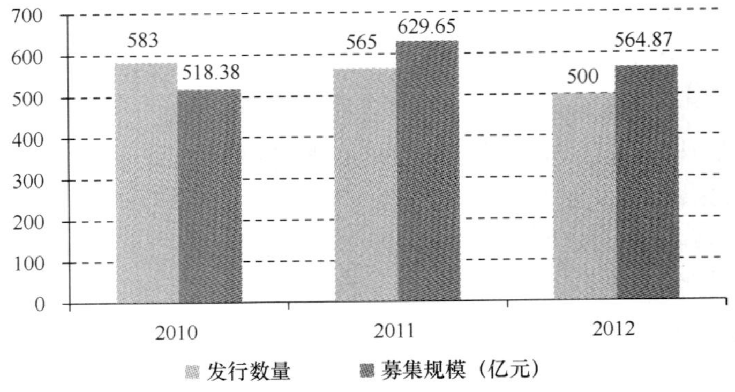

图6－4　2010～2012 年我国投资类信托产品发行数量及募集资金比较图

投资类信托在发展的过程中也表现出一些新的特征：

1. 结构化产品设计成为主流。2012 年结构化产品发行数量首次超过非结构化产品，占比达到了 71.57%。结构化产品的盛行与市场的表现高度相关。由于近两年来股票市场一直表现不佳,2011 年走出单边下行行情,2012 年下半年也出现了持续性下跌。在这种情况下,投资者更倾向于保障资金安全,而结构化产品可以向此类投资者提供稳定的固定收益,因此得到更加广泛的认同。

2. 量化投资及对冲策略成为投资的重要模式。证券投资策略的改变,带来了量化投资及对冲策略在证券投资产品上的运用。2011 年年底《信托公司参与股指期货交易业务指引》正式实施,从而为证券投资类产品的业务模式提供了更加广泛的选择空间。2012 年基于股指期货等工具的量化投资和对冲策略成为新发行证券投资信托产品和阳光私募投资模式的重要选择。

3. 信托与券商、基金的合作明显加强。2012 年第三季度,随着券商、基金等机构资产管理业务有关新政的出台,我国金融领域进入了泛资产管理时代。信托公司与券商、基金公司间的竞争强度增大,与此同时,合作的空间也更加广阔。

(二)融资类信托

融资类信托业务是指以资金需求方的融资需要为起点设计信托计划,信托公司募集信托资金的投向是信托成立时已经事先指定的特定公司或项目。与投资类信托产生股权关系不同,融资类信托产生的是债权关系。

(三)事务管理类信托

事务管理类信托业务是指信托公司作为受托人通过设立动产信托、不动产信托、股权代持信托、家族信托、遗嘱信托等方式,帮助委托人解决税务筹划、事务管理等问题。这是主要发挥信托制度的平台优势,由信托公司作为中间人提供纯粹事务管理服务的业务。

信托公司运用信托功能不仅可以使公众通过理财设计实现资产的保值、增值,而且还能综合多种功能实现家族财富的代际传承、股东权利的公司治理、集体财产的公正托管等一系列职能,并针对企业主对财富管理的需求,提供集企业融资、个人财富管理于一体的金融服务;通过信托管理机制解决市场失灵导致的慈善事业和公益事业投入不足;政府失灵导致的公共利益分配不均和管理低下等问题。在实业领域,信托公司致力于实业投行业务,通过并购改善企业的股权结构,优化公司治理,整合中介机构提供智力支持。在相关顶层设计的指引下,信托公司未来将遵循信托本源,实现从主要从事信托贷款和债权融资的财富管理机构向现代财富管理机构的转型。

近年来财产传承信托和公益信托得到了快速发展,本部分将以财产传承信托为例介绍事务管理类信托,有关公益信托的内容将在本书第九章进行介绍。

财产传承信托主要包括家族公司股权信托、家族公司财富信托、跨代信托、委托人留存年金信托等。

1. 家族公司股权信托。公司所有权和经营权的分离促进了企业治理结构的健全,而信托机制的引入使得收益权进一步独立出来，在保证家族成员获取收益的同时，实现家族对于公司股权和财产的控制。

信托对于公司股权的运用方式，具体模式将视客户的需求而定。总的原则是以公司股权设立信托，统一行使股东权利。家族成员通过享有信托利益的方式分享家族财产收益，有效避免因股权分割或者股权出售产生的家族对公司控制权的削弱。通过信托方式，可以推举家族内年长者或者有威望的人主持信托利益分配，而由家族内最有能力的人担任公司领导职位，并聘任公司关键管理人员。

2. 家族公司财富信托。民营企业家创业以后，由于继承人不愿到企业接班等原因，家族可能会考虑放弃对于公司股权的控股地位，转而追求财富的多元化配置。如初始信托财产是一家上市公司的股票，信托目标是在几年甚至十几年的时间中，逐步完成信托资产的多元化配置，从而使受益人获得与国民经济增长相适应的投资收益。对于单一股票信托，则采取在适当的时候降低单一股票的持仓比例，并分散持有。为减免交易费用，最佳方法是将有类似需求的几个家族组织起来，共同组成一个信托，整个信托成为一个相对多元分布的资产组合计划。

3. 跨代信托。在开征遗产税、赠予税的情况下，即便采用信托方式也可能产生传承中的税收，为了进一步优化，跨代信托应运而生。跨代信托减少了一次征税机会，完成了税收优化。简言之，即从爷爷辈直接传承到孙子辈。跨代信托通常期限很长，如果法律允许设立永久性信托，则永久性信托对于资产的代际传承可以起到更好的税收优化作用，包括税收减免和递延纳税两方面的好处。

背景链接

专家建议遗产税5年后征收，起征点高于500万元

中国财税法学研究会会长、北京大学财经法研究中心主任刘剑文建议遗产税5年以后开征，起征点至少应在500万元以上。

遗产税是调节收入分配的重要手段，征收遗产税能够缓和高收入人群和中低收入者之间的矛盾，调节收入分配差距。但我国目前征收遗产税的条件还不成熟，当前的税制改革重点不是在遗产税，而是在营改增、房产税、个税等领域。

事实上，遗产税是否开征一直备受争议。2013年2月，国务院批转了发改委等三部门《关于深化收入分配制度改革的若干意见》，提出"研究在适当时期开征遗产税问题"。但是，十八届三中全会通过的《中共中央关于全面深化改革若干重大问题的决定》（以下简称《决定》）中并未提到遗产税的问题。

刘剑文指出，《决定》里没有提到遗产税不等于不改革，开征遗产税彰显了一种社会公平，其象征意义大于实际意义。从世界范围来看，遗产税是对极少数人征收的税种，如美国2011年只有大约5 000人缴纳遗产税，而且遗产税在各国税收中的占比很小，一般不超过2%。刘剑文还表示，遗产税的起征点应该高一点，此前社会上流传的80万元起征的说法是不切实际的，遗产税的起征点至少应该在500万元以上。

（引自腾讯财经）

4. 委托人留存年金信托。委托人将名下资产设立信托，指定其他亲属作为受益人，委托人保留从信托中支取年金的权利，而将信托到期后的剩余财产交给受益人。信托年金可以采取定额的方式，也可以采取按资产比例提取的方式。这种模式下，保证委托人生活质量的同时具有较高的税务效率，以一种优化的方式完成了财产传承。

虽然目前我国信托业务的种类较为齐全，但是实际业务比重却并不均衡，从2007年至2012年信托业务收入的平均占比来看，融资类信托业务的占比最高，事务类信托的占比最低。从信托收入的比重来说，融资类信托占比约80%，投资类信托占比约15%，而事务类信托占比仅5%左右。从2007年至2012年信托资产管理规模的平均占比来看，融资类信托占比约64%，投资类信托占比约24%，事务类信托占比12%左右。由此可见，我国信托业务的现状仍处于比较低层次的阶段，还远远没有把信托的作用充分发挥出来。

根据中国信托业协会信托公司主要业务数据，截至2012年4季度末，信托资产余额中逾84.71%集中于投资和融资类，信托功能运用还比较单一，随着泛资管时代的来临，信托业转型势在必行，以“受人之托，代人理财”为宗旨的财富管理将成为信托业取之不尽、用之不竭的业务“蓝海”。

近几年来，融资类信托资产占比持续减少，而投资类信托资产则连年增加，说明信托公司更加注重自身资产管理能力的培育，逐渐摆脱对信托资产简单债权运用的模式（见表6－4）。

表6－4 近三年信托功能资产类别统计表　　单位：万亿元

年份＼功能	融资类		投资类		事务管理类	
	规模	占比	规模	占比	规模	占比
2012	3.65	48.87%	2.68	35.84%	1.14	15.28%
2011	2.48	51.44%	1.72	35.81%	0.61	12.75%
2010	1.79	59.01%	0.73	23.87%	0.52	17.11%

二、信托资金来源结构

从资金来源看，信托业可以分为集合类信托、财产类信托和单一信托。这是一种比较传统的分类方法，其优点在于比较直观地反映了信托财产的来源与运用，简洁明了、易于理解。

2011 年年末，集合资金信托计划占比不断提升，在 4.8 万亿元信托资产规模中，集合资金信托规模13 477.9亿元，单一资金信托规模32 840.2亿元，财产管理信托1 726.86亿元。虽然单一资金信托业务仍是信托资产规模的主要组成部分，但是占比在下降，财产管理类信托业务变化不大，而集合资金信托业务规模一直稳步上升，2011 年年末占比已达 28.05%（见表 6－5）。

表 6－5　2009～2012 年年末信托资产结构

信托类型	2009 年		2010 年		2011 年		2012 年	
	金额	占比	金额	占比	金额	占比	金额	占比
集合类	2 677.17	13.09%	6 003.47	20.16%	13 477.9	28.05%	18 826.7	26.95%
单一类	16 383.02	80.13%	23 017.42	77.31%	32 840.21	68.35%	30 718.9	43.99%
财产管理类	1 779.7	8.70%	1 361.97	4.57%	1 726.86	3.59%	4 856.6	6.95%
合　计	20 445.44	100%	29 774.75	100%	48 044.98	100%	69 849.5	100%

2012 年，从信托资产构成来看，信托资产结构进一步优化，资金信托规模由 2011 年的48 044.98亿元增加至69 849.5亿元，增长 45.4%，增速略低于信托资产规模的增速，管理财产类信托规模由1 726.86亿元增加至4 856.6亿元，增速高达 181.2%。管理财产类信托规模的大幅提升说明信托公司在挖掘本源业务方面取得了较大突破。从资金信托的管理类型上看，信托公司的自主管理能力得到进一步提高，自主管理类资金信托规模由 2011 年的29 698.5亿元增加至49 545.6亿元，增速达 66.8%，高于资金信托规模增速 16.3 个百分点。其中，在自主管理的资金信托中，单一资金信托规模增速大大高于集合资金信托规模增速，集合资金信托规模由 2011 年的13 477.9亿元增加至18 826.7亿元，增长 38.5%，单一资金信托规模由 2011 年的16 108.6亿元增加至30 718.9亿元，增长 90.7%。

集合资金信托是信托投资公司为了共同的信托目的，将不同委托人的资金集合在一起管理的资金信托方式，集合资金信托由中端个人投资者群体主导。据不完全统计，2012 年全年，全国累计共有 66 家信托公司发行集合资金信托产品6 167只，募集信托资金共计10 160.68亿元，平均每只产品的规模为16 476万元，平均期限 1.89 年，平均年化预期收益率为 9.2%。无论在产品发行数量还是募集资金规模方面，集合资金信托产品较前几年都有显著的提高，在集合产品的推动下，信托行业的整体规模也突破7万亿元,真正发挥了金融领域的支柱性作用(见图6-5)。

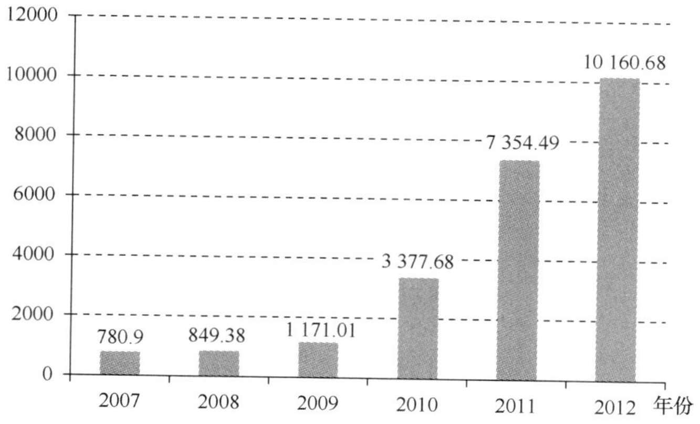

图6-5 2007~2012年集合资金信托募集规模(单位:亿元)

(一)集合资金信托产品发行机构情况介绍

随着监管日趋严格,外币竞争加剧,信托公司固本创新的需求越发强烈。在逐渐强调主动管理能力的发展道路上,优势资源将向龙头企业靠拢,导致行业集中度进一步提高。

2012年全行业信托公司共发行集合资金信托产品6 167只,行业集中度较高。排在前十名的信托公司产品数量占市场整体的43.58%,与2011年的41.69%相比,上升了1.89个百分点;募集规模占市场整体的45.51%,较2011年的41.05%上升4.46个百分点。

(二)集合资金信托产品的资金运用方式

集合资金信托产品的主要运用方式为贷款、交易性金融资产投资、可供出售及持有至到期投资、长期股权投资、同业存放以及运用等。其中位于前三位的贷款、可供出售及持有到期投资以及其他运用方式占据全年产品资金运用规模的71.92%。贷款运用方式仍雄踞首位,为最主要的运用方式,运用资金规模达到3 259.17亿元,占资金运用规模的32.08%(见图6-6)。

(三)集合资金信托产品的资金投向

集合资金信托产品的主要投向为工商企业、基础产业、其他领域以及房地产,2012年位居前三位的工商企业、基础产业、其他领域占资金规模的69.9%,2012年按照资金投资方向计算,房地产信托投向资金规模跌出前三,位居第四(见图6-7)。

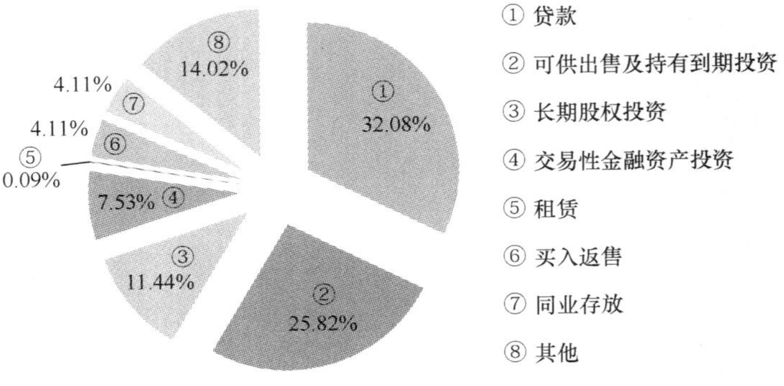

图6－6　不同资金运用方式的资金募集规模占比

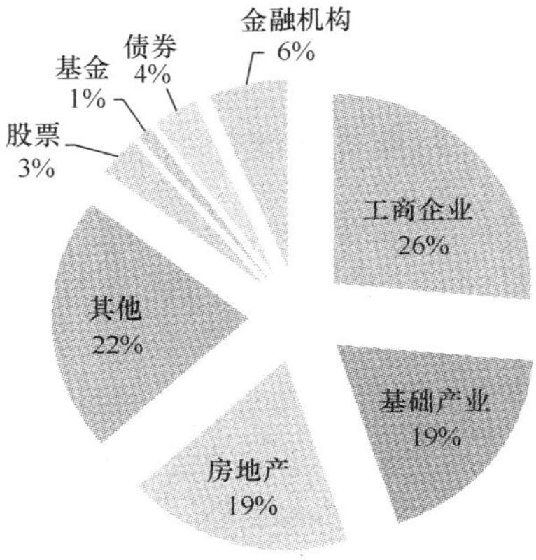

图6－7　集合信托不同资金投向的产品募集规模

三、信托资产投向结构

信托公司的信托资产可以分为基础产业资产、房地产业资产、证券业资产、实业资产以及金融机构资产等五大行业类别。第一，自2007年以来，信托资产在基础产业的分布比例是最大的，但是在2009年达到最高峰43%之后逐年下降，到2011年已经下降到21%。信托公司对于四万亿基础设施投资的修正已接近正常水平，银监会连续发布的业务风险提示也使得信托公司盲目投资基础设施领域的行为回归理性。第二，信托资产在实业和房地产业的分布比例都是逐年上升的，只是在2011年度两个行业的占比增幅都已放缓。第三，证券市场的占比在2009年降到最低点之后，2010年出现小幅上升，2011年与2010年持平，基本没有变动。第四，金融机构类信托资产占比在2011年度出现较大幅度的上升，达到12%，超越了证券市场占比。在房地产持续受到宏观调控,资本市场长期低迷的不利情况下,信托公司转战收益稳定的金融领域,其策略符合宏观环境的整体要求。

从资金信托投向来看,2012年信托对实体经济的支持力度大幅提升,结构进一步优化,投向实体经济领域的信托资金由2011年的26 508.3亿元增加至41 994.4亿元,增速达58.4%,其中,投向基础设施领域的信托资金规模由2011年的10 155.3亿元增加至16 501.8亿元,增速达62.5%,投向房地产领域的信托资金基本保持不变,而投向工商企业的信托资金则由2011年的99 470.8亿元增加至18 611.9亿元,增速高达96.5%(见图6-8)。

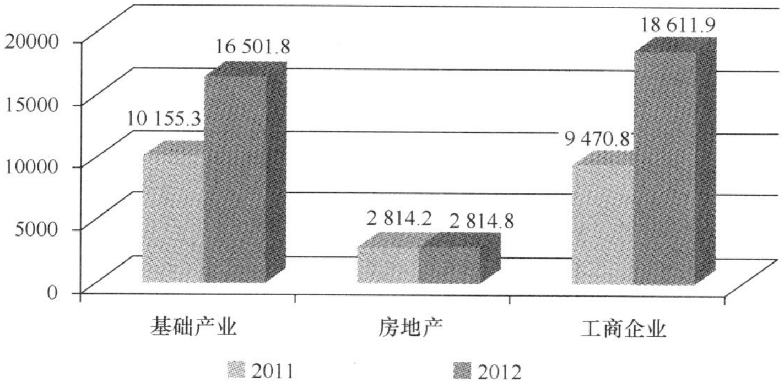

图6-8 信托资产投向结构

(一)基础设施类产品

基础设施信托作为信托行业的三大传统领域之一,发端于2008年的4万亿经济刺激计划。2010年出台的"国发19号文"和2011年对地方政府融资平台清理工作的进一步深化,使传统的"信政合作"业务多次被监管部门亮红灯,但是,这并未影响基础设施集合资金信托。2011年不断紧缩的宏观经济背景使2011年基础设施集合资金信托再次突破2010年的规模。2012年,基础设施信托产品更是一路高歌,发行数量和规模均出现显著增长(见图6-9)。

基础设施类信托产品具有以下基本特征:

1. 投资领域:城市基础设施为主。根据基础设施所在地域或使用性质,基础设施信托可分为城市基础设施、农村基础设施、能源、交通和其他五大类。据不完全统计,基础设施产品主要投资于城市基础设施,发行规模占比高达60%以上;其次是交通类的产品,发行规模占比在20%左右;而投资于农村基础设施的产品规模最少,占比不到5%。

2. 资金运用方式:权益投资占比进一步增大。权益投资是近年来基础设施信托主要的融资方式之一,发行规模和数量不断增加。2012 年,以权益投资方式发行的产品规模占比高达 62.35%(见图 6-10)。该种信托产品以债权、收益权及收费权方式最为常见,风险相对较小,收益率较稳定,其中以投向应收账款类的信托产品为主。

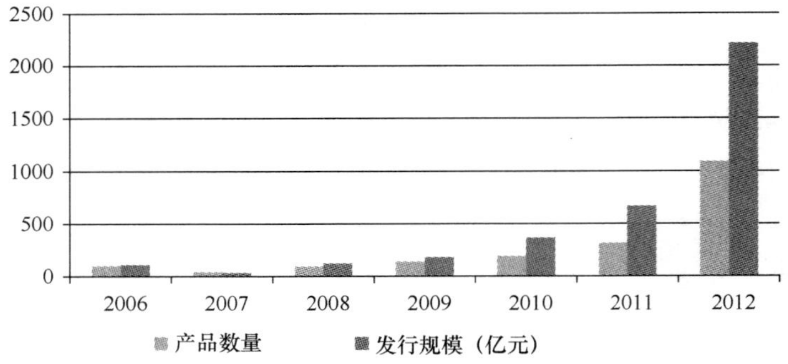

图 6-9　2006~2012 年基础设施集合资金信托发行情况

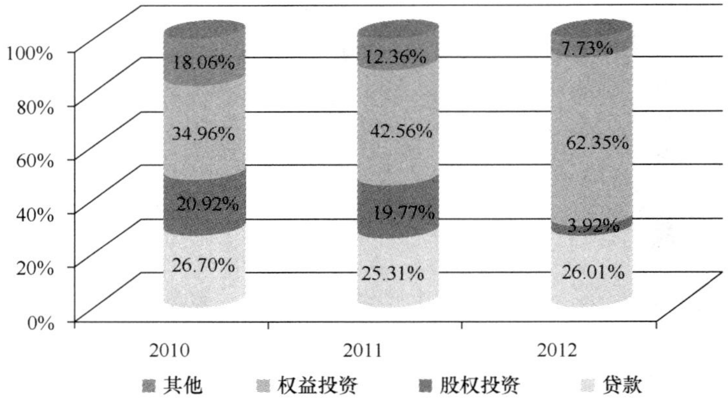

图 6-10　2010~2012 年基础设施信托各种应用方式占比统计图

3. 风险措施更加商业化。传统的基础设施信托以地方政府信用担保为基础,以当地人大决议、财政预算为依托,而随着平台公司融资风险的增大,这种模式遇到了发展瓶颈。2012 年基础设施信托产品广泛采用了更加商业化的风险控制措施,如常用的抵押、质押、担保、结构化设计等。

(二)房地产信托产品

房地产行业本身符合信托标的的一般特征,在房地产调控政策使得开发商从银行或资本市场融资渠道受阻的情况下,信托作为银行融资渠道的重要补充,占比在近几年逐步提升。到 2012 年年底,全国房地产信托存量规模达6 880.69亿元,显现出较为明显的回调趋势,规模和增幅均有所减缓,成为近年变动幅度最大的信托产品之一。

(三)工商企业信托

2012 年,工商企业信托增势显著,首次成为信托资产的第一大配置领域。截至 2012 年第四季度末,投向工商企业的信托资金累计余额达18 611.87亿元,在同期全行业资金中所占比例达到26.65%,较上一年提升了6 个百分点。截至2012 年第三季度末,工商企业集合信托产品当年募集资金已达到2 117.05亿元,单一信托产品募资更高达7 202.46亿元,同比分别增长 63.21% 和 72.04%。据用益信托工作室相关数据显示,2012 年全年共有1 376.35亿元、794 个集合资金信托产品投向工商企业领域,投向工商企业的银信合作信托产品则有 252 个,目前工商企业信托产品仍以通道业务为主,供需双方均表现积极。

工商企业类信托产品的活跃是工商企业、信托公司以及投资者在当前经济环境下的共同选择。一般来说,信托产品不论是单一还是集合,其预期收益率都比较高,大约在 10%。在 2012 年国内外经济形势不景气、银根相对放松、直接融资市场扩容迅速的背景下,实力雄厚的大型企业能够以较低的成本通过银行或资本市场获取资金来源,而中小企业在经营环境恶化、自身规模和资质较低的情况下,融资渠道受阻程度更大,借信托融资则为中小企业提供了一条监管相对宽松、手续较为简便、市场化程度更高的通道。从信托公司方面来看,国家对信托市场的监管力度加大,房地产、基建等领域均受到一定限制,信托公司急需找到新的投资项目作为其可持续发展的切入点,因而,工商企业类信托受到行业的追捧,这些产品也相对集中于中小企业项目,从这个角度来看,工商企业类信托计划的增长能够在一定程度上代表投资于中小企业的信托资金趋势。

第七章　信托业经营环境与未来发展

第一节　信托业经营环境分析

一、经济环境分析

（一）宏观经济发展良好，国民财富增加

我国经济金融体制改革的不断深化，促进了社会生产力的进步，为信托业的进一步发展奠定了良好的宏观经济基础。首先，社会生产的不断发展使得国民生产总值迅速增加，为金融信托的发展奠定了可观的物质条件；居民所拥有的社会财富大大增加，需要对多余的闲散资金进行管理，以实现资源的优化配置，进一步增加个人收入；同时，收入分配改革的深化使得国民收入分配结构发生变化，企事业单位能够自主支配的资金数量得以增加，单一的银行存款形式已不能满足企事业单位对资产多样化管理的要求。而信托则以其专业化的财产管理功能，具有强大的吸引力。以上种种因素为我国信托业提供了生存与发展的空间，信托业作为金融业重要生力军的地位和作用将越来越不可忽视。

（二）宏观调控政策的影响

尽管我国实行市场经济改革，但“有形的手”也在发挥其不可忽视的作用。其中，存款准备金率作为中央银行的“三大法宝”之一，起到了促进国民经济稳定发展的作用。中央银行通过调整存款准备金率，可以影响金融机构的信贷扩张能力，从而间接调控货币供应量。存款准备金率越高，社会流通的货币供给量越少，商业银行可提供放款及创造信用的能力就越低。近年来，面对愈演愈烈的通货膨胀，央行为回收流动性、缓解贸易顺差和外汇占款带来的流动性，自 2010 年 1 月 18 日以来，连续调高存款准备金率。对于银行业来说，存款准备金率上调使得商业银行资金运用成本增加，信贷减少，从而导致总的收益率下降。商业银行一方面要按规定缴纳更多的存款准备金，另一方面又须向央行借入再贷款，增加了再贷款的利息支出，这样会刺激银行更积极地开发其他利润来源，例如银信合作等中间业务。同时，由于资金量减少，商业银行会更加谨慎地选择贷款对象，这会给一部分高度依赖银行贷款的大企业和很多中小企业的融资造成影响。在这样的情况下，能为银行带来利润并能解决企业融资需求的银

信合作业务得到了较快发展。

(三)通货膨胀的影响

通货膨胀问题是近年来国家宏观调控政策的重点,但是,在经济迅速发展的背景下,这一问题的解决无法一蹴而就。自2010年以来,我国居民消费价格指数受食品、能源等结构性因素的影响不断攀升,甚至高于现行的一年期的存款基准利率,进而形成所谓的"负利率"状态。持续的通胀刺激了居民的投资需求,为信托产品提供了较大的市场空间。

(四)资本市场的变化

近年来我国的二级市场表现较为低迷,上证指数从2009年7月23日的阶段高点3 471.44点跌到2012年12月30日的2 199.42点,跌幅超过30%,这使得以股票为标的的投资亏损严重。二级市场的表现还会影响到一级市场的发行规模,伴随着监管渐严的趋势,上市公司通过境内市场累计筹资额大幅减少。可以说,在当前经济、政策环境下,通过资本市场筹资和投资于资本市场都显得较为困难,筹资失败和投资亏损的风险增加。而信托业则依托其横跨资本市场、货币市场和既能融资又能融物的制度优势,通过信托财产的灵活布局和运用方式的合理选择,使得投资者在市场低迷的情况下仍能获利,因此信托仍然将保持重要投资通道的地位。

二、政策环境分析

(一)收入分配改革和"藏富于民"的政策应用

"效率优先、注重公平"的收入分配改革使得国民收入分配结构发生变化。企事业单位和居民能够自主支配的资金数量得以增加,单一的银行存款形式已不能满足企事业单位对资产多样化管理的要求,而信托则以其专业化的财产管理功能,体现出强大的吸引力。同时,国家提出"创造条件让更多群众拥有财产性收入",其实质是"藏富于民"的治国理念。一方面,"藏富于民"的政策使个人拥有的财产大幅增长,居民投资意识也逐渐增强,但投资的风险又使得许多人望而却步,这使得金融信托的市场需求大大增加。另一方面,保障群众拥有财产性收入,需要建立有效的"藏富于民"机制——进行金融投资,也就是需要创造更多的金融产品和理财工具以满足群众需求。信托理财产品因其固有的灵活性和高收益优势,得到迅速发展。

(二)小微金融的发展为信托业提供新的契机

处于强位弱势的小微企业,在支持国内经济发展、改善民生、扩大就业和维护社会稳定等方面均发挥着举足轻重的作用。然而,由于小微企业自身存在规模小、轻资产以及整体抗风险能力差、生命周期短、产业结构不合理、产权不明晰、资本结构单薄等一系列问题,所以其发展面临诸多困境,其中以融资难尤显突出。小微金融已成为国家金融改革的重点。近年来,国家出台了一系列政策法规改善小微企业融资难的困境,提出要建立健全中小企业金融服务的多层次金融组织体系,鼓励各个金融机构发挥符合自身特点的优势,拓宽符合中小企业资金需求特点的多元化融资渠道。而信托公司凭借其具有的"融会贯通"的功能优势,如果能发挥其产品设计的多样性,为中小企业提供多元化的融资服务,将为信托公司的业务转型提供大量新的机会。事实上,在政策监管趋严,传统基建、房地产类信托产品风险开始显现的情况下,中小企业信托产品渐渐成为信托公司争相追捧的热点。以 2012 年为例,全年共有 31 家信托公司及金融机构发行了带有"中小企业"或"小微企业"字样的信托产品 130 余只,其中单一资金信托有 30 余只,集合资金信托产品全年共成立 100 只,发行家数同比再增 13 家,集合信托产品数量增加 51 只,公开披露的集合信托产品累计融资约 60.93 亿元,较 2012 年增加 19.64 亿元,涨幅达到 47.57%[①]。

(三)民间投资的扩大需发挥信托优势

改革开放以来,我国经济快速发展的实践表明,民间投资在保持经济稳定快速增长、转变发展方式、调整经济结构、提高居民消费需求、促进民生改善等方面具有重要作用。因此,中央明确要求放宽市场准入,拓宽民间投资渠道,保护民间投资合法权益,使非公有制经济和小企业参与市场竞争,发挥经济的活力和竞争力。信托作为四大金融支柱之一,能够充分发挥其资金融通、资源配置的功能。信托可以集合庞大的民间资金和社会闲散资金,通过发行信托计划的方式,为资金紧缺的企业尤其是中小企业或项目提供资金支持,解决其资金缺口,从而把民间资本引导到国家鼓励的投资方向上来,使高净值人群的财富进入国民经济和社会发展需要的领域,促进民间投资的发展,实现资源的优化配置。

三、法律环境分析

随着信托业整顿的进行,我国信托法律法规也日臻完善。目前界定和约束中国信托业的法律、法规主要有三部:一是 2001 年 1 月 12 日颁布的《信托投资公司管理办法》;二是 2001 年 4 月 28 日颁布、2001 年 10 月 1 日起施行的《中华人民共和国信托法》,这部法律在中国信托历史上具有里程碑式的意义,从制度重塑角度使信托业回本溯源;三是 2002 年 6 月 26 日由中国人民银行颁布的《信托投资公司资金信托管理办法》。另外,2007 年 3 月中国银监会正式发布了新的《信托公司管理办法》《信托公司集合资金信托计划管理办法》《信托公司治理指引》,对信托公司性质、经营管理做

① 数据引自史建平主编:《中国中小企业金融服务发展报告(2013)》,中国金融出版社,2013 年版。

出了重大调整,使中国信托业发展和信托公司全面进入了转型期,从本质上巩固和强化了信托切实回归到“受人之托,代人理财”的本源业务。这些法规对于规范信托业务、防范风险具有重要作用,并鼓励信托公司发挥自己的优势,进行产品创新。

从法律地位看,《信托法》是我国信托业的基本法,从根本上支持了信托行业的发展。《信托法》从法律角度规定了设立信托的基本条件,承认了信托财产的独立性,明确了委托人、受托人、受益人三方的权利义务,为信托关系的规范确立了基本的行为模式,从国家法的角度确定了这种特殊的财产管理制度在我国的存在。作为一部规范统一的法律,它能够适用于所有财产管理活动,为各种代人理财业务、基金管理公司的证券投资业务、保险公司的相关业务以及私募基金等提供各种基础性规范作用。但是,信托法的调整对象是信托关系,并没有对信托业管理做出具体规定。

新修订的信托监管法规对信托公司在功能定位、业务发展方面产生了重大影响,是信托业政策法律环境的重要内容,其重大意义主要体现在以下几个方面:

第一,法规促进了信托业“代人理财”本职业务的回归。信托即“受人之托,代人理财”,但是我国的信托业是在特殊的历史背景下产生的,最初的业务开展背离了这一本职。新的法律法规在各个方面重新规划信托业的具体业务,使信托公司回归本源,成为真正意义上的“受人之托,代人理财”的专业公司。如在界定公司职能方面,信托投资公司改称“信托公司”,以弱化信托投资公司的“投资”职能,强化“信托”职能。在固有业务方面,新办法强调“压缩固有业务,突出信托主业”,规定信托公司不得开展除同业拆入业务以外的其他负债业务,固有财产原则上不得进行实业投资,从制度上割断信托业务与固有业务之间的利益输送纽带,实现受托人为受益人最大利益服务的宗旨,督促信托公司更加专注服务于受益人的最大利益。在关联交易方面,新办法“限制关联交易,防止利益输送”,弱化信托公司变相融资平台的角色,以便在金融不断开放的格局下,当专业水准很高的外资信托公司进入时,中国信托公司也具有相应的竞争能力。

第二,促使信托业定位金融高端市场。这一点在集合资金信托计划方面体现得尤为明显。新的《信托公司集合资金信托计划管理办法》特别规范了集合信托业务,重新定义了委托人,引入合格投资者制度,这样基本上确立信托业的市场基础将建立于高端金融市场,客户来源主要是具有风险识别能力,并有一定风险承受能力和经济实力的高端个人或机构。

第三,法规规范了贷款业务。新法规对信托贷款方面做出了限制,规定信托公司管理信托计划,向他人提供贷款不得超过其管理的所有信托计划实收余额的30%。做出这种调整,主要是引导信托公司真正开展主业化的信托业务,不以贷款作为主要业务模式和盈利模式,增强信托公司专有竞争力。同时,引领信托公司发挥信托制度优势,进一步运用多种信托财产管理运用方式。

第四,强调风险管理。新法规特别强调风险提示,要求建立受益人大会制度,加强受益人对信托业务的监督,督促信托公司依法履行受托职责。规定受益人大会可以就"提前终止信托合同或者延长信托期限、改变信托财产运用方式、更换受托人、提高受托人的报酬标准以及信托文件约定的其他事项"行使权利。对监管部门而言,将对信托公司设立、管理集合资金信托计划过程中存在的违法违规行为,依法采取取消高管资格、暂停业务、限制股东权利直至停业整顿等措施,加大信托公司的违规成本,提高监管的有效性。

综上所述,经过六次清理整顿后,信托业的法律法规和政策导向旨在规范信托公司的经营,并逐渐将信托公司业务限制在本源的信托业务,提升信托专有的竞争力。同时对投资者的资格要求有所提高,一方面限制了信托业务的市场范围,另一方面要求投资者自担的风险提高,界定了信托公司作为受托人的职责,保护其业务的开展。

四、竞争环境分析

分业经营的模式制约了我国金融机构的发展,我国金融市场正在逐步向金融混业趋势发展,但是,我国金融体制和投资体制尚未获得同步改革,致使许多能实现多赢、提高效率的经济活动无法顺利开展。客观上,我国需要一种与现行分业经营体制不冲突,又能扩大资金运用范围的制度来弥补现有市场的不足。而信托可以横跨货币市场、资本市场和实业投资领域的制度优势和特有的法律平台恰好能满足这种需求,由此为信托业带来了广阔的生存和发展空间。

但是,无论在哪个领域,信托投资公司都遭遇到专业机构的竞争。信托业的定位是"受人之托,代人理财",因此,财产管理应该是信托的主要职能,融资功能仅仅是一种派生职能。金融业实行分业经营时,信托业尚有很大的发展空间,但随着混业经营步伐的加快,其他金融机构已经开始侵占传统信托的领地,纷纷探索理财业务,表现为你中有我、我中有你的融合格局,使理财市场的竞争趋于白热化和公开化,导致信托公司的资产管理市场被抢占,信托公司手段多样化、领域多元化的优势逐渐被弱化。同时,信托投资公司受到"信托投资人不得超过200份""不能在媒体广为宣传"等监管限制,而其他行业的理财产品却从一开始就没有这样的约束,后来居上,给信托业造成了巨大的冲击。

在激烈的竞争中,信托业的核心竞争优势就在于其产品设计上的灵活多变以及投融资经营模式的多样化。相比金融业其他子行业,信托业利用其经营范围的广泛性、产品种类的多样性、经营手段的灵活性和服务功能的独特性,可以满足不同的市场需求;通过信托产品的创新设计、组合运用,对信托财产和自有资金采取出租、出售、贷款、投资、同业拆放、融资、租赁等多种方式,信托业可以全方位地满足市场需求,建立一个多元化投融资方向、多市场涉足、多手段组合的金融模式。信托业可以同时涵盖资本市场、货币市场和实业市场,同时具有资金信托、动产信托、不动产信托以及经济咨询等多项法定业务服务职能。信托公司在完善和活跃资本市场、缓解投资与融资之间的供需矛盾、促进资源的优化配置等方面的作用是不可替代的。

第二节 信托业经营中的风险

“六次整顿”的逐步进行、“一法两规”的颁布实施和一系列改革措施的实施，极大地促进了信托行业的规范化。同时，保持了多年的“刚性兑付”操作也让信托被误认为是一种“高收益、低风险”的投资。但从法律本质来讲，在信托关系中受托人承担向受益人支付信托利益的义务，仅以信托财产为限。也就是说，受托人仅承担有限责任，信托投资的风险和扣除信托费用后的收益均由受益人承担。因此，保证收益只是信托阶段性繁华的表象，刚性兑付纯属假想的风险传导机制，而且高收益、低风险本身也不符合金融市场风险收益均衡的一般规律。事实上，不论是多年之前的“金新乳品信托事件”，还是新近发生的个案信托产品风险事件①，都表明信托投资并非毫无风险。而银监会出面澄清“刚性兑付”误区是出于纠正信托业功能扭曲、防范潜在风险的考虑，亦是对投资者敲响的一记警钟。

背景链接

金新信托事件

2004 年 7 月 2 日，上海江西中路交通银行上海分行人头攒动。他们都是交通银行上海分行的贵宾客户，此行目的是兑付自己在这里购买的到期的金新乳品信托。很快，他们就发现气氛不对，最后让这些个人投资者最担心的事情终于发生了。原来注册地在新疆的金新信托投资公司所推出的 1 年期乳品信托计划，金新信托在信托计划中声称募集的信托资金将用于购买北京三元种业科技股份有限公司 15% 的股权、新疆兵地天元乳业有限公司 50% 的股权和德隆畜牧玛纳斯乳制品有限责任公司 35% 的股权，信托资金按照计划募集顺利，但到了偿付的最后期限，200 名投资者不能获得兑付。事后有投资者致电北京三元种业科技股份有限公司询问，三元种业表示，金新信托不可能收购三元种业股权，三元种业成立于 2003 年 6 月 8 日，根据成立时的协议，发起人股份三年内不得转让，这说明金新信托并没有把募集到的资金投入到信托计划中的项目，而是被挪用了，这就是著名的“金新乳品信托事件”。金新乳品信托事件是信托业整顿重启之后的第一个无法偿付的案例。

（引自《瞭望东方周刊》相关报道）

① 如 2012 年 5 月，吉林信托因承接金融掮客伪造的融资项目，被骗 1.5 亿元；9 月，三峡全通公司濒临破产，“中信制造·三峡全通贷款集合资金信托计划”受三峡全通公司违约行为影响爆发兑付危机，信托项目被迫延期 3 个月。此外，受房地产调控的影响，2012 年上半年多款房地产信托产品提前终止清盘，个别到期的房地产信托产品则延期兑付。

本节试图通过对信托市场运作和信托机构经营的分析，总结和归纳出我国信托体系中存在的主要风险，并提出相应的风险防范措施。

一、信托风险类型

与其他金融行业类似，信托业的风险也可以分为系统性风险和非系统性风险。系统性风险指由整体政治、经济、社会等环境因素对信托正常经营和业务发展所造成的影响。系统性风险主要包括政策风险、市场风险、制度风险、信用风险、流动性风险等。信托公司的非系统风险主要是信托公司在经营过程中由于内部管理措施不当、风险管理机制不健全、违规操作、决策失误等带来的风险，具体包括操作风险、投资风险和财务风险。

（一）系统性风险

1. 政策风险。信托的政策风险主要是指因国家出台的信托产业政策或政府各种经济和非经济政策的变化给信托投资公司的经营带来的风险。以房地产信托为例，2012 年是房地产信托的集中兑付期①，而房地产正面临史上最严厉的调控，市场风险不断显现并加剧。部分信托公司不看好房地产后市，为避免到期难以兑付的情况出现，上半年多款房地产信托产品提前终止清盘。与此同时，个别到期的房地产信托产品则延期兑付。虽然在刚性兑付机制下，房地产信托不能兑付的情况没有大规模出现，但提前终止和延期兑付也都给投资者造成了一定的损失，业界对房地产信托的担忧加剧。

2. 市场风险。市场风险是信托公司在信托资产和其自有资产合法经营中，因市场波动而产生的不可避免的风险。产生市场风险的因素包括：利率、汇率、股票指数、商品价格和隐含波动性等。市场风险的典型案例是金信信托，该公司因投资证券项目而导致数十亿元亏损，最终引起违规行为的发生和信托风险爆发，原因就是信托公司没有充分研究投资项目的市场风险。随着信托公司在各领域投资经验的积累、专业投资人才的集聚以及固有财产增厚所提供的风险缓冲，信托公司管理和抵御市场风险的能力也在明显提升。

3. 制度风险。制度性风险是指与信托业务发起、运营等相关联的制度存在缺陷而造成信托计划无法按照设计完成的可能性。这里所指的制度一般是由国家通过法律设定或者行业主管单位出台政策的形式制定的规范性法律文件及实施。制度性风险是所涉因素较为复杂的风险，大体上它主要包括以下三类：①相关制度缺失或不完备造成的风险；②错误制度造成的风险；③有效制度未能落实造成的风险。

4. 信用风险。信用风险，是指在信托行为中信托市场各参与主体因各种原因不履

① 根据中金公司研究数据，2012 年到期的房地产信托资金量约为2 500亿元。

行或不完全履行信托合同及其他信托生效文件中约定的义务而给对方造成损失的可能性。信托经营中的信用风险产生可能有三个方面原因：一是对借款人、承租人、被担保人的资信情况，项目的技术、经济和市场情况缺乏必要的调查研究；二是对担保、抵押、反担保的各项要件审查不细，核保不严，抵押物不实，缺少法律保护措施；三是由于政府干预下产生的非市场化业务，如各种政信合作产品，虽然政府债务爆发系统性风险的可能小，但这并不意味着个别财政实力弱的地方不会发生拖欠或偿付困难等信用危机。

5. 流动性风险。流动性风险是指经济实体因流动性的不确定变化而遭受损失的可能性。我国信托业的流动性风险，一方面是由于缺乏稳定的负债支撑，信托机构不能比较方便地以合理的利率借入资金以应付资金周转不灵，从而发生支付困难；另一方面是指一些信托公司用负债炒房地产、股票、基金，由于大量资金被套牢、套死而产生的流动性风险。从投资者的角度看，投资信托产品不得在到期前赎回，也是一种典型的流动性约束。

（二）非系统风险

1. 操作风险。巴塞尔委员会和国际证券组织联合会在 1994 年发表的《风险管理》一文中将操作风险定义为：由于人为错误、系统失灵和不正确的程序及控制所引起的信息系统或内部控制方面的缺陷，导致意想不到的损失。造成操作风险的原因有二：一是对信托市场缺乏有效的外部监管和内控制度，这种制度性的缺失或不完备给不规范、不合理、不合法操作埋下伏笔；二是在操作过程中缺乏经营此信托项目必备的能力而导致的运作不利。在我国当前的信托市场中，由于外部监管的缺陷以及部分信托公司内控制度缺失和理财专家匮乏，操作风险给信托市场带来了一定的不安定因素。

2. 投资风险。投资风险是指投资收益的不确定性变化给投资主体带来损失的可能性。信托公司往往在投资中追求高回报，如果缺乏风险管控，则可能由于投资项目和合作对象选择不当使投资的实际收益低于投资成本，或未达预期收益。另外，资金运用不当也可能形成投资风险。比如，资金来源利率高于资金运用利率，短期资金来源作长期运用等。这种状况普遍存在于信托投资公司的自营投资和委托投资中，是造成信托投资公司资产质量差的主要原因。

3. 财务风险。财务风险是由于财务管理不善或财务制度缺失引起的风险。部分信托公司表外资产负债规模较大，收入和利润真实性较差，逾期、呆滞的贷款和投资没有评估，也没有真实入账。我国许多信托公司对资产负债比例管理指标、成本、损益等重大经营情况没有专门的分析报告和财务评价，更没有发挥财务的日常监督作用。

二、信托风险产生的原因

(一)立法设计与监管制度存在缺陷

信托是一种建立在信任基础上的将财产转移和管理处分的法律制度,它涉及信托关系中各方当事人的切身利益,所以相关的法律法规多且复杂,处理不当会引起很大的矛盾甚至会演变成为法律纠纷。信托业规范发展的前提,就是必须有完善的法律法规体系为其保障。根据信托业务的特性,法律法规体系的完善不只有利于监管,也能起到保护和导向作用。作为"信托"这种法律关系高度复杂的经济关系,更需要有完备的法律体系框架作为支撑。

在立法方面,我国《信托法》规定了信托的设立制度、信托财产独立性的制度、受托人制度和受益人制度,对财产制度的规范发展,也提供了充分的制度保障。但是《信托法》只是一个信托关系的基本法律,缺乏对营业信托的规范,有关营业信托的规范内容仍然没有被国务院确立为行政法规,而仅仅由负责监管信托公司的中国银监会颁布的针对信托行业的诸多部门规章体现。除了信托法之外,《信托公司管理办法》、《信托公司集合资金信托计划管理办法》,以及 2010 年确立的《信托公司净资产管理办法》等法规只针对信托公司行为,并不能对全部信托业务或产品进行约束。除信托公司明确受《信托法》约束并直接受银监会监管之外,其他各类金融机构均刻意回避或模糊其理财业务属于信托范畴的实质,进而导致《信托法》的适用范围模糊不清。监管上,相同信托机制的金融产品,因操作机构不同,适用不同的监管标准。目前,同在分业经营体制下,各类金融机构基于信托原理开发的金融产品层出不穷,尽管在产品性质上与信托公司提供的产品并无区别,但是由于针对这些金融产品的监管机构不同,往往在公开募集、保底收益、资产管理下限、资产份额和销售渠道等多个方面的监管标准不尽相同,造成了信托产品的监管混乱。目前,信托市场监管主要由中国银监会非银部负责,处于行政协调的弱势地位。同时,由于我国信托业发展较晚,并经历了一段较为波折的发展路径,形成了社会对信托不够重视的客观因素,单从金融监管机构的组织结构看,也存在严重的与信托应有地位不匹配的现象。信托市场仍然存在着不少监管空白点,较为典型的表现在私募基金监管领域。目前私募投资基金并没有被纳入监管体系中。因此,私募投资基金明显成为一个典型的灰色地带。尽管这些基金可以给一些充满活力的实体经济提供资金,但由于监管不到位,缺乏约束和制约,也极易导致泡沫风险。

(二)信托公示制度的缺失

信托公示制度包括两个方面,即信托财产登记制度和信息披露制度。

1. 信托财产登记制度。我国《信托法》第 10 条规定,设立信托,对于信托财产,有关法律、行政法规规定应当办理登记手续的，须依法办理信托登记。未依照前款规定办理信托登记的，应当补办登记手续；不补办的，该信托不产生效力。在信托制度框架下的信托财产登记制度，包括登记程序、登记内容、登记主体、受理主体以及登记费用等相关规定。有人认为，我国《信托法》关于信托登记的规定显得过于简单和含糊，有关登记的范围、如何登记、由谁登记等事项一概不清，如不加以解释和明确，实务上根本无法操作。如果连信托财产登记都没有完成，保护信托投资者权利事实上便失去了前提，监管层也无从得知信托财产是否已经被挪作他用。

2. 信托披露制度。在任何一个带有投资性质的行业中，完备的信息披露制度都是不可或缺的。虽然《信托法》及《信托投资公司信息披露管理暂行办法》要求信托公司在信托计划的各个阶段，对信托公司应披露的内容做出相应规定，比如向相关权利人汇报信托财产的运用、管理、收益等情况。但是由于法律没有对披露的具体内容做统一规定，各家公司信息披露的详尽程度不一，投资者往往对信托公司的违规操作或者关联交易并不知情，只有等到风险事故发生时，才能得到迟来的信息。

（三）信托公司内部治理结构不健全

对于资产规模庞大的信托公司，卓越的经营能力、完善的服务能力和符合市场需要的内部制衡管理能力都来自于合理的公司治理结构。治理结构是信托公司的制度基础，信托公司的健康发展与规范运营离不开治理结构的完善。我国一些信托公司在法人治理结构上虽然按照《公司法》名义上建立了现代企业制度，且形式上股东大会、董事会、监事会、经理层各法人治理结构要素也一应俱全，但事实上仍然是“形备而实不至”。另外，股权高度集中，大股东高比例控股，国有资本和企业集团控股比重大，内部人控制比较严重，关联交易资产风险严重等问题也越来越突出。这些现实问题正阻碍着信托公司向现代化金融企业转型的步伐，同时也影响着其自身发展中核心竞争力的快速实现。

三、信托业风险防范机制分析

（一）固有财产不断增厚

由于信托制度安排上的有限责任特点，使得信托公司的固有业务和信托业务之间形成防火墙，信托公司作为受托人向受益人支付信托利益的义务仅以信托财产为限，因处理信托事务所发生的债务，也以信托财产承担。但如果受托人违背管理职责或者处理不当致使信托财产损失或对第三人负债的，信托公司应以其固有财产承担，从而发生赔偿责任，此时的信托业务风险仍然会传导给信托公司本身。因此，信托公司的固有财产是其抵御风险的缓冲和底线。

作为资产管理机构，信托公司市场准入的资本门槛一开始就远远高于其他同类机构,最低资本要求不得低于人民币3亿元,而且对于某些特定信托业务的经营,还规定了更高的资本门槛。如信托公司要申请信贷资产证券化受托人资格,其最低资本不得低于人民币5亿元;申请开办受托境外理财业务,最低资本不得低于人民币10亿元。2010年中国银监会发布《信托公司净资本管理办法》,决定进一步对信托公司实施净资本管理,其信托业务的规模需要与净资本的大小挂钩,由此掀起了信托公司增资的热潮,信托公司固有财产日益增厚,风险抵御能力也得以提升(见表7-1)。

表7-1　不同资产管理机构资本门槛比较　　单位:亿元

机构类型	业务范围	资本门槛
信托公司	最低要求	3
	资产证券化	5
	境外理财	10
基金公司	最低要求	5
	境外理财	5
证券公司	最低要求	5
	境外理财	8
保险公司	最低要求	2

由于信托公司不能经营负债业务,因此,其固有财产的实力取决于实收资本、净资产和经营效果。近年来,信托公司的资本实力和净资产规模不断提升,经营效果持续向好。2012年底,全行业实收资本987.61亿元①,平均每家(按65家计)15.65亿元,相比于2011年增长了11.17%。在净资产方面,2012年底全行业净资产规模为2 332.90亿元,平均每家公司(按65家计)净资产为35.89亿元,比2011年增长27.505亿元。就经营效果来说,2012年全行业利润总额为441.4亿元,平均每家公司净利润达到6.68亿元,同比增长近48%(见表7-2)。

表7-2　信托公司注册资本与净资产情况表

信托公司	2011		2012	
	注册资本金(亿元)	净资产额(万元)	注册资本金(亿元)	净资产额(万元)
中信信托	12	714 142.96	12	993 836.39
中融信托	14.75	331 596.8	14.75	484 339.17
中海信托	25	380 021.89	25	428 348.64

① 根据年报可搜集到65家信托公司的注册资本和净资产数据。

续表

信托公司	2011		2012	
	注册资本金(亿元)	净资产额(万元)	注册资本金(亿元)	净资产额(万元)
兴业信托	12	321 817.68	25.76	391 542.66
湖南信托	5	59 792	7	101 820
中航信托	15	181 777.64	15	244 930.24
百瑞信托	12	199 901.51	12	238 174.52
建信信托	15.27	470 459.37	15.27	531 920.53
中诚信托	24.57	878 498.87	24.57	1 004 628.72
新华信托	6.21	163 151.51	12	207 371.55
华信信托	20.57	360 981.96	30	547 358.95
上海国信	25	618 151.02	25	679 870.61
平安信托	69.88	1 364 989.80	69.88	1 514 666.45
厦门国信	10	124 670.00	10	167 413.00
吉林信托	15.97	253 977.14	15.97	337 841.60
东莞信托	5	97 580.82	5	96 001.11
西藏信托	3	41 051.29	3	59 613.44
山西信托	10	140 126.52	10	154 889.28
甘肃信托	10.18	119 651.94	10.18	127 194.96
苏州信托	5.9	110 244.72	12	198 771.97
外贸信托	22	396 022.53	22	515 596.13
江苏国信	24.84	511 417.35	24.84	619 290.68
华融国信	15.18	237 232.05	15.18	286 476.99
粤财信托	15	232 677.61	15	270 736.83
天津信托	15	185 275.41	15	206 784.52
北方国信	10.01	178 613.07	10.01	221 887.19
中原信托	12.02	164 388.79	15	197 735.71
华宸信托	5.72	97 754.86	5.72	84 007.59
工商信托	5	84 082.00	5	97 700.00
建信信托	15.27	469 723.62	15.27	529 040.96
国民信托	10	118 895.24	10	149 636.02
华宝信托	20	391 266.45	20	427 207.25
中泰信托	5.17	304 244.65	5.17	336 697.61
英大信托	15	238 254.07	18.22	339 955.72

续表

信托公司	2011		2012	
	注册资本金(亿元)	净资产额(万元)	注册资本金(亿元)	净资产额(万元)
国联信托	12.3	219 735.00	12.3	239 505.00
安信信托	4.54	55 992.96	4.54	63 057.35
陕西国信	3.58	32 628.26	5.78	84 956.00
新时代	14.63	310 590.53	14.63	317 919.61
山东国信	12.8	188 550.50	12.8	258 022.08
华润信托	26.3	880 748.81	26.3	1 017 312.44
国元信托	12	328 695.08	12	368 839.73
江西信托	10.36	241 872.92	11.56	284 990.00
国投信托	12.05	200 885.12	12.05	227 368.65
昆仑信托	30	460 802.12	30	506 121.68
长安国信	12.59	145 830.12	12.59	220 454.06
西部信托	6.2	120 592.21	6.2	134 684.10
云南国信	4	100 548.98	4	116 098.59
重庆国信	24.39	803 848.86	24.39	827 328.61
北京国信	14	276 784.00	14	328 006.71
交银国信	20	232 067.16	20	266 014.16
渤海信托	20	232 458.42	20	274 155.27
中投信托	15	239 551.98	15	271 955.44
中铁信托	12	194 945.04	20	279 936.48
陆家嘴信托	3.15	27 143.88	10.68	114 634.28
爱建信托	10	55 805.07	30	278 734.55
华能贵诚	20	293 808.28	20	325 056.10
华澳信托	6	67 212.68	6	74 811.43
金谷信托	12	149 842.57	12	202 357.69
方正信托	6	68 834.09	10	148 434.84
四川信托	13	213 413.72	13	274 430.11
大业信托	3	38 667.54	3	57 462.86
华鑫信托	12	123 105.97	22	259 458.20
五矿信托	12	136 334.22	12	193 689.70
中粮信托	12	132 387.97	15	221 358.78
紫金信托	5	1 181 691	5	2 298 539.19

资料来源:根据各公司年报整理。

（二）业务结构灵活调整

业务多元化以及调整的灵活性使得信托公司可以通过业务结构的调整实现风险回避。基于过去几年的数据，信托业务的结构一直呈现出动态调整的态势，信托依托其跨货币市场、资本市场与实业投资市场的优势，能够根据政策和市场的变化，在信托财产的运用方式和投向上适时回避政策调控风险和市场主流风险，寻找符合政策导向、系统风险较低的应用领域。

1. 融资类信托比例持续下降，流动性风险压力得到缓释。近年来，信托公司融资类信托业务占全行业信托资产的比例呈现下降趋势，2010 年末为 59.01%，2011 年末为 51.44%，2012 年末进一步下降到 48.84%，小于 50%，宣告了以融资为主导的信托业务发展模式的终结。与此同时，投资类信托业务占全行业信托总规模的比例则逐年上升，2010 年末为 23.87%，2011 年大幅度提升至 35.81%，2012 年虽然占比仅微增至 35.85%，但业务规模从 2011 年的 1.72 亿元增至 2.68 亿元。这种趋势在一定程度上表明信托业核心能力开始向资产管理转变，也有效降低了全行业信托资产的流动性风险（见图 7－1）。

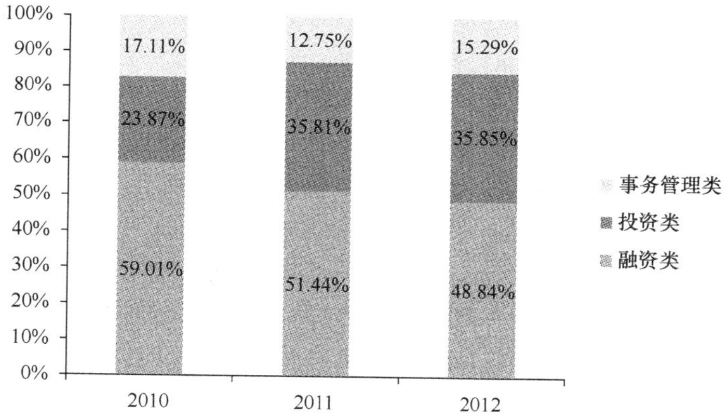

图 7－1　信托功能结构（2010～2012）

2. 资金投向结构持续优化，支持实体经济力度加大。在 2011 年之前，基础产业一直是信托财产的最大配置对象，但配置比例一直处于下降趋势。与之相反，信托财产对工商企业的配置比例持续上升，2010 年和 2011 年均为仅次于基础产业的第二大配置领域（见图 7－2）。

2012 年，工商企业取代基础产业成为信托财产的最大配置对象，截至 2012 年四季度末，投向工商企业的信托资金累计余额达18 611.87亿元，在同期全行业资金中所占比例达到 26.65%，较上一年提升近 7 个百分点。据用益信托工作室相关数据显

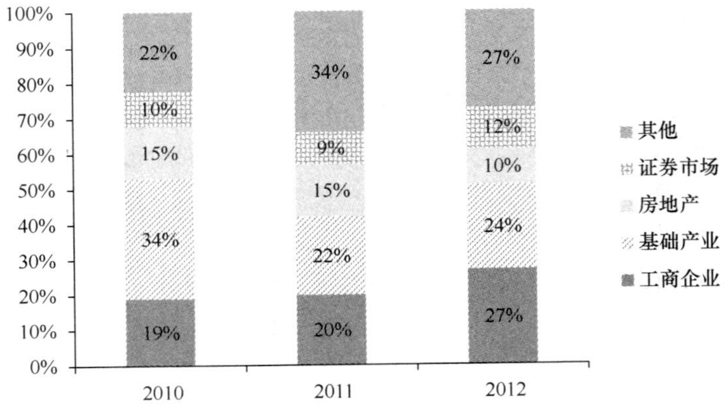

图 7－2 信托资金投向结构

示，2012 年，全年共有1 376.35亿元、794 个集合资金信托产品投向工商企业领域，投向工商企业的银信合作信托产品则有 252 个，目前工商企业信托产品仍以通道业务为主，供需两方均表现积极。

工商企业配置比例的提升，是信托业顺应国家政策，加大支持实体经济力度的结果，同时，也有效地降低了全行业信托资产的市场风险。

与工商企业相比，房地产在信托资金投向中的占比有所下降，而证券资产配置比例也维持在较低水平。近年来，房地产始终是信托财产配置的第三大领域，但占比呈现逐年下降的趋势。2012 年，其占信托的比例从 15% 大幅下跌至 10%，甚至低于证券资产的占比。自 2007 年年底以来，我国资本市场持续低迷，信托业对证券资产一直采取低配置策略，占全行业资金信托的比例一直处于 10% 左右的水平。而且从证券资产内部的配置来看，股票投资占比持续下降，基金和债券占比稳中有升，从而有效地回避了市场风险。

（三）资产质量稳步提升

在信托业“一法三规”的监管政策下，信托公司在资产规模高速增长的同时，也逐步建立和完善内部风险预警和控制机制，资产质量稳步提高。近年来信托公司的不良资产率与不良资产规模均表现出逐年下降的趋势（见表 7－3）。

表 7－3 信托公司不良资产情况（2005～2011） 单位：万元

年　份	2005	2006	2007	2008	2009	2010	2011
平均不良资产规模	9 190	9 195	5 877	5 272	3 183	2 987	3 357
不良资产率（%）	8.38	6.14	4.50	4.04	2.44	1.89	2.23

按照《信托法》的规定，信托公司自营资产应与信托资产分开管理。目前信托公司的不良资产主要指的是自营资产的不良部分，按照“信用风险资产五级分类”的方法，凡是属于次级类、可疑类和损失类的资产都属于不良资产。虽然信托公司不良资产占比的高低所反映的是信托公司固有资产的风险程度，并不能直接反映信托资产的风险程度，但仍然可以从中看出信托公司对风险的控制能力，从而使信托投资者在对信托项目进行选择的同时，对信托公司的选择也有一个比较。

总体而言，目前信托业不良资产比例不高，整体风险可控，监管部门也没有对不良率提出监管要求。但随着信托业的做强做大，如何进行风险防范不仅是信托业需要考虑的问题，也应是监管机构需未雨绸缪的课题。

四、信托个案风险值得关注

近年来，信托业发展总体较为平稳，并没有出现人们所担心的系统性风险和区域性风险，但如前所述，信托经营中的确存在种种内生风险，并且多个领域中的个别信托产品危机时有发生，受到社会广泛关注（见表 7－4）。

表 7－4　2012 年以来部分暴露风险信托产品相关情况

产品名称	危机出现时间	资金投向	金额	信托公司
吉信·长白山【11】号南京联强集合资金信托	2012 年 3 月	房地产	2 亿元	吉林信托
松花江 78 号南山建材项目收益权集合资金信托计划	2012 年 5 月	工商企业	1.5 亿元	吉林信托
华澳长信 2 号 A，B 优先级	2012 年 6 月	房地产	9.41 亿元	华澳国际信托
华澳长信 8 号	2012 年 4 月	房地产	7 亿元	华澳国际信托
2010 年中诚·诚至金开 1 号集合信托计划	2012 年 6 月	矿产业	30.3 亿元	中诚信托
中融·青岛凯悦	2012 年 12 月	房地产	3.845 亿元	中融信托
中信制造·三峡全通贷款集合资金信托计划	2013 年 1 月	钢铁行业	5.91 亿元	中信信托
中信－舒斯贝尔特定资产收益权投资集合信托计划	2013 年 1 月	房地产	7.1 亿元	中信信托
浙江金磊房地产开发有限公司股权投资信托计划	2012 年 8 月	房地产	12 亿元	安信信托

续表

产品名称	危机出现时间	资金投向	金额	信托公司
温州"泰宇花苑"信托贷款集合资金信托计划	2012年7月	房地产	4亿元	安信信托
昆山·联邦国际资产收益财产权信托	2012年9月	房地产	6.27亿元	安信信托
国投飞龙艺术品基金9号集合资金信托计划	2012年6月	艺术品	1.5亿元	国投信托
盛藏财富宝腾一号艺术品投资集合资金信托计划	2012年6月	艺术品	4亿元	北京信托
雅盈堂艺术品收益权集合资金信托计划	2012年9月	艺术品	4.5亿元	吉林信托

资料来源:《中国中小企业金融服务年度报告(2013)》,史建平主编,中国金融出版社。

从结果来看,2012年,爆发风险的多笔信托产品,在信托业管理资产飙升的背景以及潜在"刚性兑付"的压力下,信托公司或以自有资金兜底,或通过资产管理公司、其他开发商收购,最终都能令各方满意收场,但这些危机还是揭开了信托行业内一些深层问题的冰山一角。连续几年的粗放式增长使得信托公司忽略资产管理能力的提高、业务流程的规范以及核心竞争力的构建,行业整体利益短视,机构发展跟风严重,过于依赖融资通道类业务,缺乏对信托本源价值的挖掘。未来信托行业的发展应加大在人才与技术方面的投入,同时不断完善业务流程,强化风险管理,提高产品透明度,以建立更具竞争力的可持续盈利模式。

综上所述,信托业的风险确实存在,但正确的态度是分析风险、管理风险、处置化解风险,而不是猜测风险、夸大风险。信托产品个案风险事件的出现,给信托业敲响了警钟。面对竞争日益激烈的行业环境和更为复杂的经济金融环境,信托业要实现持续、健康发展,必须建立、健全全面的风险管理制度。不过从信托业最新数据分析,信托全行业目前总体运行良好,持续平稳的增长、不断增厚的固有财产、良性调整的业务结构,构成了信托业系统性风险的防御体系,信托业出现系统性风险的可能性并不大。

第三节　信托业未来发展中的重要问题

一、修订和完善信托法律法规

信托业的发展离不开完善的信托业法制,任何无序竞争都是因为没有健全的法律保障。作为调整信托关系的基本法,《信托法》的作用是毋庸置疑的。然而,由于立法的原因,致使该法存在较多缺陷,有些地方甚至成为信托业发展的阻碍。在《信托法》的修订中,一是要明确信托财产权的转移问题;二是要将私募基金纳入信托法律体系;三是要完善信托登记制度,对信托登记的内涵、范围、程序加以明确;四是补充相关内容,规范信托行为。另外,需要加快立法进程,健全信托监管的配套法律制度。"一法三规"的有效实施,为信托业的规范发展提供了依据和保障,但要保障信托业的健康和稳步发展,仅有"一法三规"是远远不够的,还要以此为基础,制定配套法规。

二、明确信托定位,拓展信托业务

从中国信托业的长远发展看,必须对信托业给予一个基本定位并明确其主营业务,这样才能克服信托业目前发展的无序与困境,使其步入正轨。实际上,"受人之托,代人理财"是信托业区别于其他行业的重要标志,因此信托业健康发展的根本就是回归本业。我国信托业的市场应有定位是:同金融业其他子行业实行"分业经营、分业管理",使信托业成为未来金融领域的独立产业。

《信托法》没有明确规定信托公司的业务模式,因此为信托公司提供了更大的灵活性。信托公司可以按国际信托业务模式发展,充分发挥信托的资产管理、融资和投资功能,使信托业务国际化,不断推出新的信托业务产品,并且逐渐利用电子化交易平台,使得我国的信托机构向多元化、国际化、综合化方向发展。从规范的角度,应借鉴发达国家的做法,信托业应当紧扣市场和社会发展的多方面要求,把信托的财产管理、资金融通、公益服务、金融中介及经济协调的综合功能充分发挥出来。同时,以长期信托融资作为业务的主攻方向,注重开展财产信托业务,积极开展多元化的服务性业务。

根据对信托业的明确定位,我国信托业应集中精力开拓发展以下业务:①大力开发个人信托品种;②借助专家理财、组合投资、专项经营、分散风险的优势,开展以"共同基金"为特征的大众信托业务;③积极开展各种类型的创新信托,如年金信托、社会保障基金信托;④为工商企业提供资产租赁、出售、转让、经营等方面的信托服务;⑤适时发展公益信托;⑥开展咨询、资信调查等中介性投资顾问业务和投资银行业务。

三、构建高效的市场约束机制

在市场环境下,市场约束的运作机制主要依靠利益相关者的利益驱动实现。从监管操作角度看,构建信托业的市场约束机制:一是要建立信托信用制度,强调诚信原则,加强信托业中道德风险的防范,在法律上对受托人规定法定诚信义务及违反义务的法则,确立利益冲突防范具体规则。二是要健全信息披露,主要包括产品信息和企业信息披露两个方面,根据不同的信托计划,信息披露的重点也各不相同;同时,应该加大对信托投资公司信息未披露的惩罚力度,用法律和制度的导向作用迫使信托投资公司真实、准确、及时、完整地披露信息。三是建立信托创新控制机制。信托的优势就是它的创新能力，而一些信托公司的却利用法律的不完善，规避法律的监管。为此，监管机构应当通过信托产品备案、定期抽查等制度的建立，强化对信托创新的监管。四是要建立信托监管与银行、证券、保险监管的合作机制。在分业监管的金融监管模式下，实行混业经营的信托业不可能由一家监管机构完成有效的法律监管。因此，必须构建信托监管与银行、证券、保险监管的合作机制，建立信息共享制度、联合执法制度和定期磋商制度。

四、强化信托公司内部治理和内部控制

在优化内部治理方面，首先，积极推进信托公司的股权结构多元化，降低单一大股东对公司直接干预的可能性，在信托公司内部建立起规范的激励约束机制，协助机构投资者完善自身的治理、监督和约束机制。其次，加强内部体制的建设，如建立健全科学的民主决策机制、行之有效的目标经营责任制、严密的内部监督约束机制、奖罚分明的激励机制，加强效益优先的财务管理机制。再次，完善企业内部监督制度，加强对信托公司业务经营风险的研究，建立完善的金融风险监测指标体系，将面临的风险细化到每一项业务的每一个环节。最后，应当着眼于公司的内部治理文化，改变金字塔形的组织制度结构，建立全新的“扁平式”结构。

信托公司的内部控制是机构的自律行为，是金融监管的重要组成部分，也是衡量信托机构自身经营管理水平的重要标志。健全内部控制机制可以从以下几方面着手：①完善内部控制措施，制订业务计划、操作规程和经营管理的各项规章制度。②将自营业务与信托业务互相分离，分别制定业务流程、操作规程和风险控制制度，保证各项业务的前、中、后台相对独立。③要按照职责分离的原则设立相应的工作岗位，保证信托投资公司对风险能够进行事前防范、事中控制、事后监督和纠正。④建立风险责任制和尽职问责制，明确规定各个部门、岗位的风险责任并严格执行。⑤要树立员工内部控制意识，增强遵纪守法观念。

五、建立信托市场准入、评级及退出机制

首先，把好市场准入关，严格实施准入监管。继续按照“准入监管要促进公司治理建设、要体现强化风险内控、要有利于建立健全激励约束机制和适应金融创新的需要”的要求，坚持采取准入事项实地调研走访、评审、答辩等方式，加强与现场、非现场的沟通。其次，逐步建立信托公司评级分类制度，不但要求监管机关对于信托公司的经营水平等指标做出专业性的评估，同时在社会媒体中形成舆论关注，这样市场的优胜劣汰作用会自发地调节信托市场逐步走向正轨。退出机制是指在多种监督下，信用较差或财产管理水平较低的信托投资公司必将在各种评级和考核中超出应符合的条件，完善的退出机制和市场淘汰行为必将使得这样的信托公司不能继续经营信托业务，这样就避免了滥竽充数的信托机构给信托市场带来不安定因素。

第三篇

展望篇

过去 10 年，信托业迅猛发展有两个关键的支撑因素：一是牌照优势，即分业经营的管理体系为信托业创造了一种制度性红利；二是利率管制带来的政策红利。大资管时代的到来意味着信托“躺着就能赚钱”的时代一去不复返了，曾经享受制度红利的信托业如果不转变思想，其发展也将随着市场机制的转变而止步。信托的职能是多元化的，当前投资者的理财需求也朝着多元化、综合化、个性化的方向发展。由此可见，我国信托业未来的发展路径也应该顺应趋势，向多元化、综合化、个性化的方向前进。

随着我国老龄化进程的加快、“失独家庭”的增加、税收改革提上日程、子女教育越来越受重视以及人们收入水平的增加，资产管理需求会逐渐加大，民事信托范畴的信托业务有着巨大的发展空间。此外，随着我国居民财富的增加，社会公益逐渐成为经济生活中重要的内容，借鉴国外的经验，探讨公益信托在中国的发展模式以及发展前景，具有重要的意义。

第八章 我国大资管背景下的信托发展

自2012年下半年开始，中国证监会和保监会发布一系列资产管理“新政”①，允许证券公司、基金管理公司、保险资产管理公司等资产管理机构可以更多地以信托公司经营信托业务的方式，开展与信托公司同质化的资产管理业务。这意味着大资管时代已经到来。中国证监会更是释放出强烈的政策信号：资产管理和财富管理业务在中国方兴未艾，证券公司、基金公司过去受到太多不合理的管制，需要“松绑”。此后，“放松管制，放宽限制”成为中国证监会的政策主基调。

“大资管”时代的到来意味着信托“躺着就能赚钱”的时代也许一去不复返了。在以往的制度壁垒之下，信托似乎不用“厉兵秣马”便能大获丰收。事实上，在目前的信托业结构中，主动管理类信托规模占比不足五分之一。截至2013年第一季度末，体现信托服务功能的事务管理类信托仍然仅占全行业信托资产规模的17.46%，体现信托理财功能的融资类信托和投资类信托则占到全行业信托资产规模的82.54%。如今，利率逐渐成为金融市场的内生变量，资产管理也不再是某个行业的特权，在以前享受制度红利的信托业如果不转变思想，其发展也将随着市场机制的转变而止步。

第一节 制度红利与信托在中国的发展

近10年来，中国金融业在经济持续健康发展、居民财富快速积累和投资理财需求逐步增加的大背景下发生了翻天覆地的变化，这使得信托业真正具备了肥沃的生存土壤。2008年以来，信托业一直在上演着资产管理规模“大爆炸”的传奇。数据显示，信托业全行业信托资产2008年第一次突破了1万亿元，此后几乎每年以约1万亿元的增长量不断刷新纪录。截至2013年第二季度末，67家信托公司管理的信托资产规模为9.45万亿元，绝对规模已逼近10万亿元大关，进一步巩固了信托业作为我国第二大金融业态的地位。

---

① 2012年9月1日，中国证监会发布《期货公司资产管理业务试点办法》；2012年9月26日，中国证监会发布《基金管理公司特定客户资产管理业务试点办法》及其配套规则；2012年10月18日，中国证监会发布实施了新的《证券公司客户资产管理办法》及配套的《证券公司集合资产管理业务实施细则》和《证券公司定向资产管理业务实施细则》，业内简称“一法两则”；2012年10月20日，中国保监会发布了《关于保险资金投资有关金融产品的通知》；2012年10月31日，中国证监会发布了《证券投资基金管理公司子公司管理暂行规定》；2013年2月17日，中国保监会发布了《关于保险资产管理公司开展资产管理产品业务试点有关问题的通知》。

一、旧有制度红利推动信托业发展

回顾过去10年信托业快速增长的历程，其迅猛发展的背后，有两个关键的支撑因素：一是牌照优势，即分业经营的管理体系为信托业创造了一种制度性红利；二是利率管制带来的政策红利。

信托曾凭借着"全牌照"的资格，在金融资本市场除了吸收存款和结算功能外，充分享受了信托牌照垄断带来的制度红利。2007年是信托高速增长的第一个年头。当时，银行的理财资金无法进入证券市场，而恰恰极具灵活性的信托投资公司，是唯一可以横跨货币市场、资本市场、实业三大领域的金融机构。2007年，股市暴涨，所有银行资金都期望进入证券市场，于是信托就成了主要通道。当时，银信合作的通道类业务曾让信托公司赚得盆满钵满，以中信信托为例，其2006年年底的信托资产规模仅为385.51亿元，但2007年年底就飙升到1 961.93亿元。之后，信托产品的两大支柱——房地产信托和基础建设类信托，分别在2010年和2011年崛起。原因跟上述通道类业务几乎如出一辙，就是银行暂停或者限制了地产、基建企业的贷款，而信托却可以绕开监管，由此导致大量基建、房地产性质的信托雨后春笋般冒出。如图8-1所示，信托资产规模从2006年至2012年发生了翻天覆地的变化。2006~2012年七年间，信托业受托管理资产规模占当年国内生产总值（GDP）的比重已由2006年的1.7%增长至2012年的14.3%（见图8-1、图8-2）。

在利率非市场化条件下，无论贷款者资质好坏，银行只能按照基准利率提供贷款，这就使得银行一方面增加了隐性资金成本，另一方面"嫌贫爱富"，只把资金贷给资质比较好的大企业。而信托公司的出现则在一定程度上缓解了利率管制下中小企业的资金困境，同时自身也获得了巨额利润。另一方面，在利率管制时代，银行吸收存款的能力受到限制，银行无法开展许多项目，只好通过信托公司绕开监管，这为信托公司提供了稳定的资金来源，使信托业在近几年迅速崛起。

而以上种种制度红利也造就了信托"刚性兑付"的神话。长久以来，信托能够享受到完全市场化的资金收益，贷款范围和商业银行相比也是有过之而无不及。但由于利率管制和分业经营，使得同样风险敞口金融产品的收益率在不同管制体系和细分市场有着显著的差异。再加上当局对信托的监管要求远低于商业银行，房地产、地方城投等借款受到政策限制的主体都会把信托作为银行融资的替代。为了迅速补充资金来源，家大业大的借款者们往往不惜以远高于商业银行的融资成本从信托贷款。巨大的利差空间，和地方政府盘根错节的关系，再加上往往被低估的抵押物，使信托完全具有承诺"刚性兑付"的底气。此外，营销渠道的缺失，使得信托或受制于商业银行，或依赖于第三方理财机构，加上信托资质难求，也强化了信托通过刚性兑付来促销并保住品牌声誉的意愿。

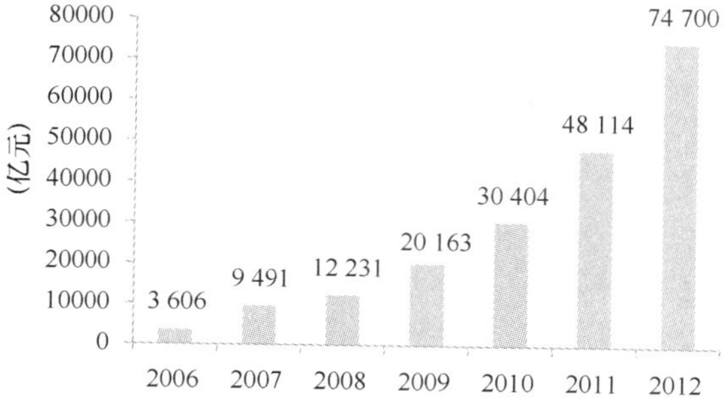

图 8-1 2006~2012 年信托资产规模

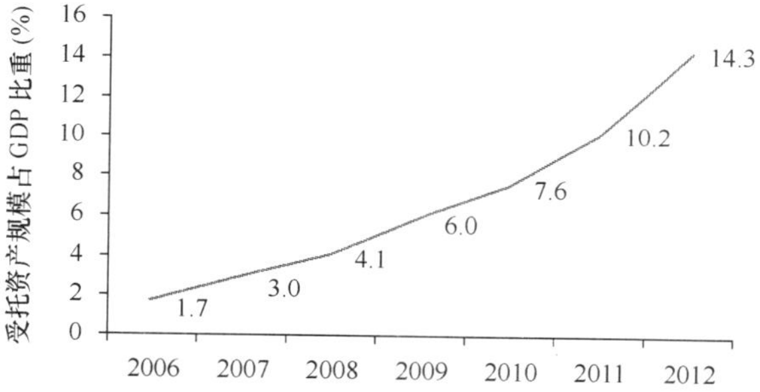

图 8-2 2006~2012 年中国信托市场深度变动情况

二、旧有制度红利逐渐消失

随着经济环境和监管环境的变化，信托业原有的制度红利正逐渐消失，这体现在两个方面：一是利率市场化的加速推进；二是资产管理新政的推出。

2013 年 7 月 20 日，中国人民银行决定全面放开金融机构贷款利率管制。其中被认为对市场影响最大的措施为：取消金融机构贷款利率 0.7 倍的下限，由金融机构根据商业自主原则自主确定贷款利率水平。在利率市场化的发展过程中，信托公司赖以存在的竞争优势将荡然无存。与此同时，随着大资管时代的到来，银行、保险、证券、基金等公司纷纷进入资产管理市场，资产管理和财富管理将成为各类金融机构业务竞争的主要市场领域，银行和券商的竞争优势明显，信托公司业务竞争压力凸显。

不仅如此，近年来，为了规范行业的发展，监管层还出台了一系列政策给信托带上了“紧箍”。2012 年 12 月 24 日，财政部、发改委、人民银行和银监会四部门联合下发了《关于制止地方政府违法违规融资行为的通知》（财预〔2012〕463 号文，以下简称“463 号文”），严格管控政信合作信托；2013 年 3 月 25 日，中国银监会下发了《关于规范商业银行理财业务投资运作有关问题的通知》（银监发〔2013〕8 号，以下简称“8 号文”），要求银行理财产品投资非标准化债权资产余额不得超过理财产品余额的 35%

以及银行上半年度总资产的4%。2013 年 5 月 9 日在《2013 年第一季度货币政策执行报告》中,央行首次以专栏的形式,警示银行资金池理财产品存在的风险等。8 号文对于"非标准化债权资产"的解释为"非标准化债权资产是指未在银行间市场及证券交易所市场交易的债权性资产","包括但不限于信贷资产、信托贷款、委托债权、承兑汇票、信用证、应收账款、各类受(收)益权、带回购条款的股权性融资等"。现存银信合作业务几乎被全部囊括,据统计,截至 2012 年年底,现存银信合作业务超过 2.03 万亿元,占信托整体规模的 27.18%。

以上举措对于信托的影响已经开始显现。首先,在通道业务方面,券商等已经开始挤占信托市场。以银信合作为例,随着券商资产管理的逐步放开以及银信合作的严格限制,信托公司的主要通道业务银信合作正加速向券商转移。在 2013 年 8 月 1 日证监会审议通过《证券公司客户资产管理业务管理办法》后,券商资管正以超低通道费的策略快速、大规模抢占信托公司的业务。证券业协会公布的数据显示,截至 2013 年三季度末,证券业资管规模已达9 295.96亿元,较 2013 年二季度末大幅增长93.6%。通道型的"银信合作单一资金信托"已经大量被"银证合作"和"银基合作"所取代。虽然自 2010 年下半年银监会出台一系列规范银信合作的监管文件以来,"银信合作单一资金信托"的比例一直在下降,但资产管理新政的实施,显然加快了下降的幅度。2011 年第四季度末,"银信合作单一资金信托"占比为 34.73%,2012 年第一季度末占比为 33.83%,环比仅下降 0.9 个百分点;而 2013 年第一季度末,"银信合作单一资金信托"占比已经下降到 24.20%,与 2012 年第四季度末的 27.18% 占比相比,环比下降了 2.98 个百分点。此外,上市公司股票质押融资业务也由原来银行和信托公司二分天下的格局,演化成为银行、信托、证券和基金四分天下的局面,2013 年第一季度以来,大量到期的股票质押融资业务,其后续融资已经从银行和信托公司的手里转移到了证券公司和基金子公司。其次,在人才层面,信托公司的业务人员甚至管理人员,遭到了来自证券公司和基金子公司的"挖墙脚",后者以更高的职位、更吸引人的薪酬、更稳定的机制,吸走了一批信托公司的业务人才,有的基金子公司的主要业务人员几乎清一色地来自信托公司。而信托公司管理层的不稳定也进一步导致了人才的流失。据不完全统计,自 2012 年下半年以来,近1/4的信托公司的高管层因不同原因发生了变动。随着资产管理新政的实施,如何维护现有团队的稳定并吸引新的人才加盟,已经成了信托公司必须引起高度重视的问题。资产管理新政的实施必将分化信托公司的现有客户,削弱信托公司原先拥有的综合信托业务专营权,信托公司以"多样化运用方式"和"跨市场配置"为特点构筑的传统经营方式,也必将遭到其他资产管理机构的简单模仿,并遭遇直接的正面竞争,信托公司原有业务模式的"替代效应"和"挤出效应"开始显现。

三、资产管理新政的"机会效应"

一系列资产管理新政意味资产管理"泛信托"时代已经到来。资产管理"泛信托化”，一度被预判为信托业的致命挑战，不少人据此认为信托业自2013年起、将结束高速增长的势头而面临发展的拐点，甚至认为信托业再次站在了发展的“十字路口”。然而，2013年，信托资产规模再创新高，继续保持了快速增长，资产管理新政的挑战远没有想象中的那么严重，对信托业的实际影响凸显“双重效应”：挑战和机遇并存，而且机遇大于挑战。

首先，资产管理新政壮大了“非银信理财单一资金信托”的客户基础。随着新政的实施，证券公司、基金子公司的资产管理计划也加入了信托资产的配置行列，“竞争中合作、合作中竞争”将成为各资产管理机构之间的常态。2013年第一季度末，信托公司全行业单一资金信托占比高达69.81%，比2012年第四季度末68.30%的占比提高了1.51个百分点，其中：银信合作单一资金信托占比与2012年第四季度末相比，从27.18%下降到24.20%，而非银信合作单一资金信托占比则从2012年第四季度末的41.12%提高到45.61%。单一资金信托结构的此消彼长，虽然还没有精确的数据表明直接来源于资产管理新政带来的机会，但从不时现身于信托业务之中的证券公司和基金子公司的资产管理计划的实际来看①，无疑是推动“非银信合作单一资金信托”规模走高的因素之一。

其次，资产管理新政促使信托公司加快转型和创新的步伐。2013年第一季度有三个重要的业务创新，已经显示了其良好的发展趋势。一是开放式信托计划明显增多。2013年第一季度以来，多家公司发行了现金管理类开放式信托基金②，不仅增强了信托产品的流动性，满足了流动性偏好的投资者，而且替代了原有不规范的“资金池信托业务”。二是布局“全市场配置”型财富管理信托产品。2013年第一季度以来，多家公司推出了具有品牌标识的“全市场配置”型财富管理产品③，力图构建覆盖流动性管理、融资、投资等多方式运用，且跨期限、跨领域和跨标的配置的系列化、标准化财富管理产品线，以满足不同偏好的投资者需求，提升资产管理能力。三是探索家族财富管理信托。2013年年初，平安信托推出了国内首款家族信托，信托规模为5 000万元，信托期限50年，标志着家族财富管理信托在中国的正式起航。家族财富管理和传承已经是第一代成功创业者迫切需要解决的棘手问题，深度挖掘信托的制度优势，满足家族财富管理需求，无疑有着巨大的市场前景。

---

① 2012年8月，北京国际信托与中信建投签署了战略合作协议，拟就包括产品代销在内的业务进行全面合作；2013年7月，中金投集团宣布，其间接全资子公司北京中金港资产管理、昆山诺亚星光投资管理及万家共赢资产管理，就发展证券化业务签订战略合作协议，据此，诺亚星光与万家共赢将创立及管理若干融资产品，如资产管理计划或其他信托计划等，规模达5亿元人民币，以向集团提供融资服务。

② 2013年，开放式信托明显加快发行，以长安信托“宝鼎稳健增利基金集合资金信托计划”、平安信托“睿丰系列集合资金信托计划”和重庆信托“恒立财富系列集合资金信托计划”为典型代表。

③ 中信信托董事长蒲坚在《2012年中国信托行业金皮书》中提出，中信信托将推动新的战略升级，全面构建财富管理体系。上海信托也在2013年2月推出全新的全市场配置型财富管理品牌“信睿财富”。

四、信托独具的制度优势

资产管理借以运行的法律形式主要有委托代理、有限合伙、公司、信托四种形式。作为与委托代理、公司、合伙平行的一项资产管理制度,信托是资产管理活动最基本的法律形式,也是最重要的法律形式。由于具备风险隔离、长期稳定、灵活多样、目的自由、弹性规划等多方面的独特优势,信托最适合成为资产管理行业的普适制度。

在“泛信托”的背景下,信托公司依然享有独一无二的信托制度优势。即使未来我国资产管理行业的制度最终统一为“信托关系”,信托公司依旧可以运用信托制度进行资产管理,并且还可以在“资产管理功能”之外进一步挖掘信托制度的其他优势。因此,信托公司的所谓“制度红利”并未因大资管时代的到来而完全消失,关键要看信托公司如何充分地利用信托制度的优势,形成其业务发展的新增长极。

虽然2012年对其他资产管理机构的一系列松绑政策,使得证券公司、基金公司、保险资产管理公司等机构可以开展类信托业务,在一定程度上弱化了信托公司的制度优势,但从法律层面上看,在我国“分业经营,分业监管”的制度安排下,这些资产管理机构无论从实质上如何扩展,在形式上都还不属于真正法律意义上的信托业务,其受托财产也难以具有信托财产的法律地位,投资者难以获得信托制度的严密保护。另外,从业务功能层面看,我们从《信托法》中对信托的定义不难看出,信托是一项特殊的财产管理制度,是一项以实现信托目的为中心的财产管理制度,其他资产管理机构扩展的只是类似于信托的“资产管理功能”,并不能延伸到信托的上层功能,即委托人的“目的功能”。因此,目前来看,信托公司仍然是唯一法定的综合信托经营机构,依托信托的“目的功能”,信托公司可以不断创新信托业务,拓展信托在私人财富管理、企业经营管理、员工利益保障和社会公益等方面的应用,继续开拓进取,而这些制度优势显然是目前其他资产管理机构所不具有的。

第二节　中国财富管理市场分析

一、中国私人财富市场稳健发展,潜力可观

2012年,中国经济增长整体趋缓,2012年中国个人可投资资产[①]总体规模达到80

① 可投资资产:个人投资性财富(具备较好二级市场,有一定流动性的资产)总量的衡量指标。可投资资产包括个人的金融资产和投资性房产。其中金融资产包括现金、存款、股票(指上市公司流通股和非流通股,下同)、债券、基金、保险、银行理财产品、境外投资和其他境内投资(包括信托、私募股权、阳光私募、黄金和期货)等,不包括自住房产、非通过私募投资持有的非上市公司股权及耐用消费品等资产。

万亿元人民币，相比 2008 年的个人可投资资产规模已经翻番。中国高净值人群①的规模也在逐年扩大。2012 年，中国的高净值人群数量超过 70 万人，与 2010 年相比，增加了约 20 万人，年均复合增长率达到 18%，并已超过 2008 年这一人群数量的两倍。其中，超高净值人群②规模现已超过 4 万人，可投资资产 5 000 万以上人士共约 10 万人。就私人财富规模而言，2012 年中国高净值人群共持有 22 万亿元人民币的可投资资产，人均持有可投资资产约3 100万元人民币。2011～2012 年受到股票市场震荡、投资性不动产及境外投资收益下降等综合因素的影响，整体高净值人群规模增长速度较之前两年放缓，年均复合增长率由 2008～2010 年的 29% 降至 18%。

中国高净值家庭的数量增长也有所放缓。根据中国建设银行发布的《中国财富管理报告》的调研分析，2012 年，中国高净值家庭数量达到 174 万户，较 2011 年有 17% 的增长。财富缩水因素导致可投资资产 1 亿元人民币以上的超高净值人群增速减缓，而1 000 万～1 亿元人民币之间的家庭数目保持迅速增长；另外1 000万～5 000 万元人民币资产的家庭数目超过 600 万～1 000万元人民币资产家庭数，成为高净值人群的主要组成部分。

尽管可投资资产和高净值家庭增速均有所放缓，但是两者的增长势头仍然持续。最重要的一点是，在经济增速放缓的条件下，高净值人士和家庭对资产管理乃至财富管理的需求更为迫切。2012 年股票市场持续低迷、实际通胀率居高不下，对个人财富管理提出了严峻的挑战，高净值人士除了在私人银行方面进行理财选择之外，相对安全、稳健、收益适中的类固定收益的信托产品，成为优先选择。许多公司的信托产品在市场上都出现了“秒杀”现象，信托产品的 100 万元甚至 300 万元的投资门槛并没有挡住投资者的投资热情。从可投资资产的构成来看，居民储蓄速度放缓，而信托产品现已经占到全部可投资资产的 7%，未来仍然有很大的市场空间。

据招商银行和贝恩公司联合发布的《2013 年中国私人银行财富报告》预测，2013 年，中国财富市场将保持稳健发展势头。其一，随着 IPO 重启和新三板交易市场的启动，全年市场规模预期较 2012 年有望增长约 15%。其二，预计银行理财产品和其他境内投资将保持稳健的增长态势。其三，针对投资移民、子女留学以及全球范围内多元化资产配置的需要，个人投资者将继续增加境外投资。综合各项宏观因素对中国私人财富市场的影响，预计 2013 年，中国私人财富市场将保持增长势头，全国个人可投资资产总体规模将达到 92 万亿元，同比增长 14%；中国高净值人群将达到 84 万人左右，同比增长 20%；高净值人群持有的财富将达 27 万亿元人民币，同比增长 22%。中国私人财富市场蕴含着可观的增长潜力和巨大的市场价值。

① 本书将可投资资产超过 1 000 万元人民币的个人定义为高净值人士。

② 本书将可投资资产超过 1 亿元人民币的个人定义为超高净值人士。

背景链接

高净值人群调研分析

高净值人群对宏观经济走势保持平稳预期,投资热情稳中有升

招商银行和贝恩公司2013年针对高净值人群的调查显示,接近60%的受访者预计,综观国内外经济形势,未来3年中国经济增速可能保持平稳或略有放缓,预期GDP年增长率会大体保持在6% ~8%之间。从产业角度来看,虽然部分传统制造业面临增速放缓的问题,但相当部分受访者看好产业升级以及新兴行业发展的契机,并期待政府鼓励经济发展的新举措。同时,伴随着对新一届政府提振经济和发展民生的期待,以及其私人财富管理理念的进一步成熟,中国高净值人士的投资热情稳中有升。其中30%的受访者表示期待新一届政府的动作,投资热情见涨。约55%的受访者表示现阶段投资热情不会改变,但会重点了解一些细分投资市场,寻求更好的投资机会。

"财富保障"成为首要财富目标,"财富传承"需求进一步显现

调研显示,中国高净值人群的首要财富目标,从两年前的"创造更多财富"转向"财富保障",且提及率高达30%。其次为"高品质生活"和"子女教育",提及率均约为15%。"创造更多财富"由2009年年初和2011年年初的首要财富目标下降到第四位。

这是由于许多高净值人士已经完成了辛苦打拼事业的奋斗期,更加看重如何更好地保障自己和家人今后的生活。因此,合理地安排财富,使其在保值的基础上实现稳健增值尤为重要。随着子女成长,他们对子女教育的关注度也进一步提升。对子女教育的关注度由2011年年初的9%,上升7个百分点,至2013年年初的16%。部分受访者表示,目前的投资行为都会将子女的生活、学习发展等因素考虑在内。与此同时,一些高净值人士开始进入财富传承阶段,有关财富传承的需求开始彰显,超高净值人士对此需求尤甚。调研显示,约有三分之一的高净值人士已经开始考虑财富传承,而这一比例在超高净值人士中更高,达到了接近二分之一(见图8-3、图8-4)。

调研结果显示,除现金储蓄、债券等传统的稳健类投资外,中国高净值人群对家族信托、跨境资产配置等财富保障和风险分散的金融安排兴趣较高。家族信托作为对家族财富进行长期规划和风险隔离的重要金融工具,已受到较多高净值人

士的关注。从产品需求角度看，家族信托位于首位，提及率接近40%。在超高净值人群中，家族信托的需求更加旺盛，提及率超过50%，并且有超过15%的受访超高净值人士已经开始尝试接触家族信托。

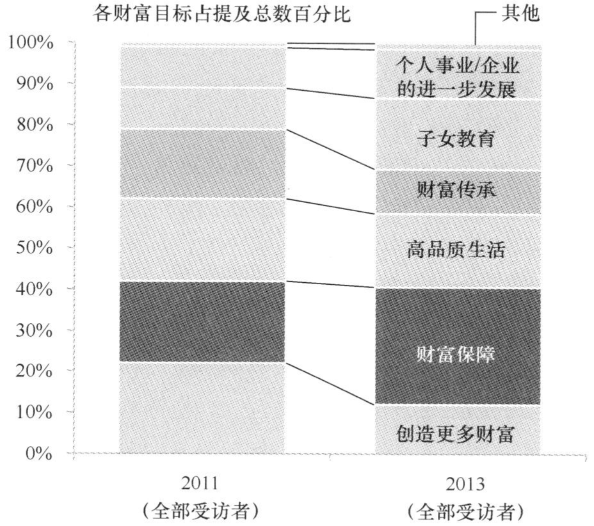

图8－3　2011年和2013年中国高净值人群财富目标对比

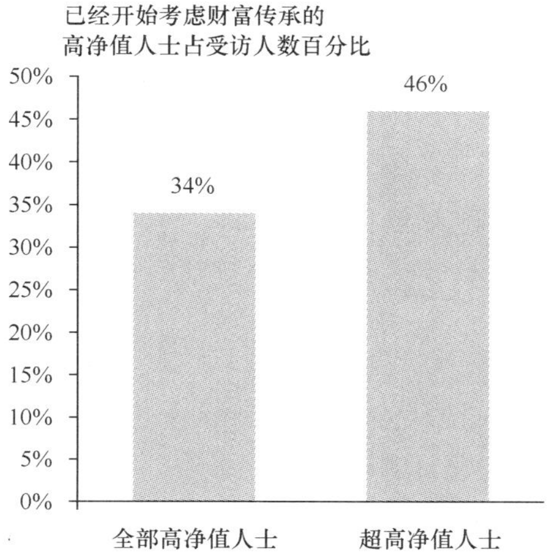

图8－4　2013年考虑财富传承的高净值人士占受访人数百分比

投资者对股票、基金和其他境内投资（除信托产品以外）的热情有所下降，固定收益类产品比例显著增加

回望2010～2012年，在市场大幅波动的情况下，大部分投资者调低了投资收益预期，更加希望实现资产的保值增值，对中低风险稳健投资的需求日益扩大。现阶段，高净值人士普遍表示，希望可以一方面进行稳健投资，另一方面为更好投资机会的来临做好充分的资金准备。

储蓄、股票和房地产仍是中国高净值人群境内资产配置的主要部分，但整体占比进一步下降。调研结果显示，2009年年初，以现金与存款、股票和房地产为代表的传统投资类别占比高达70%左右；至2011年年初，三类资产占比下降至60%左右；2013年年初，三类资产占比进一步下降10个百分点至大约50%。基金以及其他境内投资（除信托产品以外）比例均有所下降。高净值人群的债券持有占比明显增加，从2011年的3%到2013年的7%，提升约4个百分点。大多数信托产品由于具有类固定收益产品的特征，成为近两年的市场热点，在高净值人群的资产组合中占比上升显著，上升约11个百分点（见图8－5）。

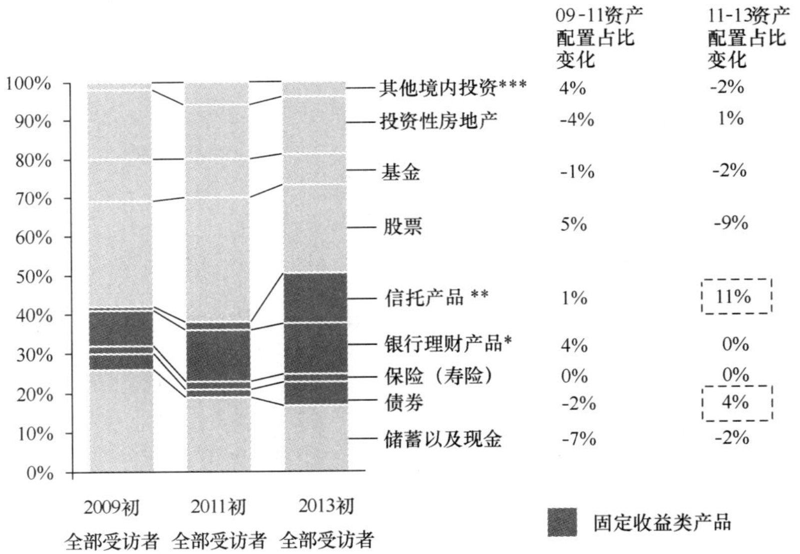

图8－5　2009～2013年中国高净值人群境内可投资资产配置比例

注：*银行理财产品（期限在1年以下）；**信托产品［类固定收益产品，期限在1年（含）以上］；***其他境内投资包含个人持有的私募股权、阳光私募、黄金和期货等；信托产品由于在本期调研结果中占比明显提高，单独列示。

信托产品近两年来成为投资热点，投资者的风险意识逐渐增强

在过去两年，信托产品以其较高的预期收益率，受到众多投资者的青睐。其中基础产业类信托和工商企业类信托产品发行规模大幅增加。2010~2012年间，信托产品（除房地产信托）余额的年均复合增长率超过40%。与此同时，由于受到房地产宏观调控政策的影响，在2012年，房地产信托余额较2011年有所下降。

在对高净值人群的采访过程中，我们发现对于信托产品，部分投资者存在如下心理误区：①认为信托产品是"固定收益产品"，因此投资收益是确定的，风险很低；②认为信托产品相对比较复杂，依据自己的能力很难识别其中的风险，因此主要依赖产品发行机构或推介及代销机构，依其品牌和信誉做决定；③虽然意识到信托产品具有一定风险，但认为即使产品出现兑付问题，发行机构或代销机构出于对自身品牌和信誉的保护，也会进行"刚性兑付"。基于以上几种心理，部分投资者客观或主观地低估了信托产品的风险，在受到信托产品较高预期收益率的吸引下跟进投资，进而推高了对信托产品的投资需求。与此同时，部分接受访谈的从业人士提到，高净值人群对于信托产品的风险意识在逐步加强，投资心态日渐成熟。近期市场上一些信托产品由于产品设计比较激进、少数信托公司风险控制不到位或风险披露不足，风险累积加强，越来越多的高净值人士意识到，"刚性兑付"或将终结，对信托风险的关注显著提高。

（引自招商银行—贝恩公司《2013年中国私人财富报告》）

二、财富管理的市场空间依旧广阔

无论是与国外大资产管理行业相比，还是与我国银行业的总资产规模比较，目前我国大资产管理行业30万亿元左右的资产规模仍然很小，远未达到饱和状态。持续的经济增长、未解决的通货膨胀问题，以及高净值人群的壮大，使得民间理财需求非常旺盛，大资产管理行业的发展空间仍然广阔。

近年来，随着我国经济、金融的快速发展和居民财富的不断增长与积累，大资管行业的资产管理规模也在大幅增长。截止到2012年年底，我国资产管理行业的总规模达到28.94万亿元，其中，证券投资基金资产净值3.53万亿元，银行理财产品余额7.1万亿元，证券公司受托管理资金业务1.89万亿元，信托资产7.47万亿元，保险资产7.35万亿元，各类创投与私募股权投资1.6万亿元（见图8－6），资产管理规模较2011年年底增长30%。

尽管我国大资管行业资产管理规模按人民币计算达到历史新高，但是纵观全球，我国当前大资管行业无论是管理资产规模数量，还是其在GDP中的占比，均与信托业务成熟的国家存在较大差距，远未达到饱和状态。根据2012年年底的最新统计数据，

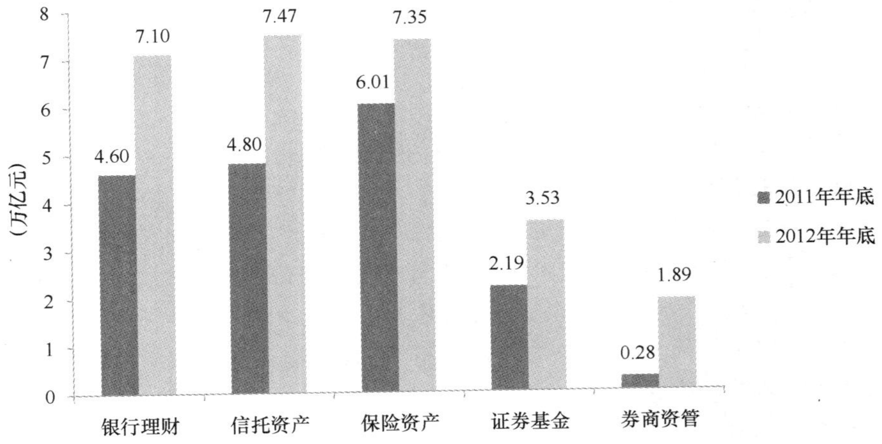

图 8-6　大资管行业各金融机构资产管理规模变化对比

（资料来源：银监会、保监会、信托业协会、证券业协会、基金业协会）

美国和日本的信托资产规模按人民币计算分别为 179.9 万亿元和 49.55 万亿元，其在 GDP 中的占比分别为185.7% 和 137.9%，而 2012 年年底中国大资管行业管理资产 29.4 万亿元的资产管理规模与 56.6% 的 GDP 占比仍然与美国、日本存在较大差距，但是这样的差距正在大幅缩小。国外历史数据表明，在完成财富的原始积累后，资产管理规模将大幅超过 GDP 的增速而迅速膨胀。因此，与国外信托发达国家相比，我国大资管行业未来发展空间巨大。

除了与国外相比有较大差距之外，与银行业 131.3 万亿元的总资产规模（截至 2012 年 12 月底）相比，大资管行业目前的规模仍然很小。随着未来我国金融脱媒的趋势加剧，银行业庞大的资产蛋糕可能将被信托公司等各家财富管理机构瓜分。因此，从国内金融市场看，中国大资管行业的发展空间仍无比巨大。

另外，截至 2012 年年底，中国广义货币 M2 数量规模达到 97 万亿元（见图 8-7），排名世界第一，货币超发的现象较为突出。因此，我国通货膨胀的问题并未得到实质性解决，居民的理财需求非常旺盛。尽管我国经济增长近期呈现放缓的趋势，但是在未来几年仍将保持相对较快的增速。而得益于中国经济的持续较快增长，中国高净值人士群体也将在未来数年进一步扩大。

据估计，未来 3 年我国的高净值人士和超高净值人士群体的年复合增长率将达到 20% 左右。到 2015 年，高净值人士人数预计将达到近 200 万人，超高净值人士人数将达到近 13 万人，是 2012 年人数的近两倍。

综上所述，无论与国外发达信托国家相比，还是与国内银行规模相比，我国大资管行业都有较大的增长空间，并且随着我国经济继续保持较高速增长，高端财富群体也

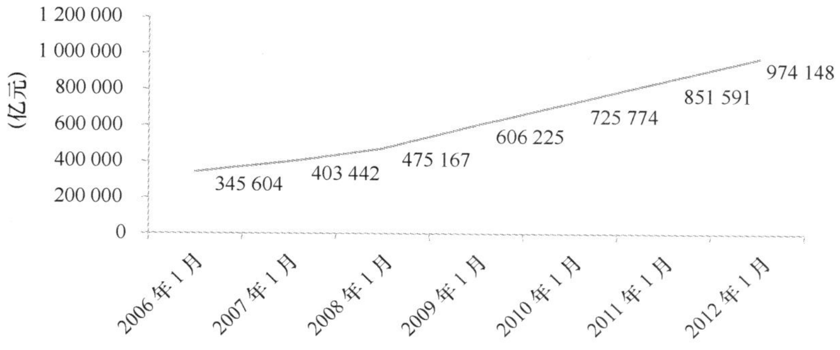

图 8－7 我国 M2 数量变化

（资料来源：中国人民银行网站）

将进一步扩大。因此，我国大资管行业发展前景依旧非常广阔。在这样的背景下，信托业的资产管理规模也有望继续攀升，更好地推动国民经济发展，真正发挥金融行业的支柱作用。

第三节 大资管背景下信托的竞争前景分析

2012 年是中国资产管理市场发生重要变化的一年。以银行理财、信托为主的传统资产管理格局得到重构，券商、基金、保险资产管理公司成为资产管理的新生力量，中国资产管理市场主体多元化格局已成不争事实。中国资产管理市场的竞争趋于白热化，理财主体多元化的趋势更加明显，各类金融机构之间的业务边界趋于模糊，交叉融合度大幅度提升，金融同业机构间的竞合关系和深度达到历史空前的水平。从资产管理市场发展现状及趋势分析的视角入手，新加入的金融机构在大资产管理背景下将扮演不同角色、发挥各自不同的作用，并对传统资产管理市场的主力军——信托市场产生重大的影响。本节通过比较银行、券商、基金、保险、期货、信托等不同机构的资产管理业务，分析大资管背景下信托业的竞争前景。

一、商业银行理财业务快速增长

自 2004 年银行理财业务诞生以后，银行通过理财产品的发行和与之相伴的财富管理业务增长，推动了自身转型。银行理财产品是在中国利率市场化和资产证券化发展进程缓慢、企业直接融资市场欠发达和投资者投资渠道匮乏的背景下，银行进行主动创新的产物。

从 2004 年理财产品推出以来，各家商业银行理财业务迅速发展，截至 2012 年年底，商业银行理财产品余额达到 7.1 万亿元，比 2011 年年底的 4.59 万亿元增长了

54.68%,为同期金融单位及个人存款余额的10.55%。这些理财产品在投资期限、产品收益和产品性质等方面都存在一定差异,适应了不同投资者的需求。同时,基于银行理财产品的理财业务连通了投资与融资,连通了客户的多样化需求和银行的创新冲动,连通了银行内部全流程再造的各个节点,连通了宏观金融政策与微观行为主体,成为商业银行金融创新的主要领域。

尽管2013年3月25日中国银监会下发了“8号文”,旨在控制银行理财资金投资非标准化债权资产的规模,但是,“8号文”出台的目的更多的是规范银行理财业务的发展,而非限制或叫停此类业务。

在大资产管理市场上,银行理财依托银行的平台,在网点渠道和基础资产方面具有难以撼动的优势地位。首先,银行密集的网点渠道是其他金融机构短期内无法达到的先天优势。目前,银行在全国拥有近20万个网点,可以轻松地从现有客户中开发资产管理业务的客户资源,并全面掌握各类客户财产和信用状况。其次,银行业大量的基础资产是其独一无二的核心优势。截止到2013年6月末,银行业总资产规模达到144.2万亿元,具有各类丰富的基础资产,这为今后各大机构合作开展资产证券化业务提供了创新的源泉。

二、券商资管规模暴增

2012年10月18日,中国证监会发布实施了《证券公司客户资产管理业务管理办法》(以下简称《券商资管办法》)及配套的《证券公司集合资产管理业务实施细则》和《证券公司定向资产管理业务实施细则》,业内简称“一法两则”。以“放松管制,放宽限制”为主旨的新管理办法对券商资管的审批、投资范围、设计、交易转让等方面进行了“松绑”,将促进券商资管业务的快速发展。

《券商资管办法》的主要修订内容见表8-1。

表8-1 《券商资管办法》修订内容

	修订内容
1	取消集合计划行政审批,改为事后由证券业协会备案管理
2	限定性集合资产管理计划应当主要投资于国债、债券型证券投资基金、在证券交易所上市的企业债券、其他信用度高且流动性强的固定收益类金融资产
3	非限定性集合资产管理计划的投资范围由集合资产管理合同约定
4	证券公司可以通过设立综合性的集合资产管理计划办理专项资产管理业务
5	证券公司办理定向资产管理业务,接受单个客户的资产净值不得低于人民币100万元
6	证券公司设立限定性集合资产管理计划的,接受单个客户的资金数额不得低于人民币5万元;设立非限定性集合资产管理计划的,接受单个客户的资金数额不得低于人民币10万元
7	证券公司可以自有资金参与本公司设立的集合资产管理计划

随着券商资管新政的推出，证券公司的资产管理业务在短短的一年多时间内取得了井喷式的发展，根据中国证券业协会公布的数据，2012 年证券行业资产管理业务规模巨幅增加，截至当年末，全行业受托管理资金额总计18 934.3亿元人民币，较 2011 年末的2 818.68亿元增长 571.74%。同时，证券公司受托客户资产管理业务净收入快速增长（如图 8－8 所示），2012 年受托客户资产管理业务净收入 26.76 亿元，较 2011 年增长 26.64%；2013 年上半年受托客户资产管理业务净收入 28.80 亿元，比 2012 年上半年的 10.44 亿元增长了 175.86%。

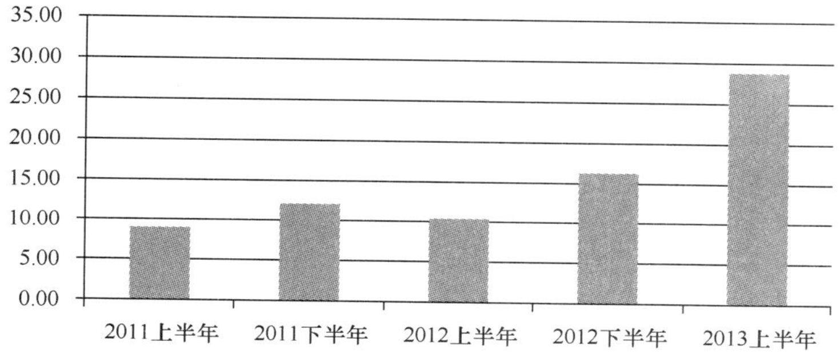

图 8－8 证券公司受托客户资产管理业务净收入（亿元）
（数据来源：中国证券业协会）

资管新政极大地拓展了证券公司的业务范围。从表 8－1 中可知，证券公司的集合理财计划和专项计划，可以分别对应于信托公司的集合信托计划与单一信托计划。审批方式的调整会对信托公司产生一定的冲击，投资范围的放宽也使得券商与信托遭遇正面竞争。从客观上讲，券商所拥有的投行客户与项目资源优势、经纪业务渠道优势和投资顾问团队优势都将成为其与信托公司竞争的有力武器。因此，信托公司今后面临的市场环境必将更加复杂。

三、基金公司子公司全面信托化

2012 年 6 月 20 日，中国证监会宣布拟修改《基金管理公司特定客户资产管理业务试点办法》及其配套规则，同时发布了《证券投资基金管理公司管理办法》及其配套规则协定草案，公开征求意见。《基金管理公司特定客户资产管理业务试点办法》的出台主要是模仿信托模式对基金公司的业务进行全方位的拓展，大大放宽了基金公司的业务范围，允许基金公司通过设立子公司投资未在证券交易所交易的股权、债权及其他财产权利。

随着资管新规的推出，基金管理公司子公司的核心优势在于同时拥有宽松的监管环境、出众的资产配置能力、强大的投研团队、成熟的客户群体四大优越条件。基金管理公司若能将以上四大优势充分整合,融会贯通,将会拥有无比广阔的发展空间,而这将会对信托公司未来业务的开展形成极大的挑战。

四、公募基金资格扩容

2012 年 12 月 28 日,第十一届全国人大常委会第三十次会议审议通过了修订后的《中华人民共和国证券投资基金法》(以下简称“新《基金法》”),并于 2013 年 6 月 1 日正式实施。新《基金法》主要体现出三大变化:公募扩容、私募入法、放开管理层持股。

第一,参与机构多元化,公募基金管理人资格大幅扩容。《基金法》的修订为除了基金公司以外的其他金融机构参与公募预留了法律空间,公募基金的业务由基金管理公司垄断的局面被正式打破。2013 年 2 月 18 日,中国证监会颁布并实施的《资产管理机构开展公募证券投资基金管理业务暂行规定》允许将开展公募基金业务的队伍扩展到证券公司、保险资产管理公司和私募证券基金管理机构。如此,基金市场的机构和业态更加丰富,牌照管制等政策红利将不复存在。

第二,进一步丰富了基金的形式,将非公募基金纳入监管。将私募的地位用法律条文的形式明确下来,一方面,有利于行业沿着正确的轨道运行,激发从业人员的热情,另一方面,可以促使私募基金以更好的备战姿态进入公募基金,为目前陷入僵局的公募基金注入活力。

第三,允许基金管理人通过专业人士持股等方式,为人才激励机制留下创新空间。根据新《基金法》,基金经理等从业人员只需要报备就可以进行股票投资。放开从业人员炒股,可以巩固公募基金公司的作用,在一定程度上还可能降低“老鼠仓①”行为发生的概率。

综上所述,新《基金法》的出台不仅有利于吸收更多的社会闲散资金,为基金业和资本市场注入活力,而且在一定程度上从法律层面上打破了“分业经营,分业监管”的限制,这为以后通过《信托法》的修改来统一资产管理行业的法律关系做了铺垫。

五、保险进军第三方资管

2012 年 10 月 20 日,中国保监会发布了《关于保险资金投资有关金融产品的通知》,规定保险资金可以投资境内依法发行的商业银行理财产品、银行业金融机构信贷资产支持证券、信托公司集合资金信托计划、证券公司专项资产管理计划、不动产投资计划和项目资产支持计划等金融产品。2013 年 2 月 17 日,中国保监会又发布了

① 老鼠仓是指无良经纪对客户不忠的“食价”做法,是指庄家在用公有资金拉升股价之前,先用自己个人(机构负责人、操盘手及其亲属、关系户)的资金在低位建仓,待用公有资金拉升到高位后个人仓位率先卖出获利,最后亏损的是公家资金。

《关于保险资产管理公司开展资产管理产品业务试点有关问题的通知》，规定保险资产管理公司可以自己担任受托人，向委托人募集资金，投资于银行存款、股票、债券、证券投资基金、央行票据、非金融企业债务融资工具、信贷资产支持证券、基础设施投资计划、不动产投资计划、项目资产支持计划及中国保监会认可的其他资产。可见，保险资产管理公司也开始向资产管理行业全面进军。

保险投资新政打破了保险资金以往体内循环的封闭现状，保险资产管理公司也将借机逐步突破保险资管的行业局限，由原先单一的买方附庸角色，转变为真正的第三方资产管理机构。

六、期货资管开始起步

2012 年 9 月 1 日，中国证监会发布的《期货公司资产管理业务试点办法》正式施行，标志着期货公司开展资产管理业务正式开闸。据此，期货公司可以接受单一客户或者多个客户的书面委托，运用客户委托资产进行投资。这意味着期货公司将有机会与保险、证券、基金以及信托等金融机构“分食”国内市场快速增长的财富管理“蛋糕”。

期货资管可以发挥其在衍生品市场领域的专业特长和比较优势，填补市场服务空白，提供以期货对冲和套利为主的资产管理服务，满足各类投资者的多元化投资需求。不过，期货公司由于其参与客户群体较少，社会认知度较低，其参与资产管理业务的前景还有待观察，但目前至少已经有机会参与资产管理行业这场变革。

七、资管新政：信托业“黄金时代”的新开端

目前，银行、券商、基金、保险、期货公司都在大力拓展自身的资产管理业务，无论是在优质产品的选择上，还是在客户的争夺上，都对信托公司构成竞争。信托的某些所谓的“先发优势”将面临越来越剧烈的冲击和挤压。这是否意味着信托业快速增长的“黄金时代”已经结束？显然，现在做出这样的预测还为时过早。

固然，大资管时代对信托公司提出了挑战，但更多的资产管理机构从更广、更深层面介入资产管理市场，这也从一个侧面说明了中国资产管理市场的巨大发展空间，“成长的市场”仍然是信托业今后得以继续发展的根本保障。在此背景下，以下几个因素将使信托公司继续保持相对的竞争优势，并继续推动信托业的发展。

（一）大资管时代的新机遇

在此轮资产管理新政以前，放开的只是银行理财产品与信托产品的对接，由此诞生的银信理财合作业务使信托业的发展上了一个新的台阶。本轮资产管理新政，不仅放开了证券公司集合资产管理计划与信托产品的对接，而且放开了保险资金与信托产品的对接。从这个意义上说，本轮资产管理新政，对信托公司而言，不仅只是一个挑

战,更是一个新的机会;对于信托公司与其他资产管理机构而言,它们之间不仅只是一种竞争关系,更是一种合作关系。这种竞合关系,完全有可能推动信托业再上一个发展的新台阶。

(二)信托本身的制度优势

虽然其他资产管理机构借监管新政获得了类似信托业务的资产管理业务,但由于监管规章无法突破法律层面上金融业"分业经营、分业管理"的制度安排,使得无论是商业银行还是证券公司、基金管理公司、保险资产管理公司的资产管理业务,不管其实质上如何扩展,但形式上仍不属于真正法律意义上的信托业务,其受托财产难以具有信托财产的法律地位,因此投资者也难以获得信托制度下的严密保护。目前,信托公司仍然是唯一法定的综合信托经营机构,依托信托的"目的功能",信托公司可以不断创新信托业务,拓展信托在私人财富管理、企业经营管理、员工利益保障和社会公益等方面的应用,继续创造属于自己的"蓝海",而这些制度优势显然是目前其他资产管理机构所不具有的。

(三)信托公司的先发优势

信托公司在多样化运用信托财产和跨市场配置信托资产方面,已经积累了十多年的经验,具有了自己成熟的业务模式和管理模式,锻造了一大批优秀的从业人员,并形成了一套严密保护投资者和保障行业健康发展的监管体系。当其他资产管理机构开始介入类似信托的资产管理领域时,其市场、经验、人才、行业成熟度等方面均面临严重短缺,监管体系也比较粗放。相比之下,信托业在其十多年的发展历程中,已经获得了巨大的市场份额,信托产品已经成为主流金融产品并获得了社会广泛的认同,信托公司的内部管理已经建立了比较规范和严密的体系,整个信托行业的发展和监管也已经相对成熟。信托公司的这些先发优势,将会继续推动信托业的发展。

第四节　信托与信托产品的发展前景

近 10 年来,信托业保持了快速发展的态势,信托资产规模在 2012 年年底达到 7.47万亿元,首次超过保险业 7.35 万亿元的规模,一跃成为仅次于银行业的第二大金融部门。然而,随着大资管时代的到来,其他竞争者亦对财富管理市场虎视眈眈,信托业的制度红利趋于弱化。在此背景下,对于信托业能否继续增长、是否会发生系统性风险等问题,舆论上给予了空前广泛的关注。同时,随着大资管时代的到来,信托业面临着怎样的挑战?信托业务模式又应该如何创新?本节将对以上问题进行探讨。

一、信托市场的发展现状

2012 年以来，中国信托市场受到货币市场和监管政策的变化和调整，其规模和结构均发生了一定的变化，呈现出一些新的特征。

（一）规模之增

自 2012 年开始，我国经济结束了近 30 年几乎高达 10% 以上的高速增长期，开始步入了以大结构调整为主基调的增速放缓的下行周期。2013 年上半年，GDP 同比增速已放缓到 7.6%。由于改革进入到深水区，预计此轮经济调整周期不会太短，这已经是一个共识。2013 年第二季度末信托公司主要业务数据表明，在经济逆周期时期，信托行业依然实现了远超经济增速的增长。

1. 信托资产规模不断增长。从图 8－9 可知，2012 年以来，信托资产规模不断增加。截至 2013 年第二季度末，67 家信托公司管理的信托资产规模为 9.45 万亿元，相比去年第二季度末的 5.54 万亿元，同比增长 70.72%；绝对规模已逼近 10 万亿元大关，进一步巩固了信托业作为我国第二大金融业态的地位。

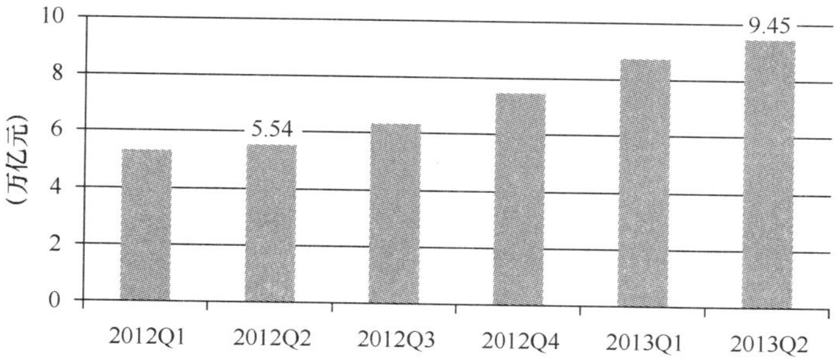

图 8－9 信托资产规模

（数据来源：中国证券业协会）

2. 固有资产规模稳步增加。从图 8－10 可知，截止到 2013 年第二季度末，信托公司固有资产规模2 517.29亿元，相比去年第二季度末的2 003.51亿元，同比增长 25.64%；相比今年第一季度末的2 377.43亿元，环比增长 5.88%。全行业所有者权益2 248.72亿元，相比去年第二季度末的1 806.83亿元，同比增长 24.46%；相比 2013 年第一季度末的2 145.09亿元，环比增长 4.83%。固有总资产规模和净资产的增加，进一步增强了信托公司的行业风险抵御能力。

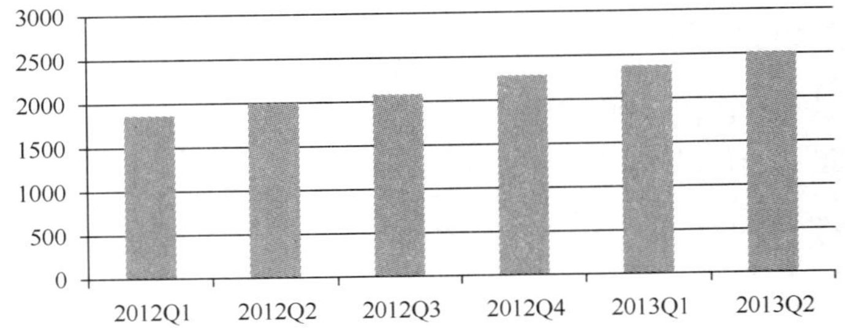

图 8－10　信托公司固有资产规模(亿元)
(数据来源:中国证券业协会)

3. 信托经营效果保持骄人业绩。由于信托公司经营收入随着季节变化具有周期性的特点,因此本书选用经营收入同步增长率来研究信托的经营效果。由图 8－11 可知,信托公司经营收入同步增长率有下降趋势,但总体而言仍处于高速增长。2013 年上半年信托公司实现经营收入 350.79 亿元,相比去年同期的 259.00 亿元,同比增长 35.44%;相比今年第一季度的 152.41 亿元,第二季度营业收入环比增长 30.16%。上半年 67 家信托公司实现利润总额 257.76 亿元,人均利润 155.66 万元,相比去年同期 189.96 亿元的利润总额和 142.76 万元的人均利润,利润总额同比增长 35.69%,人均利润同比增长 9.04%;相比今年第一季度 110.68 亿元的利润总额和 71.30 万元的人均利润,第二季度利润总额环比增长 32.89%,人均利润环比增长 18.32%。就已清算信托项目为受益人实现的年化综合实际收益率而言,第二季度也创历史新高,6 月清算的项目年化综合实际收益率达到了 7.80%,相比去年 6 月份的 6.52%,同比提高了 1.28 个百分点;相比今年 3 月份的 6.62%,提高了 1.18 个百分点。可以说,信托公司成了近年来最能为投资者赚钱的金融机构。

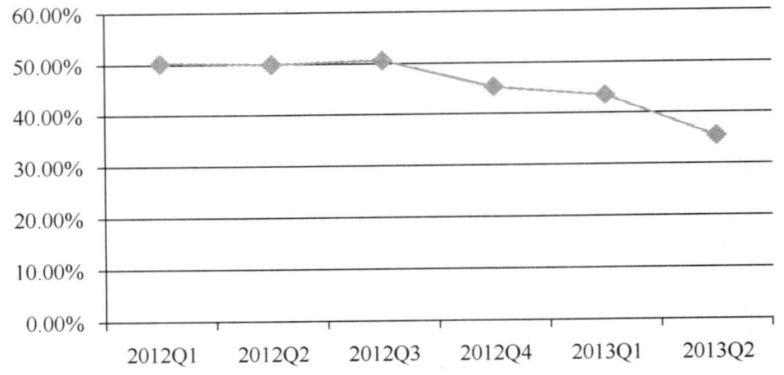

图 8－11　信托公司经营收入同比增长率
(数据来源:中国信托业协会)

(二)结构之变

1. 资金来源结构稳定。信托产品的资金来源主要分为两类:一类是个人投资者,主要是高净值人士的资金;二是机构投资者,主要包括银行、证券、保险等金融机构的资金。一般而言,个人投资者多投资于集合资金信托计划,一些高净值人士也会投资于财产信托;机构投资者除了投资于集合资金信托产品之外,大量的资金投资于单一资金信托产品(如图 8－12 所示)。

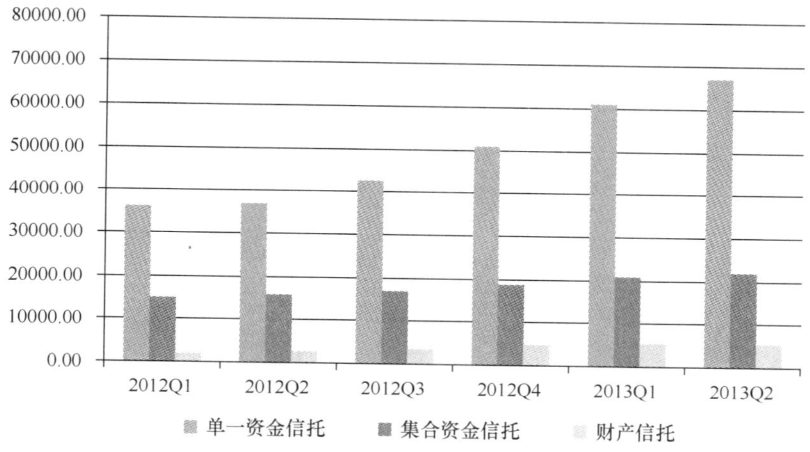

图 8－12　信托资产资金来源结构(亿元)

(数据来源:中国证券业协会)

2012 年到 2013 年第二季度,集合资金信托、单一资金信托和财产信托均保持了平稳较快增长。集合资金信托的增速较为平稳,2013 年第二季度净增1 000多亿元,反映出高净值人士对信托产品的需求较为平稳,而且保持较快增长。机构投资者对信托的投入有一定的波动,2012 年第二季度增长较少,仅增加了 784 亿元,2012 年第三季度以后开始快速增长,2012 年第三季度至 2013 年第二季度分别净增5 834亿元、8 380亿元、9 921亿元和6 025亿元。机构投资者对信托产品的投入与宏观经济息息相关,2012 年第二季度,实体经济下滑明显,机构闲置资金更倾向于选择稳健的信托产品,实现保值增值。此外,财产信托规模也略有增加。随着高净值人士对财富管理越来越重视,财产信托也得到了一定的发展。2012 年第一季度末,财产信托资产总额仅有1 995亿元,2012 年快速增长,2012 年末已经达到4 856亿元,2013 年继续保持较快增长,2013 年第二季度末达到5 480亿元。

2. 资金运用结构有所调整,资金向基础产业和工商企业倾斜。信托资金的需求方主要集中在传统的基础设施、房地产、工商企业、证券市场等领域。信托资金的运用情况反映了市场对信托资金需求结构的变化,并且通常随着经济周期和货币政策、信贷政策周期的变化而变化(见图 8-13)。

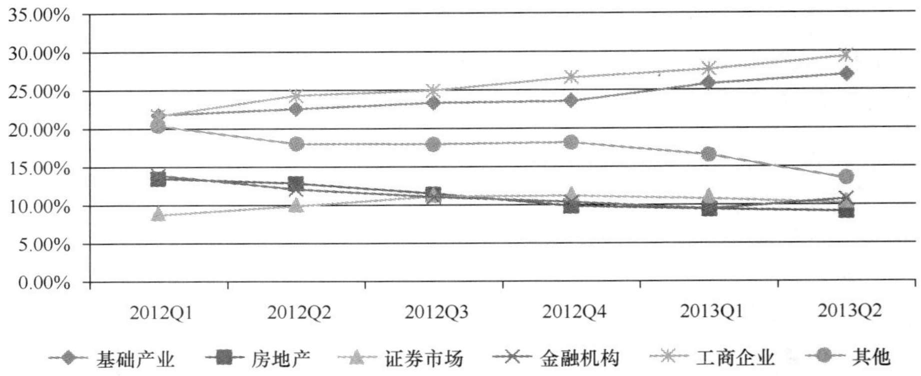

图 8-13　信托资产资金运用结构
(数据来源:中国证券业协会)

从 2012 年年初开始,由于房地产调控政策继续从紧,房地产市场复苏势头受到遏制,加上货币政策有所宽松,房地产领域对信托资金的需求下降,其占比从 2012 年第一季度的 13.46% 下降到 2013 年第二季度的 9.12%。然而,宏观经济的增长需要基础产业的不断拉动,一方面,基础设施领域的投资需要大量资金,另一方面,银行等金融机构对地方政府融资平台持续收紧,造成基础产业对信托资金的需求不断增加,占比从 2012 年第一季度的 21.85% 提高到 2013 年第二季度的 26.84%。同时,由于实体经济的下滑和信贷政策的结构性收紧,工商企业对信托资金的需求也更为旺盛,资金占比从 2012 年第一季度的 21.58% 提高到 2013 年第二季度的 29.40%。

3. 信托产品期限结构总体变长,平均预期收益率下降。从集合信托产品的期限和收益结构看,2012 年第一季度至 2013 年第三季度,集合信托产品的期限总体变长,平均预期收益率下降。从 2012 年第一季度到 2013 年第三季度,集合资金信托产品的发行数量有一定的波动,2012 年第二季度增幅较大,比第一季度增加 425 只,2012 年第三季度有所回落,比第二季度减少 230 只,之后波动增长,2013 年第三季度共发行集合信托产品1 396只。从产品平均规模来看,2012 年第一季度至第四季度,平均规模逐渐上升,从 1.69 亿元增加到 1.98 亿元,2013 年第一季度有所下降,随后小幅上升,2013 年第三季度平均规模为 1.91 亿元。从产品平均期限上看,2012 年第一季度到第四季度,平均期限逐渐上升,2013 年第一季度有所下降,第二季度下降幅度较大,随后又有小幅上升,2013 年第三季度平均期限为 1.63 年,反映了市场对长期资金的需求更为旺盛,且具有一定的周期性特征(见表 8－2)。

表 8－2 集合资金信托平均规模、期限和收益率

月 份	2012Q1	2012Q2	2012Q3	2012Q4	2013Q1	2013Q2	2013Q3
发行数量(只)	992	1 417	1 187	1 339	1 229	1 439	1 396
平均规模(亿元)	1.69	1.85	1.99	1.98	1.83	1.91	1.91
平均期限(年)	1.53	1.59	1.68	1.73	1.71	1.59	1.63
平均预期年收益率(%)	9.37	9.15	9.10	9.17	8.98	8.61	8.77

数据来源:用益信托工作室。

从产品平均预期收益率来看,2012 年第一季度至 2013 年第三季度,平均预期收益率逐渐下降,从 2012 年第一季度的 9.37% 下降至 2013 年第三季度的 8.77%,这一方面与宏观货币政策的逐步宽松有关,另一方面也反映了市场需求主体对资金价格的承受能力在降低。

(三)信托业规模是否已经"见顶"

随着大资管时代的到来,信托业如今也面临着前所未有的竞争挑战,不少人质疑信托业的规模可能已经"见顶"。人们的质疑并非没有道理,但是,如果现在就断定信托业的规模已经见顶,可能还为时尚早。

1. 信托规模的增加并不意味着巨大的风险。2012 年以来,在信托行业规模迅速壮大、业务种类不断丰富的同时,信托业也发生了一系列信托个案风险事件。2012 年年底,中融信托的青岛凯悦项目到期未能偿付本息而拍卖抵押资产、进入司法拍卖;2013 年 1 月 8 日,中信信托青岛舒斯贝尔收益权信托计划进入司法拍卖;另外,中信信托发行的 4 期三峡全通项目前后两次不能偿还信托贷款本息近 2 亿元。然而,这些风险事件只是部分信托公司的流动性风险事件,没有造成实际上的违约,并不属于系统性风险,行业的整体风险仍是可控的。

2. 信托业正处于转型发展的过渡时期。尽管证券、基金、保险等机构资产管理业务的兴起形成了强烈的竞争冲击,但是信托业已经开始进行转型。信托业已经不再单纯依靠"通道"类银信合作业务的粗放式发展,而是积极寻找新的业务增长点,谋取可持续的发展。目前,越来越多的非银行大型单一客户开始以信托的方式进行理财,这也代表高端个人和机构客户对综合化理财要求的提高。

3. 信托公司仍具有独特的信托制度优势。近十年来,银行、证券、保险推出的理财产品都直接或间接采用了信托原理或制度规则,但只有公募证券基金的法律关系被明确为信托关系,且公募基金对信托制度的运用范围仅限于证券投资领域。因此,信托

公司所谓的制度红利并未因大资管时代的到来而完全消失，关键是看信托公司如何充分利用信托制度的优势，形成信托行业发展的新增长点。

4. 大资管的市场空间依旧广阔。由本章第二节的分析可知，无论是与国外发达国家对比，还是与国内银行规模对比，我国大资管行业都仍有较大的增长空间，并且我国经济仍将保持较快增长，高端财富群体也将进一步扩大，因此，大资管行业的资产管理规模远未达到饱和状态，未来几年我国大资管行业的发展前景依旧广阔。

二、当前业务模式面临的挑战

目前，我国信托业的主流业务主要有基础设施类信托业务、房地产信托业务、证券投资类信托业务、银信理财合作业务等。从长远看，我国信托业仍有广阔的发展空间，行业资产规模有望继续攀升，但是当前信托业的主流业务模式仍然存在一些压力与挑战，主流业务模式有待改善。

（一）基础设施类信托业务

基础设施类项目具有资金需求大、建设周期长、投资回报低等特点，由于其产出的长期性，为消除城建投资中的"代际不公平"问题，需要进行举债建设。但是，由于偿债机制尚不完善，各地政府下辖的城建集团负债急剧攀升。从2010年6月国务院《关于加强地方政府融资平台公司管理有关问题的通知》下发开始，以银行信贷为主的传统融资方式日益受到严格监管。这迫使投资需求依然旺盛的地方政府不得不开始寻觅其他替代性融资工具，其中之一就是信托公司发行的信托计划。

进入2012年，信托公司抓住这一机遇，通过应收账款等财产收益权的信托模式，与地方政府合作，发行政信合作信托产品，政信合作信托规模扩张较快。但是，地方政府融资平台公司通过传统的银行信贷之外的渠道融资，往往背后连带着地方政府未来的财政风险，一旦公共债务过度，就可能导致银行体系、债券市场甚至社会的不稳定，引发系统性风险。另外，由于地方政府财政信息不太透明、风险控制措施不甚完善等问题难以有效解决，地方平台类融资业务大规模增长所带来的风险也引起了监管部门的高度重视。2012年3月15日，中国银监会下发了《关于加强2012年地方政府融资平台贷款风险监管的指导意见》（银监发〔2012〕12号）。同时，为有效控制风险，财政部、发改委、人民银行和银监会四部门于2012年12月24日联合下发了"463号文"，具体包括严禁直接或间接吸收公众资金违规集资、规范地方政府以回购方式举借政府性债务行为、加强对融资平台公司注资行为管理、进一步规范融资平台公司融资行为、制止地方政府违规担保承诺行为五个方面。

面对监管严格的"463号文"，未来基础设施信托业务的发展需要顺应监管要求，挖掘新的融资渠道和创新性做法，才能在目前严厉的监管环境下占据市场有利地位并取得快速稳健发展。不过展望未来，我国基础设施类建设的需求仍旧旺盛，信托公司可以在传统业务模式外，更加充分地利用信托平台整合各类资源与各种金融工具的优势，寻求更加丰富的投融资手段运用于基础设施建设，支持实体经济发展。

（二）房地产信托业务

由于房地产调控政策的持续以及行业内部分信托公司房地产信托业务风险个案的发生，信托公司对房地产信托普遍采取相对谨慎的态度。目前，房地产信托业务的整体发行规模有所放缓。由图 8－14 可知，2012 年以来，房地产信托业务的占比呈现出持续下降的趋势。

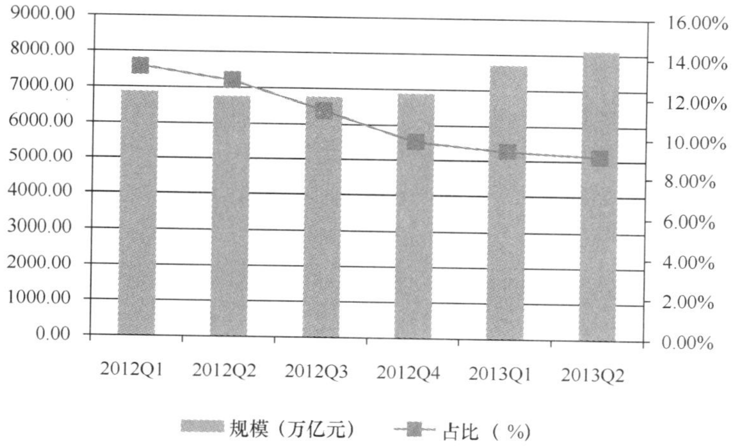

图 8－14 房地产信托业务规模及占比变化

（数据来源：中国信托业协会）

由于从 2012 年年底开始，商业银行向排名靠前、实力较强的大型房地产企业发放开发贷款已经呈现出放松的迹象，万科、保利等实力较雄厚、资质较好的房地产企业能够以更低的成本从银行获得融资。2013 年年初，大多数信托公司在房地产业务开展方面，往往面临“两难”的境地。如果信托公司选择与项目资质较好的交易对手合作，企业融资成本往往偏低，信托计划难以获取以往的较高收益，而项目较低的收益水平可能对投资者缺乏吸引力，使得信托产品难以发行；如果信托公司选择维持以往的较高收益，则往往难以寻找资质较好的房地产项目，资质较差的房地产项目未来又可能存在较高的风险。

随着房地产调控的深入，信托公司必须加强对宏观经济政策和宏观经济走势的研究，采取正确的策略选择，完善房地产信托产品的风险控制。与此同时，在传统房地产贷款融资模式之外，信托公司可以探寻更多新兴房地产信托业务模式，从而更加深入地为房地产行业服务。

（三）矿产能源信托业务

由于山西、内蒙古、贵州等省或自治区推进煤炭及其他矿产的资源整合，部分矿产能源企业为了筹集资金、收购资源和提升产能，产生了一批矿产能源信托的现实需求。因此，近一两年来，业内不少信托公司也在矿产能源信托业务方面进行了一定的创新尝试。但是，由于煤矿能源行业整体出现下行趋势，采矿权证抵押担保难以落实，煤炭等资源整合过程中当地政策风险难以把握，价值认定难度较高，以及煤矿企业实际控制人的真实信用状况难以充分掌握等，加之业内部分信托公司的矿产能源信托计划出现了兑付风险，多数信托公司对矿产能源信托望而却步。

但是，从长期来看，如果能加强自身主动管理能力，对煤炭行业能够有更加深入的了解，信托公司在此类业务开展方面仍然会有较大的发展空间。

（四）其他投资信托业务

2012 年以来，不少信托公司在艺术品类、酒类等投资领域进行了创新尝试，试图开辟出一片信托业务的新蓝海。但是，由于艺术品类、酒类投资整体市场规模较小，并且投资标的在鉴定、交易等方面专业性较强等原因，此类业务暂时只能作为一种另类投资信托计划开展，其规模难以扩大。加之无论是酒鬼酒这样的中端白酒，还是茅台这样的高端名酒，均深受“白酒塑化剂事件”影响，以及新一届中央政府“反腐倡廉”政策的力度加强，高端酒类市场投资的不确定性进一步加大。由于另类投资信托计划的风险受到了财经媒体的高度关注，信托公司短期内在此类业务的开展方面也遇到了更大的阻力。

综上所述，信托公司当前业务模式面临着诸多挑战，但是如果能够积极应对，更加深入地挖掘信托制度优势，信托公司有望在未来发展过程中创造出新的增长点，更好地迎接大资管时代的到来。

三、未来信托业务模式展望

从国外信托业发展的经验看，信托制度的运用无处不在。国外信托业主要有资产隔离、财富管理、资金融通、协调经济关系、社会投资和为社会公益事业服务等几大职能。而我国目前的信托业务职能主要体现在资金融通方面，相对而言比较单一。

我国信托公司当前的主营业务大多集中于为产业发展及基础设施建设提供投融资服务，这样的模式与 19 世纪 60 ~ 70 年代的美国和 20 世纪 70 ~ 80 年代的日本较为相似。目前，信托制度在国外发达国家的运用已经不仅局限于资金融通，往往还发挥了其他更多方面的作用。

因此，从国外的发展经验看，信托的职能是多元化的，当前投资者的理财需求也向着多元化、综合化、个性化的方向发展。由此可见，我国信托业未来的发展路径也应该顺应趋势,往多元化、综合化、个性化的方向前进。具体而言,信托公司未来在信贷资产证券化、企业资产证券化、基金化信托业务、家族财富管理与公司治理、PE 型信托业务、公益与社会事务管理等业务领域将大有作为。

(一)信贷资产证券化

信贷资产证券化是指银行业金融机构作为发起机构,将信贷资产信托给受托机构,由受托机构以资产支持证券的形式向投资机构发行受益证券,并以该资产所产生的现金支付资产支持证券的结构性融资活动(见图 8－15)。

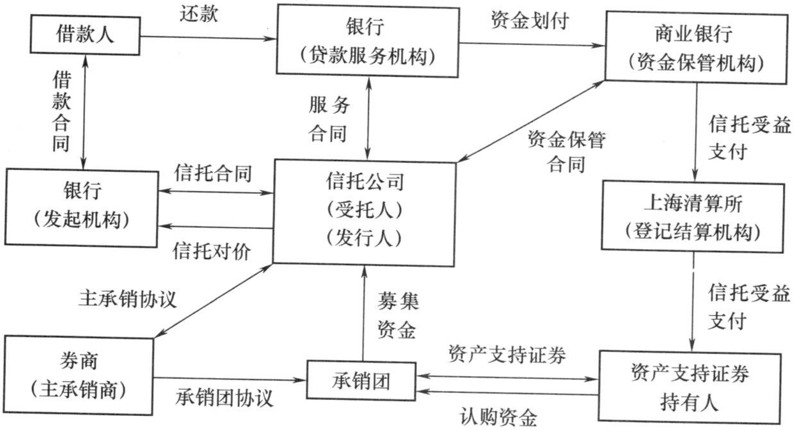

图 8－15　信贷资产证券化流程

我国信贷资产证券化试点启动于 2005 年。2008 年国际金融危机爆发后,监管机构出于审慎原则和对资产证券化风险的担忧,延缓了市场发行速度,并于 2008 年年底暂停了不良资产证券化试点。2009 年以来,资产证券化进程停滞。截至 2010 年 12 月 31 日,我国发行的 17 只资产证券化产品总规模为 667.83 亿元,不到我国国债市托管量的 1%。2011 年 8 月,国务院批准信贷资产证券化继续扩大试点。中国人民银行 2012 年金融市场工作会议也明确指出,继续推动信贷资产证券化等金融创新。截至 2013 年 5 月,我国市场公开发行信贷资产证券化的信贷资产规模达到 892 亿元。然而,当前已经进行资产证券化的信贷资产规模与市场需求相比仍然相去甚远。截至 2013 年 6 月底,我国银行业金融机构的总资产规模高达 144.2 万亿元,其中,具备稳定现金流、适合进行证券化的信贷资产规模达到几十万亿元。推进资产证券化发展有利于减缓银行的核心资本压力,保证整个金融体系的稳定,可以预见,资产证券化业务将会有巨大的发展空间。

（二）基金化信托业务

与传统集合资金信托计划不同，基金化信托业务模式主要有以下几大特征：第一，预期收益不确定，风险完全由投资者自担；第二，组合式管理，有利于风险分散；第三，资金募集在先，以投资者利益为核心，提供综合金融服务解决方案；第四，开放式产品设计，流动性较高；第五，期限错配，单位期限较短，整体期限较长；第六，资金集中能力更强，整体规模较大。

基金化产品的成功很大程度上取决于基金管理人的资产管理能力，包括项目筛选、风险识别、资产配置以及投资运作等。因此，基金化产品与提升信托公司自主管理能力有着很强的联系。在此类业务开展的初期，信托公司可以尝试在传统业务的交易结构中引入部分基金化特征，实现现有业务的创新升级。目前，市场上陆续出现的基金化信托产品，如房地产信托基金、能源投资信托基金、文化产业投资基金等，便是在一定程度上引入了基金化的特征，从而具有资金成本低、规模大、期限长、期限长短错配、资金运用方式灵活等特点，这些基金化的信托产品是信托公司诉诸核心资产管理能力的利器，是中国信托公司业务转型的必由之路。

（三）财富管理业务

财富管理是一项历史悠久的服务，起源于欧洲，发展在美国，主要面向高净值群体和特别富裕群体，其内涵远远超过一般货币意义上的服务功能，而是以实现生活目标为导向的、以资产管理为基础的服务体系。在中国，由于改革开放后市场经济的建立和发展，经济保持高速增长，各种要素逐渐商品化，各类资产市场获得发展等因素催生了财富效应，使富裕人士日益增多，财富管理需求呈现高速成长的态势，这对信托的应用和发展提出了新要求，也使信托业迎来了新的发展机遇。

近年来，信托公司在开展财富管理方面取得了初步成效，信托观念不断普及，信托机制开始深入人心。很多信托公司能够提供具有资产保值、增值功能以及附有投资规划的理财产品，部分信托公司能够从资产配置切入到更高端、更全面的财富管理，部分信托公司则自身组建面向高端客户的财富管理中心和渠道（如外贸信托、北京信托、中信信托、上海信托、平安信托等）。依据信托制度的优越性，信托公司可按照私人客户的需求进行财富管理方案设计，并可独立进行方案实施，帮助客户实现财富的合理规划与科学配置、风险隔离等，这也是信托公司在高端财富管理领域所具有的独特竞争优势。根据高端私人客户或机构投资者自身的独特需求，信托公司可为其量身定制出类似于定向私募性质的金融产品，真正发挥信托公司“受人之托，为人管业，代人理财”的作用。

（四）中小企业信托业务

自2008年7月以来，北京、上海、武汉、安徽、江苏、浙江、山西等地多家信托公司根据政策导向积极研究创新，相继推出了多款中小企业信托产品，风险控制手段灵活全面，融资规模获得显著增长，单个信托计划的融资规模从300万元至3亿元不等，产品期限多为1年或2年，投资领域覆盖众多高新技术领域与未来高成长行业，促进了大批自主创新项目的产业化，引导大量社会资金支持中小企业成长。

中小企业信托融资模式的创新，符合政策导向，具有较强的操作性，经过不断探索，中小企业信托业务已经成为较为成熟的模式，获得了中小企业的普遍认可。在中小企业信托业务中，信托公司的自主能力和主导作用很明显。因此，信托公司可以根据各自的发展战略，加强该类产品的开发力度，进一步提高该类产品的设计水平和管理能力。从长远来看，中小企业信托将朝基金化、规模化、特色化、专业化的方向发展。

（五）公益信托业务

公益信托，也被称为慈善信托，是指出于公共利益的目的，为使全体社会公众或者一定范围内的社会公众受益而设立的信托，通常由委托人提供一定的财产并将其作为信托财产委托给受托人管理，将信托财产用于信托文件规定的公益目的。

目前，我国推进公益信托的条件已经成熟，各方面的公益需求非常巨大，客观上为公益信托的发展提供了良好机遇。随着信托市场各主体的不断尝试和创新，公益信托灵活和便捷的制度安排将被社会公众所认同。信托制度将在公益事业发展上起到保值增值、风险隔离等重要功能，在我国未来发展空间巨大。

除了上述发展方向外，信托公司还可以尝试发展农村土地流转信托，推动新型城镇化建设；发展企业年金信托，推动养老改革等。2013年10月10日，名为“中信·农村土地承包经营权集合信托计划1301期”的“首单”土地流转信托项目正式成立，开启了信托公司参与农村土地信托流转的破冰之旅。

综上，未来信托公司的发展方向是充分挖掘信托制度优势，通过不同法律关系的重构，将投资者、受托人、融资方、中介服务机构等各方权益有机统一在信托平台上，集中各类资源，整合各方智慧，打造综合化的金融方案集成平台，更好地服务于客户需求，更好地支持实体经济发展。

第九章　民事信托:期待大发展

在学术上,人们一般将信托按照受托人接受信托之行为是否具有营业性或者是否以营业为目的划分为商事信托(营业信托)和民事信托(非营业信托)。所谓商事信托,是指受托人以营业为目的而接受的信托,相反,民事信托的受托人接受信托并非以营业为目的。因此,商事信托和民事信托之间所适用的法律条文也存在差异。在我国,商事信托除适用《信托法》之外,也适用《信托投资公司管理办法》以及《信托投资公司资金信托管理暂行办法》。而民事信托除适用《信托法》之外,还适用民法,包括《民法通则》、《合同法》以及《继承法》等。

民事信托起源于英国,并在美国得到了传承与发展。在我国,自2001年《信托法》实施以来,我国的商事信托(如信托投资公司、信托基金)发展得可谓"如火如荼",但与之相对应的民事信托(如遗嘱信托、遗赠抚养协议信托、公司经营管理信托)的发展却较为缓慢。

随着我国老龄化进程的加快、"失独家庭"的增加、税收改革提上日程、子女教育越来越受重视以及人们收入水平的增加,资产管理需求逐渐加大,民事信托范畴的信托业务有着巨大的发展空间。如何将我国的社会传统、现实环境与国外民事信托发展的经验相结合,是当前我国民事信托发展中的重要问题。

第一节　国外民事信托的发展情况

作为现代信托的发源地,英国拥有一条完整的信托发展路径,信托是逐步从民事领域随着经济的发展而步入商事领域的。在美国,民事信托和商事信托同样发达,美国既传承了英国的信托传统,又开拓性地将信托发展为个人理财投资的良好设计。通过对英美民事信托的研究,可以为我国民事信托的发展提供一些借鉴。

一、英国民事信托的形成与演化

一般认为,"信托起源于英国中世纪的用益(USE)设计"[①],而英国USE制度则是效仿、借鉴《罗马法》中信托遗赠制度和财产使用权、用益权等形成的。如本书第一章所述,这种"委托人将一定土地交由受托人管理,受托人凭道德上的良心将所获得之

① 方嘉麟:《信托法之理论与实务》,中国政法大学出版社2004年版,第53~54页。

收益交由受益人的制度设计”[①]，被称为“用益（USE）制度”。此时，受益人之用益利益并不受法律保护，仅靠受托人道义良心上的约束。因此，若出现受托人做出违背委托人的意愿损害受益人利益的行为时，受益人在普通法院得不到任何救济。

15 世纪中叶，基于良心、公平和正义的原则，衡平法院开始对受益人的利益给予确认和保护，受益人就取得了衡平法上的权利，即“受益权”。“用益制度”损害了封建统治者的利益，英王亨利八世颁布了《USE 条例》，以限制“用益设计”的使用，规定“普通法上的所有权在用益权设定时，即由受益人享有，从而将受益人衡平法上的权利转化为普通法上的权利而受普通法院的管辖”。该条例反而激发了一种双层用益的形式，即名义上的用益和实质上的用益。该制度在 17 世纪的著名案例萨姆诉多尔案（SamBach V Dalston）中得到了衡平法院判决的认可，被称之为“Trust”，并逐步发展为信托制度，为信托的系统化发展打下基础，而衡平法院则被誉称为“信托之母”[②]。1893 年，英国颁布《受托人条例》，建立了以私法为基础的信托法律，信托立法日臻完善。1925 年，英国以《财产法》废除《用益法》，标志着现代信托制度从此确立。

英国信托是在民事信托行为基础上经过数百年发展起来的，民事信托观念和意识根深蒂固，形成了较好的信托文化基础。基于衡平法的保护，民间个人受托行为十分普遍，形成了独具特色的以个人受托、民事信托为主的信托文化。据统计，“英国的个人信托业占整个信托业 80%，其中个人信托又多以承办遗产信托为主，主要内容涉及财产管理、执行遗嘱、管理遗产、财务咨询等业务，包括对个人财产在管理、运用、投资以及纳税等方面的咨询等内容”[③]。

二、美国民事信托的传承与发展

美国早期的信托制度传承于英国的民事信托，但却没有沿着英国民事信托的模式发展，而是创新出以法人受托为主要模式的商事信托。

18 世纪末至 19 世纪初，美国从英国引入民事信托以解决独立战争时期遗嘱执行和遗产管理等问题。战争结束后，民事信托无法满足经济恢复与发展的需要，加之源于荷兰的股份公司制度在美国迅速发展，有价证券、货币、商品等动产成为社会财富的重要组成部分，为以营利为目的的商事信托的产生和发展创造了条件，商事信托随之出现。

19 世纪，美国信托从民事转向商事，受托人从个人转向法人，与当时美国金融市场的发展状况密切相关。信托的财产权分离制度有助于在不稳定的社会环境下对特

① 陈雪萍、豆景俊：《信托关系中受托人权利与衡平机制研究》，法律出版社 2008 年版，第 11 页。

② 何宝玉：《英国信托法原理与判例》，法律出版社 2001 年版，第 13～19 页。

③ 伍贻康：《欧盟的信托业发展及其对中国的启示》，载《中国国关在线》2003 年 9 月 28 日，http://www.irchina.org/xueren/china/。

定财产权利实施保护。19 世纪,美国的公司制和合伙制运用十分普及,承担无限责任的公司、合伙企业和个人破产频繁,为预防破产而安排的信托计划、遗产信托计划可将特定用途财产以信托方式隔离在公司、合伙企业和个人财产之外,免受公司、合伙企业和个人破产的威胁。由于 19 世纪美国金融市场稳定性差,导致银行等金融机构破产频繁,时刻威胁着社会财富的安全。信托通过"受人之托"的财产权分离制度,可将特定财产独立于受托人的固有财产之外,使其免受受托人破产威胁。

在美国,虽然商事信托异常发达,但民事信托并没因此而受到忽视,其与商事信托同样发达。美国仍是一个个人信托业务最发达的国家,设立个人信托的大多是较富裕的人,他们对理财即财产的保值、增值方面较为看重。目前来看,美国个人财产委托信托业务所占比例将近 80%,美国知名的家族,如肯尼迪家族、洛克菲勒家族的资产早已使用信托方式,使家族资产得已永续传承。

三、国外民事信托的发展对我国的启示

(一)我国民事信托的发展现状

我国早于英国 USE 制度千余年就已出现民事信托的经典案例。三国时期刘备"白帝城托孤"故事,其实质就是典型的遗嘱信托行为:刘备以委托人身份,以后主刘禅为受益人,将蜀汉的江山社稷和政权托付给诸葛亮。诸葛亮则以个人受托人身份,受托管理委托人的身后事务,为受益人利益"鞠躬尽瘁,死而后已"。这是典型的以遗嘱执行为信托目的、以个人为受托人的民事信托行为。

我国现代社会中的民事信托行为依稀可见。20 世纪 90 年代国企改制中,一些企业为规避改制过程中因职工人数太多导致股东人数超过法律规定数量而引入了民事信托行为:由车间主任或值得信任的职工代其他职工持有股权;其他职工则作为委托人和受益人,将其权利交由受托人持有和管理,受托人代为行使其权利和职责,并签订代持协议。上述代持股行为就是以改制股权为信托财产、以车间主任为受托人、以职工为委托人和受益人的信托行为,而代持协议就是信托协议。

进入 21 世纪后,我国资本市场发生了几起股权之争,其中出现了为争夺话语权、控股权而征集表决权的信托行为:受托人向委托人发出要约,请求委托人将某股权在特定时间的表决权交付给受托人,由受托人为受益人的利益行使表决权。由于上述行为中,受托人的受托行为不是以营利为目的,因此属于典型的民事信托行为。

我国 2001 年颁布《信托法》后,政府采取了从发展商事信托入手构建我国信托文化的路径。但 10 年来我国信托业面临不少问题,未能很好发挥在我国经济生活和信托文化建设中的基础性作用。一方面,政府注重于发展以金融信托为主的商事信托,忽视了对社会生活中民事信托的引导、支持、规范和保护;另一方面,很多应运用信托制度的社会生活领域未运用信托制度(如红十字会、慈善基金会等公益基金并未广泛

使用信托方式），导致社会对慈善事业的捐助和支持意愿下降。

（二）我国民事信托的前景分析

由国外民事信托的发展演进可知，民事信托是发展商事信托的基础。美国亦是在民事信托的基础上，为满足社会经济需要而创新发展出商事信托和法人受托信托事业。从现代信托在我国近百年的发展历史来看，“重商轻民”的现象一直存在。由于缺乏民事信托的普及和发展历史，缺乏以民事信托为核心的信托文化建设，政府和社会因此难以准确理解和接纳商事信托。由于民事信托发展滞后，致使我国商事信托发展问题颇多，信托文化在社会生活中的推广普及困难重重、歧义颇多，导致代客理财等信托行为逐渐偏离了信托本质。

近年来，我国面临着一系列的社会问题，而民事信托的良好设计无疑为解决这些问题提供了一个有效的工具。例如，随着老龄化进程的加快和“失独家庭”的增加，人们的养老保障需求日益旺盛，而信托公司在管理企业年金方面具有独特的优势；我国的婚姻家庭和继承制度使委托人可以支配的财产非常有限，并且遗产管理的手段落后、效率低下，家庭财富因为继承制度原因分散化严重，巨额的民间财富的管理一直以来缺少有效的制度设计，而家庭财产信托和遗嘱信托可以克服作为家庭财产管理和遗产管理的“先天不足”；另外，随着子女教育越来越受到重视，以及人们收入水平的提高，子女财富保障信托也日益兴起。

因此，我国民事信托有着广阔的发展前景。政府应注重对民事信托的规范、引导和支持，积极鼓励不以营利为目的的民事信托的发展，按照《信托法》积极推动由自然人、法人受托的非营利性质的民事信托事业，让信托文化在我国发扬光大。

第二节 养老保障信托

随着我国经济社会的发展、人口和家庭结构的变化，人口老龄化问题日益严峻，困难老人数量增多。目前，我国 80 岁以上高龄老人超过2 000 万，失能、半失能老人3 300多万，对社会照料的需求日益增大。而与之相对应的是，家庭养老功能明显弱化。如何使老年人安度晚年？除了需要人伦孝道的弘扬与全社会的共同努力，更需要为其提供合理的制度安排。而民事信托中的养老保障信托是适用于退休规划的有效工具，可以有效弥补我国目前社会养老保障体制的不健全，具有广阔的发展前景。

一、养老保障需求分析

随着我国人口老龄化的步伐加快、失独家庭的增加，加之社保制度不完善等，人们的养老问题越来越引起全社会的广泛关注，养老保障的需求日益旺盛。

(一)人口老龄化

人口老龄化是当今社会的一个发展趋势,目前世界所有发达国家的人口年龄结构都在转变为老年型,许多发展中国家也正在或即将转变。我国已步入老龄社会,并处于快速老龄化时期,老龄化的发展速度居全球首位。据 2010 年第六次全国人口普查的主要数据,我国 60 岁以上的人口为177 648 705人,占总人口的 13.26%,同 2000 年第五次人口普查相比,60 岁及以上人口的比重上升了 2.93 个百分点;65 岁及以上人口占总人口的 8.87%,比 2000 年人口普查上升了 1.91 个百分点。我国 60 岁以上老年人口及占全国人口的比重如图 9－1 所示。

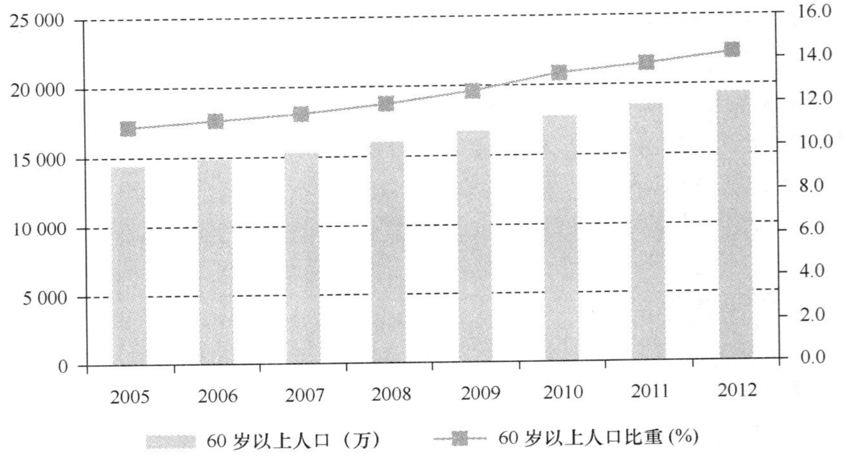

图 9－1　60 岁以上老年人口及占全国人口的比重

(数据来源:中国民政部网站)

《中国人口老龄化发展趋势预测研究报告》指出,21 世纪的中国将是一个不可逆转的老龄社会,与其他国家相比,我国的人口老龄化主要具有以下主要特点:

一是老年人口基数大。目前中国 60 岁以上老年人口是世界老年人口总量的1/5,是亚洲老年人口总量的 1/2。

二是老年人口增长速度快。从 1980 年到 1999 年,中国用了不到 20 年的时间完成了人口年龄结构从成年型向老年型的转变,而发达国家经历这一进程的时间较长,德国和英国用了 45 年,瑞典用了 85 年,法国用了 115 年。

三是人口老龄化超前于经济发展。发达国家是在基本实现现代化的条件下进入老龄社会的,属于先富后老或富老同步,而中国则是在尚未实现现代化,经济尚不发达的情况下提前进入老龄社会的,属于未富先老,应对人口老龄化的经济实力还比较薄弱,这一特点所带来的是 21 世纪上半叶中国将面临人口规模大、人口老龄化的双重压力。

(二)"失独家庭"增加

"失独家庭"指独生子女死亡,其父母不再生育、不能再生育和不愿意收养子女的家庭。"失独家庭"的成员大多生于20世纪50~60年代,赶上80年代首批执行独生子女政策,人到中年遭遇独子夭折。据卫生部发布的《2010中国卫生统计年鉴》,以年龄段人口疾病死亡率来推算,15岁至30岁年龄段的死亡率至少为40人/10万人,由此估计,目前我国每年15岁至30岁独生子女死亡人数至少7.6万人,这也意味每年约有7.6万个"失独家庭"出现。目前,全国"失独家庭"已经超过百万个,"失独家庭"正在成为一个日益庞大的群体。

育儿养老是我国的传统观念,而在独生子女家庭中,子女更是父母唯一的希望和精神寄托,其重要性不言而喻。计划生育政策实施30多年来,我国独生子女家庭在控制人口总量方面做出了特殊贡献。研究表明,计划生育使中国人口数量缩减了约4亿,将"世界70亿人口日"推迟了5年。然而,与此同时,首批独生子女的父母正在步入晚年,对"失独家庭"来说,生活和精神支柱的双坍塌,令这一群体面临的养老问题日益严峻。

二、我国养老保障体系的现状

(一)养老保障体系概述

我国现行养老保障体系分为三个层次(见图9-2):第一层次为国家养老保险制度,构成我国养老保险体系"第一支柱";第二层次为私人年金制度,构成养老保险体系"第二支柱";第三层次为个人储蓄型养老保险制度,构成养老保险体系"第三支柱"。

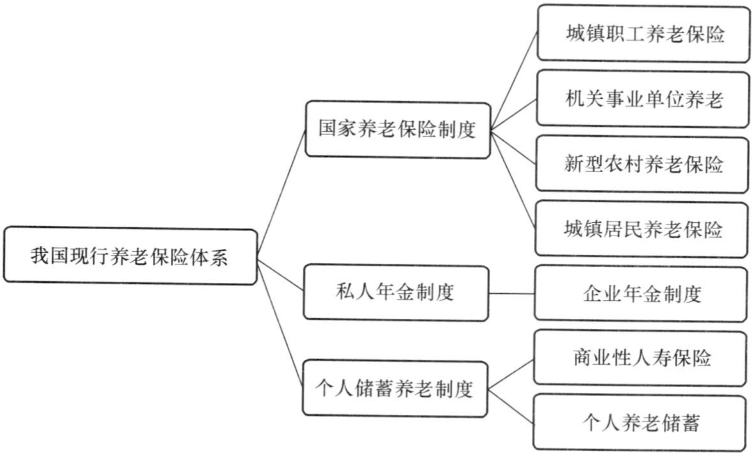

图9-2 我国现行养老保险体系

第一层次为国家养老保险制度，主要由四大养老保险制度构成，即缴费确定型的城镇企业职工养老保险制度，参保对象为城镇企业职工，费用由个人、企业和国家三方共担，并采用“社会统筹与个人账户相结合”的基金账户模式；机关、事业单位养老保险制度，其模式仍是传统的待遇确定型退休金制度，待遇与工资水平相挂钩，并以本人退休前最后一个月工资的一定比例计发，并且主要是财政或单位单方筹资，个人不缴或缴纳极少的保险费用；新型农村养老保险制度和城镇居民养老保险制度，两者实行与城镇企业职工一样的缴费确定型养老保险制度模式，费用主要以个人缴纳为主，以政府补助和其他类型补贴为辅。同时，国家四大养老保险制度都由国家相关法律法规予以强制实施，具有法律约束力。

第二层次主要为私人年金制度，主要包括企业年金制度。企业年金制度是企业在国家政策的指导下，根据自身经济实力和经济状况建立的，为本企业职工提供一定程度退休收入保障的补充性养老金制度。企业年金实行基金完全积累，采用个人账户方式进行管理，费用由企业或雇主双方缴纳。

第三层次为个人储蓄型养老保险制度，主要包括商业性人寿保险和个人养老的储蓄。个人储蓄型养老保险是我国现行养老保险体系的一个重要组成部分，它是由个人自愿参加、自愿选择经办机构的一种补充保险形式。

（二）养老保障体系存在的问题

我国养老保障体系运行 10 多年来，对深化改革，维持社会稳定，实行国民经济又好又快发展起到了积极作用。然而，由于中国正处于经济转型期，养老保障体系建立时间不长，本身还不是很成熟，而快速的老龄化又给我国的养老体制带来了新的问题，具体表现如下：

首先，医疗保障体制不健全。城乡、区域间医疗资源分布不合理；药品和医疗器械生产流通秩序混乱，价格过高；医疗保障体系与医疗公平不相适应。现有医疗保障覆盖率低，全国只有享受国家公费医疗保障的少数人得到了较实在的医疗保障，其他均处于一种较为脆弱的医疗保障之中，居民看病自费比例逐年攀升，个人负担加重，医疗公平存在明显不足的现象。

其次，养老保障制度“碎片化”。一是养老保险覆盖率低。在我国，纳入基本社会养老保险的人群只占总人口的 15%，低于 20% 的国际最低标准。二是养老保险收支严重不平衡。随着人口老龄化高峰期的临近，支付压力日益增大。三是养老保险转轨成本高。历史欠账形成沉重的转轨成本，已退休“老人”和 1997 年养老制度改革前参加工作的“中人”，需要靠改革后的“新人”缴费供养，形成个人账户空转。四是养老保险基金保值增值能力低。现行制度要求养老保险金余额除满足两个月的支付费用外，80% 左右要用于购买政府债券或存入银行，由于近期银行存款利息率低于通货膨胀率，导致养老保险金的结余不断贬值，这势必加重未来时期养老保险的负担，也会增加国家在养老保险方面的支出负担。五是养老保险缴费率高。全国23%的基本养老保险费率明显高于世界10%的水平,也超过国际20%的警戒线水平。

再次,养老资源严重缺乏。老年人口数量特别是高龄老年人口数量的快速增长,使得社会养老资源的总量明显不足,供需矛盾突出,主要体现在养老设施总量供不应求和养老服务队伍的职业化建设滞后两个方面。

最后,老年产业发展滞后。随着老龄人口规模激增,需求结构变化,老龄朝阳、绿色产业的兴起和发展成为必然趋势。然而,我国老龄产业尚处于启动阶段,与巨大的市场潜力相比,老年产业远远落后于市场需求。同时,老龄产业缺乏相应的政策支撑。老龄产业投资大、盈利低、资本回收期长,需要有相关政策的扶持,尽管目前一些重要文件都提到了重视和发展老龄产业,但很多都是原则性要求,缺乏具体配套的政策。

(三)民事信托在养老保障领域的兴起

长期以来,家庭一直是我国养老的主要承担者。修订前的《老年人权益保障法》也贯彻这一理念,确立以家庭赡养制度为基础,辅以扶养制度的养老制度。但目前面临的现实却是:一方面,失独老年人大量增加,达到数百万人之巨,使得以子女照顾为核心的传统养老模式受到冲击;另一方面,不少不肖子女侵占老人财产甚至为此闹上法庭,这些情况表明,子女未必一定是老人财产的最佳管理人。

2012年12月28日,中华人民共和国第十一届全国人民代表大会常务委员会第三十次会议修订通过了新的《中华人民共和国老年人权益保障法》(以下简称《老年人权益保障法》),修订后的《老年人权益保障法》自2013年7月1日起施行。新修订的《老年人权益保障法》对家庭养老做了重新定位,将“老年人养老主要依靠家庭”修改为“老年人养老以居家为基础”。同时,为保障失能失智老年人的人身财产权益,新法确立了老年人监护人制度。但这一制度在适用中面临的一大障碍是,对监护人和被监护人之间的权利义务关系没有清晰界定,尤其是监护人职责及对其监督的缺失是一个较大的制度漏洞。

民事信托制度作为一种与监护制度不同的制度选择,可以弥补监护制度对被监护人保护不力的欠缺,更好地保护老年人的权益。

第一,民事信托受托人与监护人管理财产的能力不同。监护制度中关于监护人的决定,有着法定的顺序,其不外以血缘或婚姻关系为取得监护身份的要素,这种监护人的设置完全通过法律规定或者有关机关指定,缺乏变通,也忽视了被监护人的自由意思;而信托受托人的选任,基于私法自治原则,可以由委托人自由选任,委托人可从最有利于受益人的角度,考虑财产管理的专业性或提供照顾的质量等因素。

第二,民事信托受托人管理信托财产负有较高的注意义务①。监护人管理被监护人的财产时,应与处理自己的事务为同一注意;而信托中的受托人管理或处分信托财产,应依信托本旨,以善良管理人的注意义务进行。

三、养老保障信托的主要形式——企业年金

企业年金是在企业依法参加基本养老保险并履行缴费义务的前提下,自愿建立的补充养老保障制度。建立和完善企业年金制度,既有利于保障和提高职工退休后的基本生活、构建多层次养老保险体系,又有利于改善企业薪酬福利结构,增强薪酬的长期激励作用,提高企业凝聚力和竞争力,是一项关系到企业长远发展和职工切身利益的制度建设。随着我国人口老龄化趋势的迅速发展,发展企业年金,调整养老制度结构,缓解基本养老保险第一支柱的支付压力,实现社会保障制度的可持续发展,是我国养老保障制度发展的必然趋势。

(一)企业年金的不同模式与比较

因历史文化和社会经济条件的不同,不同国家的企业年金制度在发展中形成了不同的组织运行模式。

1. 信托型。信托型是指企业年金基金独立于举办企业的自有资产,由受托人全权管理。受托人虽然有企业年金资产的合法拥有权,但没有受益权,企业年金计划的参加者拥有受益权。信托型企业年金管理方式源于英国。目前除在英国很普遍外,在受英国法律体系影响的澳大利亚、加拿大、爱尔兰、美国、南非等国也很流行,我国香港地区采取的也是信托基金型企业年金制。

2. 基金会型。基金会型与信托基金型类似,也是要求企业年金资产独立于举办企业,但由独立的基金会全权管理。由于欧洲大陆没有英美那样的信托基金形式,为保证养老资产的安全性,基金会应运而生。基金会可以以公司制或合伙人的形式组建,也可以是宗教或社会团体,或者是自然人联合体。它在法律上拥有养老资产的所有权,但受益人必须是仰赖计划的参加者。这种形式以荷兰和瑞士的企业年金运行模式为典型代表。

3. 契约型。契约型是指企业年金计划的参保人与某养老金管理公司签订书面合同,并缴纳保费。养老金公司以集合资产的形式运营养老基金,并收取一定的管理费。在这种形式下,集合的养老基金虽然与养老金公司的自有资金分账管理,但本身并不是一个独立法人,在法律上养老金公司并不拥有养老基金的所有权,养老基金的所有权、受益权均归属于参保人。这种运行模式的典型代表是智利,在南美其他国家也很

---

① 注意义务,是日本等大陆法系国家关于过失理论中的概念,指行为人能够而且应当预见到危害结果可能发生的情况下应尽的责任。

流行。

此外，还有公司型、内部管理型、代际调剂型等企业年金组织和管理模式，这取决于各个地区和国家的人文历史环境、法律制度的差异。

比较而言，信托型企业年金制度的特点和优势在于以下几个方面：

第一，企业年金的独立性。信托型企业年金制度的一个典型特点就是，企业年金计划资产作为“信托资产”由受托人进行管理。信托从法律上要求企业年金计划资产与受托人自有资产相分离，并受到信托制度的“隔离保护”，从而能充分保障企业年金计划受益人的利益。

第二，受托人责任的明确性。实行信托型企业年金制度的国家和地区，都将企业年金计划的受托人置于整个计划管理运行的中心地位，并在法律上明确规定了受托人的责任。

第三，信托的连续性。信托型企业年金不因举办企业和受托人自身情况的变化而终止，信托可以确定地为企业年金的目的得到持续管理。

信托型企业年金制度能够确保年金资产的独立与完整，并且通过相互制衡的治理结构设计和信托责任的落实，使受益人的权益得到最大程度的保护。

（二）我国企业年金的管理运行模式

1. 法律结构。我国企业年金制度依据《劳动法》《信托法》《合同法》及其有关行政法规建立和运行，采用信托型的法律结构。根据有关规定，建立企业年金的企业，应当确定企业年金受托人，受托管理企业年金。受托人可以委托具有资格的企业年金账户管理机构作为账户管理人，负责管理企业年金账户。同时，受托人可以委托具有资格的投资运营机构作为投资管理人，负责企业年金基金的投资运营。受托人应当委托具有资格的商业银行或专业托管机构作为托管人，负责托管企业年金基金。

《企业年金基金管理办法》规定，一个企业年金计划应当只有一个受托人、一个账户管理人、一个托管人和适量的投资管理人。受托人可以是企业成立的企业年金理事会，也可以是符合国家规定的法人受托机构，而可以申请成为法人受托机构的有商业银行、养老保险公司和信托公司。托管人只能是商业银行。

2. 企业年金计划的建立。根据《企业年金试行办法》的规定，企业建立企业年金，应当由企业与工会或职工代表通过集体协商确定，并制订企业年金方案。国有及国有控股企业的企业年金草案应当提交职工大会或职工代表大会讨论通过。企业年金方案是企业年金计划建立和运行的依据。

企业年金基金实行完全积累，采用个人账户方式进行管理。企业年金基金个人账户主要包括三个部分：企业缴费、职工个人缴费、分配到个人账户的企业年金基金投资运营收益。在达到国家规定的退休年龄时，职工可以从本人企业年金个人账户中一次或定期领取企业年金。未达到国家规定的退休年龄的职工，不得从个人账户中提前提取资金。职工变动工作单位时,企业年金个人账户资金可以随同转移。职工升学、参军、失业期间或新就业单位没有实行企业年金制度的,其企业年金个人账户可由原管理机构继续管理。职工或退休人员死亡后,其企业年金个人账户余额由其指定的受益人或法定继承人一次性领取。

3. 企业年金计划管理流程图(见图9-3)

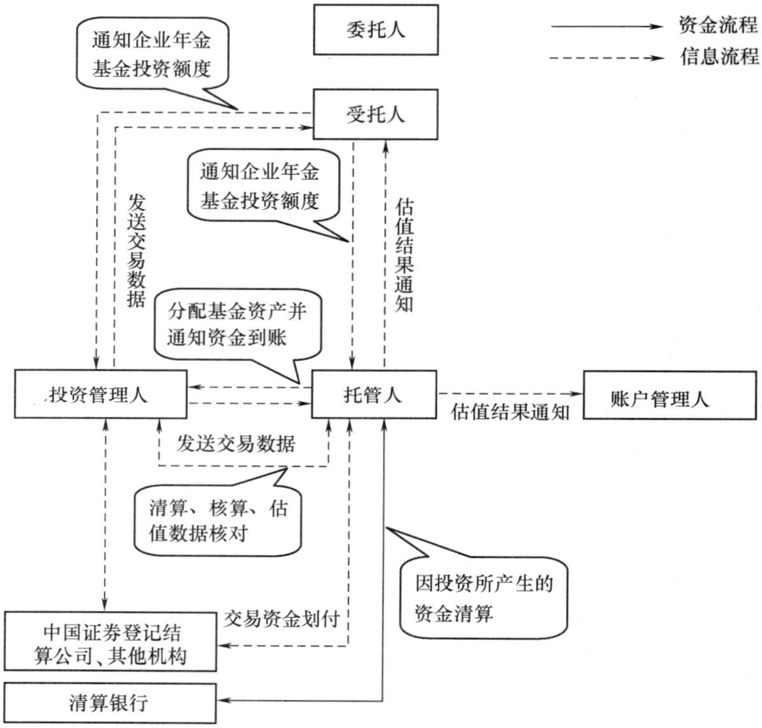

图9-3　企业年金计划管理流程图

(三)信托公司管理企业年金的前景展望

在我国,信托公司作为法人受托机构,在管理企业年金方面具有以下几方面的优势。

首先,在我国目前的金融分业经营、分业监管的法律环境下,信托公司最适合作为企业年金基金的法人受托机构。我国企业年金制度是依据《劳动法》《信托法》《合同法》建立和运行的信托型企业年金制度。依据我国《信托法》和《信托公司管理办法》的规定,信托公司是主营信托业务的金融机构,因此也最适合作为企业年金基金的法人受托机构。

其次,信托公司依据《信托法》和《信托公司管理办法》开展的各类信托业务,与企业年金受托业务具有同源性,在基本业务操作上具有一致性。信托公司开展其他信托业务的理念、实践与企业年金受托业务具有统一性,如受益人利益最大化是信托公司各类信托业务的本质要求,这也是企业年金受托业务的本质要求。信托公司信托业务所形成的组织结构安排、人力资源配置、运营系统设施等,完全可以应用于企业年金受托业务。因而,信托公司比其他法人受托机构更具备开展企业年金受托业务的条件和基础。

最后,信托公司作为业务综合性最强的金融机构,信托财产的运用跨越货币市场、资本市场、实业投资市场等诸多领域。这有利于企业年金资产未来实现更大范围多元化组合投资,从而更好地实现企业年金基金的保值增值。

综上,信托公司在管理企业年金方面具有独特的优势,而信托型企业年金模式为信托公司参与企业年金服务提供了发展空间和操作基础,因此,信托公司在企业年金业务的开展上将大有可为。

第三节 遗嘱信托

随着《物权法》的出台,个人财富的日益增加,公民的遗产继承问题也越来越突出。遗产的被继承人如何防范风险,保证财富稳定安全?如何将奋斗一生辛苦积累的财富用来保证自己的晚年生活,保障家庭及子女将来的生活、教育和创业,并进而使所创基业持久传承?遗嘱信托无疑是解决上述问题的一个非常适合的选择。

一、遗嘱信托在国外的发展现状

遗嘱信托是一种财产管理制度,是指立遗嘱人于遗嘱中载明将其全部或一部分财产在其死亡后信托于受托人,使受托人依信托本旨,为遗嘱中所定受益人或其他特定目的,管理及处分信托财产。

(一)英国的遗嘱信托制度

作为现代信托制度的发源地,英国的信托制度已有600多年的历史。传统的民事信托业务一直以来都是英国信托业的主要组成部分,占据着重要地位,是人们经济生活中不可缺少的财产管理工具。对于自己身后财产的安排,英国人通常会采用信托的方式进行规划与布置,通过设立"遗产信托基金"来管理和使用自己的财产。所以,遗嘱信托制度在英国是被人们所广泛运用和接受的,同时英国的遗嘱制度经历多年的实践与探索,其在各个方面都发展得比较完备,不仅有大量丰富而又翔实的司法判例,而且有关信托的各个方面的专门立法也相当完善,仅受托人方面的专门立法,英国就先后颁布了六次,详细地规定了受托人的义务与权利,很好地促进了本国信托各项业务的开展。所以,相对其他国家来说,英国的遗嘱制度信托的地位是无人能比的,其相关制度是比较全面与完善的。

(二)美国的遗嘱信托制度

作为世界上信托活动最发达的国家,信托制度自传入美国后便受到重视,信托业与银行、保险形成三足鼎立之势。在美国,民事信托和商事信托同样发达。在各种各样的民事信托形式中,遗嘱信托是人们在理财与遗产规划中所选择使用的最为主要的信托形式。美国的一些名门望族,如前面提到的肯尼迪家族、洛克菲勒家族的产业多是使用遗嘱信托的形式,以保持其长久性的传承。因为美国对遗产继承普遍征收高额税金,其遗产税率最高可达到55%,立法又对单个主体一生之赠予或是继承免税总额限定为67.5万美元,所以遗产信托的设立就成为美国人遗产规划中特别重要的一环,是一个重要的理财工具;同时由于美国本身的文化制度方面的原因,事先做好财产分配的规划被美国人视为自己生前的责任与义务。在美国的家庭与个人,其财产从理财规划、合理节税到整体分配与继承,一般都交由专业人士进行规划制定,遗嘱信托因其独特的制度设计也就成为人们的最佳选择。美国的信托制度并不是英国信托制度的简单移植,其一方面汲取了传统信托制度之民事信托的基本形式,另一方面又不拘泥于传统并进一步拓展了信托制度之功能优势,特别是对信托功能之财产管理功能的发掘最为突出,由专业公司的形式(主要是商业银行)取代个人的形式进行相关的经济投资,实现信托财产的保值增值。因此,相比世界上其他国家,美国的信托业结构可以称得上是最为完整的,信托制度的功能优势也得到了最大限度的发挥,当然遗嘱信托也就非常发达。

总的来说,遗嘱信托制度随着信托制度的产生与发展,到现在历经几个世纪的发展,逐渐成为一种独特的财产管理制度,具有多样化的社会功能,现为英、美等国人们所广泛采用。

(三)遗嘱信托是一种有效的财富传承工具

英美的遗嘱信托制度通过信托财产所有权和收益权的分离,使信托财产可按委托人的愿望在受托人手中进行管理,得到不断的积累,信托之遗产得以传递,极具灵活强大的制度功能。

1. 遗嘱信托能使委托人意志外化。通过设立遗嘱信托,委托人可以将财产交给具有专业知识的组织或个人管理,这些专业人士按照委托人的意愿,为遗产进行合理的规划、专业的管理并确保委托人理念在其死后仍被执行。

2. 遗嘱信托能配合节税规划。信托制度产生的原因之一就是为了规避赋税,这点在遗嘱信托中得到了特别体现。世界各国对于遗产继承常常会收取遗产税,而遗产税不仅有着高额的税率而且多使用超额累进税率,同时还需要现金支付。所以,继承的财产越多税率就越高，“最高边际税率”往往可高达40%～50%，一笔巨额的财产在经过二至三代继承，仅仅由于遗产税的缴纳就会使这笔财富损失大半。以美国为例，遗产继承时要交付一笔数量可观的遗产税，其遗产税税率范围为18%～49%，一笔通过继承父母遗嘱的财产，再转由自己的子女继承时，就需缴纳两次遗产税，财产自然就缩水不少。但通过设立遗嘱信托，特别是设立“隔代继承”信托，能规避绝大部分的遗产征税，使整体赋税得以大大降低，且代隔得越多所节省的遗产税就越多。同时，英美国家的信托财产具有双重所有制特性，在整个信托的运行过程中，除了信托管理费用外，几乎没有别的支出，不仅能使财产保值增值，而且大幅度降低了遗产税赋。

3. 遗嘱信托能实现财富顺利传承。信托具有优先性、免责性与超越性之特点。当信托成立后，受托人便拥有信托财产的所有权，委托人则失去对信托财产的一切权利，那么委托人的债权人则无法追及信托财产；而受托人只是名义上的所有权，其债权人也无权追及；而受益人在信托期间，其仅是享有信托利益，其债权人也无权对信托财产提出主张。遗嘱信托不但确保了财产的稳定而不至于造成财产的流失，同时它又可以帮助在财产管理上处于弱势地位的人，如继承人中的未成年人和没有理财能力的成年人等，从而实现财富的顺利传承。

4. 遗嘱信托能减少继承纠纷。随着个人财富的增长与法律意识的增强，遗产继承引发的纠纷也日益增多。在英美等许多国家，遗嘱信托越来越多地被人们采用以防止此类纠纷，遗嘱信托在这些国家为此也越发完善。通过设立遗嘱信托，将遗产交与受托人持有、管理，由受托人将信托的收益公平地分配给遗产的继承人。这不仅能使遗产保持完整而不被分割，克服某些财产（如实物、股份等）不易分割的弱点，同时受托人处于中立地位，并且具有较强的处理遗产的能力。这样，通过遗嘱信托就避免了遗产分配可能导致的遗产贬值、经营权的旁落，同时也可以有效防止遗产管理混乱所产生的分配纠纷。

二、我国财富传承之困境

随着我国经济快速发展，居民个人财富不断增长，遗产继承问题日渐凸显。据国家统计局公布的数据，2012 年我国国内生产总值为519 322亿元，比上年增长 7.8%；全国城镇居民人均可支配收入已达24 565元，比上年名义增长 12.6%，扣除价格因素实际增长 9.6%，增速比上年加快 1.2 个百分点；2012 年全国农村居民人均纯收入达到7 917元，比上年名义增长 13.5%，扣除价格因素实际增长 10.7%，增速比上年回落 0.7 个百分点。

在我国居民收入普遍增长的同时，财富的继承已成为当前社会一个突出问题，从近年来不断见诸报端的有关名人遗产争端事件可见一斑。比如著名相声演员侯耀文突然去世后所留下数千万元遗产，由于并未留下遗嘱，在两个女儿间发生纠纷，导致去世两年后骨灰仍未入土为安；画家陈逸飞猝死后，其上亿元遗产因未留有遗嘱使其遗孀宋美英和他的第一任妻子张芷及其子陈凛之间展开遗产争夺战。不仅仅是这些名人，还有经济改革后一批成功的民营企业家，经过长年的努力获得了上千万乃至上亿的资产，现在也开始面临着如何将产业在儿女手中传承的问题。当然，普通百姓虽无巨额遗产但也同样面临遗产处理中的各种问题。如何既能做到兼顾各方利益，又能使自身的财产价值得到充分的发挥，这些问题都亟待解决。

目前，一些香港明星已经开始运用遗嘱信托这一有效的工具，通过设立遗嘱信托基金的方式来处理遗产，使遗产能按自己的意愿进行管理与分配，避免了诸多不必要的纠纷。香港艺人梅艳芳生前知其母亲覃美金不善理财且喜挥霍，因而设立遗嘱信托，由受托人汇丰国际信托有限公司成立专项基金对其遗产予以管理、投资。据称，遗嘱中详细订立了她身后财产的规划内容，包括交付信托后遗产的管理、分配、运用及给付等。

可见，运用遗嘱信托可以很好地解决我国目前的财富传承难题。然而遗嘱信托制度虽在法律上得到了认可，但在现实生活却很少得到人们的运用。我国自 2001 年颁布《信托法》以来至今已经有 10 余年的时间，该法在第八条第二款中规定了信托的设立形式包括合同、遗嘱和其他法律规定的书面形式，又进一步在第十三条中，用两款条文规定了遗嘱信托。因此，从立法上来看，我国是有遗嘱信托制度的，但是在司法实践中，我国的遗嘱信托制度并未真正起步。一方面是由于我国对遗嘱信托制度的研究较少，换言之，在遗嘱信托的制度本身上缺乏必要的理论建设；另一方面在于诸如律师公证制度、遗产税制度等相关配套制度尚不健全。

三、我国遗嘱信托的完善和发展

从前文的阐述中可知，遗嘱信托制度在我国有着广阔的发展前景，但是，由于我国现有法律框架下遗嘱信托制度还存在很多缺陷和不足，所以遗嘱信托制度的完善过程必然艰辛。具体而言，我国遗嘱信托制度应从以下几个方面进行完善。

（一）遗嘱信托应适用登记对抗主义

根据我国《信托法》第十条的规定，设立信托时，对于根据法律规定需要办理登记的信托财产，应当办理登记，不登记该信托不产生效力，其目的在于通过对财产的公示以有效保护第三人的合法权益。但是，保护第三人的目的前提是制度本身能够得以有效运行。对于遗嘱信托而言，登记生效主义会使得被继承人设立遗嘱信托的愿望落空，遗嘱信托制度也无法正常运转。首先，如果申请信托财产登记的是委托人，那么其只能在生前协助受托人办理登记过户手续，可是根据继承法对遗嘱效力的规定，此时遗嘱信托并未产生效力，根据一份没有效力的协议去办理登记从法理上来说是行不通的。其次，如果按照《继承法》的相关规定，待遗嘱生效时由受托人去办理登记，那么根据《信托法》第十条的规定，该信托协议根本没有生效（因为没有登记），以一份未生效的信托文件去办理财产登记，会陷入委托人生前办理登记时同样的困境。所以，要么对《信托法》第十条进行限缩解释，即此处所指的信托不包括遗嘱信托；要么，借鉴《日本信托法》的理论，明确规定遗嘱信托适用登记对抗主义。遗嘱信托涉及的财产需要登记的，按照《物权法》的规定进行登记，但是登记与否不影响信托协议的效力，不登记仅不得对抗第三人。

（二）应该明确信托财产登记申请人

由于我国《信托法》没有指出谁负有信托财产登记申请的责任，信托财产的登记申请人需要进一步明确，否则在司法实践中由于申请登记人不明确而产生许多障碍。从理论上来说，委托人与受托人都可以进行信托财产登记的申请。但是，如果委托人在生前，根据与受托人签订的信托文件（此时并不是遗嘱信托）去办理登记，则类似于日本的生前信托。由于我国现在并没有生前信托的概念，所以，在遗嘱信托领域，信托财产登记的申请人应该明确为受托人。

（三）完善遗嘱信托的形式

根据我国现有的《继承法》和《信托法》的规定，我国的遗嘱信托的形式只能是书面形式，但是，这样的制度设计并不适合遗嘱信托制度的发展。比如说对于濒临死亡的委托人，书面形式的规定很可能会使得委托人设立遗嘱信托的愿望落空。而如果承认口头遗嘱信托的效力，则会避免这一情况。因此，本书认为，在遗嘱信托领域，信托的形式应该不限于书面形式，而应参照《继承法》对遗嘱形式的规定设计。

（四）引入律师见证制度

根据我国《继承法》的规定，遗嘱的形式可以是公证遗嘱，而且与其他遗嘱形式相比，在同等情况下公证遗嘱的效力级别要高。但是，在公证机构公证日渐成熟的今天，也应借鉴国际惯例，在遗嘱信托领域完善我国的律师见证制度。这是因为：第一，遗嘱信托本身作为遗嘱人隐私性的事务，律师见证比公证机构公证有着天然的优势；第二，对于比较紧急的情况，如口头遗嘱信托的情况，律师见证的可操作性要比公证机构强，所以律师见证可以解决公证机构公证不能解决的事项；第三，在遗嘱信托中，见证人的行为能力、个人品德、专业素养等都非常重要，而《继承法》中规定的遗嘱的见证人无法达到这一高标准，律师作为具有法律专业知识的人才，作为见证人的优势显而易见。

（五）建立我国的遗产税制度

遗产税是国家对死者留下的财产所征之税，其设立目的在于防止贫富差距过分悬殊，并对增加政府和社会公益事业的财力有重要意义。在西方国家，遗产税率是相当高的，大多采用超额累进税率。对于富商巨贾来说，所谓的巨额财产经过几代的传承后最终将会所剩无几，而遗嘱信托制度，由于其具有的隔代传承功能，完全可以实现一次财产转移、传承数代遗产的效果，从而从根本上降低了遗产税缴纳的次数。尽管我国目前还未开征遗产税，但是遗产税的征收是一个必然趋势，并且开征遗产税已经列入我国税制改革的议程，所以，遗嘱信托制度所具有的合理节税功能必将使遗嘱信托迎来大发展。

综上所述，我们应借鉴发达的英美遗嘱信托制度，还遗嘱信托以本貌，承认信托财产的双重所有权制度，并在此基础上进行不断的立法完善，构建起符合我国国情的遗嘱信托制度体系。只要有了合理的遗嘱信托制度体系，遗嘱信托这种财产管理方法在我国必将会得到广泛运用。

第四节　家庭财产类信托

家庭财产类信托是财产信托的一种，即由婚姻关系的一方或双方作为委托人，信托公司按委托人的意愿，为受益人的利益或特定的目的管理或处分信托财产。委托人可设立财产分配法则来保障资产的稳定，达到传承财产、保护隐私、避税等目的。委托人每年需要给信托公司一定的管理费，管理费差别也较大，通常每年在信托财产的1% ~4%。

一、家庭财产类信托发展现状

家庭信托是国外常见的理财方式。在美国，家族信托由来已久，最初出现于19世纪末20世纪初，即镀金年代（Gilded Age）来临之初，由一些富裕家庭创造。早期的家族信托设立方式较为单一。在经历了长达25年的经济繁荣时期后（被称为美国的第二个镀金年代），许多州的法律变得更灵活，设立和运营家族信托也变得更加容易，富人因此更容易实现其财富规划和传承的目标。目前在欧美发达国家，个人信托市场占据信托市场的70%左右。在国内，2013年1月平安信托成立了国内首只家庭信托，才使得这一业务在国内首次破冰，而以往国内富豪做财产信托，一般都要通过海外的信托公司。

国内家庭信托类型的产品发展得比较缓慢主要是由于受期限、制度以及理财观念的影响。首先，国内信托产品的期限一般就是2 ~3年，信托到期之后还要续做，操作上非常麻烦。而国外有比较成熟的长期运作信托服务，类似于基金。其次，受到传统理财观念的影响，国内很少有人愿意将家庭的资产完全交给信托机构来打理，缺乏对信托机构的信任度。然而信托的根本就是信任，而信任的前提是“充分了解”。但由于家庭信托在我国才刚开始，不少高净值人群并不了解家庭信托。此外，国内信托在家庭财产类信托运营上的动力不足。目前信托公司热衷于做融资类项目等盈利空间很大的传统业务，开展财产类信托等业务的积极性并不高。最后，由于国内信托发展时间短,按照我国现行法律体系,成立家庭信托并不受法律与制度上的限制,但同时也缺少相应的配套制度安排,这些都成为制约家庭信托业在我国发展的重要因素。

二、家庭财产管理需求

(一)家庭财富传承的需求

根据民生银行与麦肯锡咨询公司联合发布的《2012 中国私人银行市场报告》估计,未来 3 年,中国高净值人士人数复合年增长率将达到 20%,到 2015 年,高净值人士人数将达到 200 万。其中,企业主和公司主管占比达 73%,企业性质以民营为主。同时,招商银行与贝恩咨询公司 2013 年 5 月联合发布的《2013 中国私人财富报告》指出,2012 年中国个人总体持有的可投资资产规模达到 80 万亿元,高净值人群规模超过 70 万人,报告预计 2013 年中国高净值人群规模将达到 84 万人。

目前,中国高净值人士以 40 ~ 60 岁年龄段的中年人士为主,多为"富一代",对他们而言,如何保证财富传承将成为他们未来重要的关注点。《2013 中国私人财富报告》提到,高净值人士更加关注"财富保障"和"财富传承"。目前金融市场上偏向以追求收益最大化为目标的财富管理产品并不太符合高净值人群的需求。另外,《2012 中国私人银行市场报告》也特别强调,中国高净值人群中有 62% 的人士希望增加创新产品,例如信托、PE 等的投资比重。

信托实施不仅关系到受益人的利益,更关系到委托人的意愿能否得以实现。据了解,相对于其他类型的信托,家族信托产品可以定制,能够为高净值人士提供针对个人需求的差异化产品;并且在产品存续期间,资产配置方式和策略也可以根据委托人的实际情况和风险承受能力进行灵活调整。在受益人设置及信托财产的分配上,家族信托可设置他益受益人,可中途变更,限制受益人权利。在信托利益分配上,可选择一次性分配、定期定量(比例)分配、不定期不定量分配、临时分配、附带条件分配等多种方式。对高净值人士来说,家族信托的这些特征可以避免将来可能出现的家产纠纷,因而具有很大的发展潜力。

(二)离婚财产分配需求

现代中国社会,婚变成了一件越来越普遍的事情。我国的离婚率呈逐年上升趋势,如图 9 - 4 所示,从 2004 年的 1.28‰逐年上升到 2012 年的 2.29‰,并呈现继续上升的趋势。

不仅离婚令人情感受创,离婚时的财产分割更令双方心力交瘁。比如离婚后孩子由母亲负责抚养,分给母亲的家庭财产再加上子女抚养费,会是一笔不小的财富。但如果母亲不是一个管理财富的好手或者再婚后财产被再婚对象侵占,很可能还未等到子女成人,财产就已经所剩无几。再比如离婚夫妻一方或者双方开办了企业,而离婚

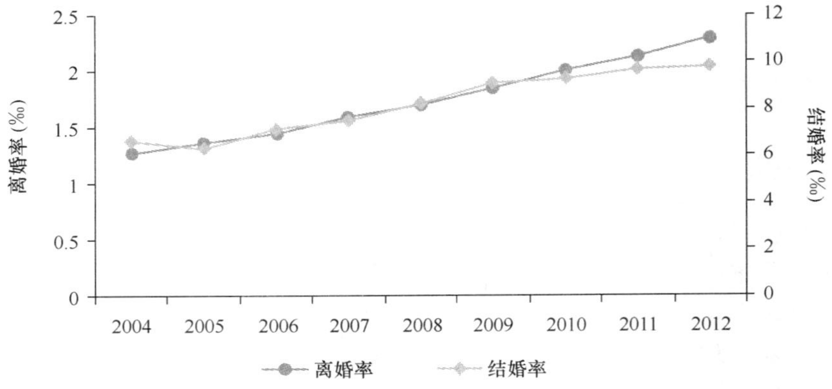

图 9－4　2004～2012 年的结婚率和离婚率

资料来源:民政部网站。

纠纷如果不能妥善解决,很可能会给企业经营带来严重的负面影响。一个典型的例子是土豆网创始人王微与新闻主播杨蕾之间的离婚纠纷。因为这起纠纷正好发生在土豆网准备赴美 IPO 之时,诉讼直接导致土豆网 IPO 的失利,这使得土豆网败给了一直以来势均力敌的竞争对手优酷网,并最终被其吞并。而离婚信托可以很好地解决上述问题。

从理论上说,离婚信托往往是由婚姻中比较富有的一方设立,将赡养费作为信托财产,转移到受托人或信托公司名下,设立专项账户,由受托人或信托公司进行管理或投资理财,并定期向比较贫穷的一方支付生活费。举个例子来说,有一对夫妻结婚多年并育有一子,后来两人离婚,根据协议,孩子归母亲抚养,丈夫一次性支付妻子赡养费 200 万元。为了防止前妻再婚后赡养费被再婚对象占有,丈夫到信托公司设立一份离婚信托。具体做法是:首先,将 200 万元的离婚赡养费作为信托财产与受托人或信托公司签订合同;接下来,将 200 万元放入信托专项账户,由信托公司进行管理,可以投资一些低风险稳健型的理财品种;最后,在信托合同上写明,信托公司要每月支付前妻生活费5 000元,并负担疾病等突发事件的费用支出,其余理财增值收入划入信托账户。这样一来,母子两人可以定期取得相应的生活费,但却不能动用全部的财产,而且因为 200 万元的财产是在信托名下,即使孩子的母亲再婚,也不具有这部分财产全部的所有权,她的再婚对象也无法动用这部分财产。我国目前已经出现了采取信托方式解决离婚财产纠纷的案例。

背景链接

吴亚军离婚引出家族信托财产隔离成新方向

人已散，曲未终。一宗上市公司掌门人离婚"分家"的焦点事件，将幕后的明星——家族信托，再一次托出了水面。2012年11月21日，龙湖地产掌门人吴亚军与蔡奎离婚的消息传出，而吴蔡二人先前所采用的英、美法律体系下的家族信托安排，使公司的经营未受大的影响。相比一些上市公司大股东家庭离异所造成的灾难性后果，这场事关企业稳定与家族财富传承的财产分割范本无疑是成熟且具有前瞻性的。

近年来高歌猛进的中国信托业，已将业务拓展到家族信托、财富传承等领域。虽然这一领域在国内还未得到投资者较广泛的接纳，但除了"理财"功能之外，信托制度本身所具有的丰富的服务功能正在慢慢"醒来"。

龙湖地产的首发招股说明书显示，早在2007年11月，吴亚军与蔡奎在开曼群岛注册了纯属空壳的龙湖地产，其股权由两家BVI公司（英属维尔京群岛成立注册公司）Charm Talent以及Precious Full持有。到2008年1月，吴亚军与蔡奎在英属维尔京群岛又注册了一个名为Long for Investment的公司，该公司股权由龙湖地产100%控股。2008年6月，Long for Investment收购了夫妇俩打算用于上市的资产——嘉逊发展的全部已发行股本。Long for Investment收购了嘉逊发展后，又将股权分别以19.2亿港元和12.8亿港元的价格转让给Charm Talent和Precious Full。几乎与此同时，吴亚军与蔡奎将上述两家公司持有的股权再次进行了转让。吴亚军将Charm Talent所持有的所有嘉逊发展的股份以零代价的馈赠方式全部转让给Silver Sea，结算为吴氏家族信托；而蔡奎也将Precious Full所持有的全部嘉逊发展股份转让给Silver land，结算为蔡氏家族信托。吴氏家族信托在当时持有龙湖地产的比例为46.9%。经过一轮配股以及回购之后，目前吴氏家族信托的持股比例为43.18%。吴氏家族信托的受益对象为若干吴氏家族成员以及一个名为Fit All的信托，这个信托的受益对象为龙湖地产的员工及管理层，旨在进行股权激励。作为彼时吴亚军的丈夫，蔡奎也被视作拥有这一部分股份的权益。蔡奎的信托名为蔡氏家族信托，目前持有龙湖地产的比例为28.79%。其受益对象为若干蔡氏家族成员以及Fit All信托。而这一部分股权的权益同时也由蔡奎的前妻吴亚军拥有。吴、蔡二人的家族信托情况见图9－5所示。

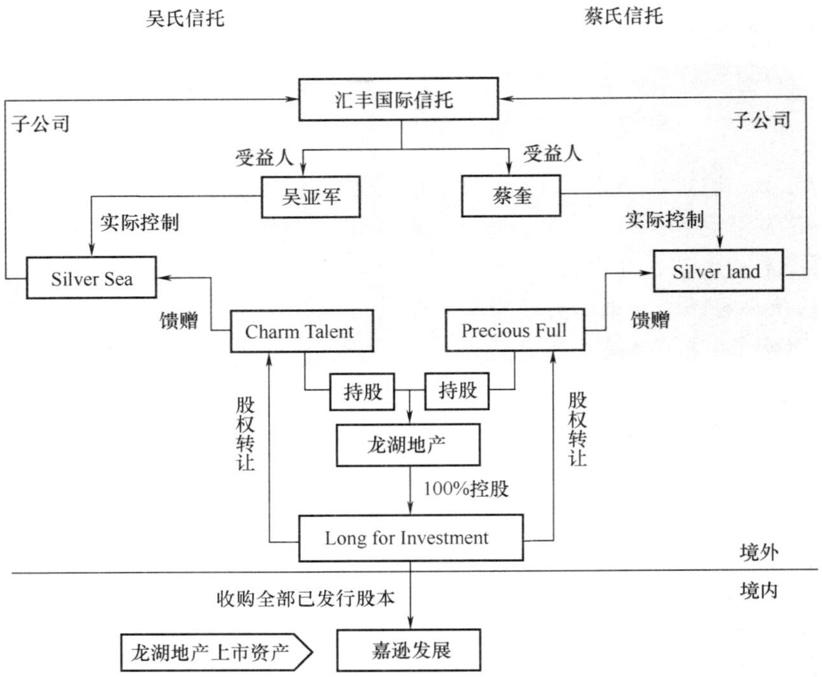

图9-5　吴亚军、蔡奎家族信托示意图

信托为独立财产,在离婚时不视为夫妻共有,不需要分割。也就是说,并不是离婚让蔡奎获得了超过200亿港元的财富,而是从信托成立日起,这部分已经是蔡奎的独立财产。在这一架构下,无论吴蔡两人的身份性质发生了何种变化,公司股权最终都需要通过家族信托基金汇于一体产生效力,这在一定意义上保障了两大股东行动的一致性。

有关人士指出:"如果按照国内对信托计划的划分来看的话,龙湖地产设立的几个信托计划大概可以认为是通道型的事务管理类信托计划,信托机构不参与主动管理,只是完全按照委托人的意愿以实现约定的条款运作信托资产。"对于事务管理类信托,上述人士给出的定义是:通过设立动产信托、不动产信托、股权代持信托、家族信托、遗嘱信托等产品,帮助其解决税务筹划、事务管理等问题。这种类型信托的好处是,事务管理类的产品可以完全按照委托人的意愿行事,与现行的集合信托相比,不需要投入大量精力开发,更不用耗费大量人力去销售,成本极低,信托公司只提取一定的管理费。

发达国家大家族通过信托来传承资产的历史由来已久,美国洛克菲勒等大家族长盛不衰的背后都有家族遗产信托的支撑。洛克菲勒家族从1934年开始为后人设立了一系列遗产信托,家族中有能力的人可以参与企业管理,凭自己的实力担任一定的职务,大部分人则定期从信托基金获得一笔生活保障金。遗产由管理机构进行专业管理,不受继承人直接控制,继承人无法随意挥霍,同时信托基金所产生的收益或部分本金可以按遗嘱规定定期支付给继承人,保障他们的生活。

据了解,目前采用信托基金代管持股在香港大型上市公司中也非常普遍,香港的富豪或名人,如长江实业(李嘉诚家族)、恒基地产(李兆基)、新鸿基地产(郭氏家族)、恒隆集团(陈启宗)、英皇国际(杨受成)、大新银行集团(王守业)等均于多年前已成立并透过各自的家族信托基金持有上市公司股票;另外,其他内地房地产公司如"雅居乐"和"SOHO中国"也采用信托基金形式持有公司股票。

在信托行业发展时间较长的欧美及中国香港地区,家庭信托之所以得到众多的家族企业及高净值人士的青睐,就在于它的作用不仅仅体现在理财上,而更是在财产安全隔离、财富灵活传承、避税增值保值和信息严格保密等方面能灵活发挥作用。龙湖地产的大股东无疑将信托的财产安全隔离作用发挥得淋漓尽致。

(引自2012年12月11日新浪财经《吴亚军离婚引出家族信托财产隔离成新方向》一文,略有改动)

(三)合理避税的需求

除了财富传承之外,家庭信托提供的"合理避税"也是高净值人群关注的重心。有计算显示,由于美国遗产税的最高边际税率高达45%,假设遗产传承三代,通过隔代信托可能会帮助继承人节省高达73%的税收。在中国,随着法律法规和税务制度的不断完善,税收因素也对企业和家庭产生了重要影响,无论是境内或境外,税收影响投资收益率,也影响融资成本;税收影响财富的安全,也影响财富的传承。境内、境外税务环境错综复杂,积累起丰厚财富的企业家却并不熟悉这方面的法律法规和相关情况。因此,在为高端客户进行财富保障和传承的规划设计中,专业的税务筹划与法律规划就显得尤其重要。合理避税是指构建一个立体的税务筹划系统,为高净值人群理清所有税务和法律风险,从境内、境外的税收,到家庭、个人的税收,都能助其获得在税收方面的法律支持。为了达到"合理避税"的目的,一些信托机构会主动联合全球知名会计师事务所,为高端客户的家庭和企业提供综合金融服务,在税法规定的范围及符合立法精神的前提下,为其提供专属的税务咨询与筹划服务。通过对客户家庭和企业的经营、投资、理财活动的综合规划,帮助客户获得合理合法的节税收益。在此基础上,为了满足客户家庭及家庭成员多元化的综合服务需求,也为客户提供法律咨询,以应对婚姻财产及子女传承的需求。

第五节　子女保障信托

子女保障信托,即由委托人(即父母、长辈或子女本人)和受托人(即信托机构)签订信托合同,委托人将财产(一般为金钱)转入受托人信托账户,由受托人依约管理运用。透过信托机构专业管理及信托规划的功能,定期或不定期给付信托财产予受益人(子女),作为其养护、教育及创业之用,以确保其未来生活。这种信托广泛运用于子女海外留学费用的给付、离异子女的抚养费支付、提供未来孩子教育及创业基金等。

一、子女保障信托的发展现状

在美国,父母为自己的子女设立专门财产信托是一种非常普遍的现象。子女信托设立后,由特定的受托人持有并管理信托财产,其目的在于满足孩子的教育和其他重要费用支出。美国税务局为鼓励父母设立子女信托,还给予这种信托赠予行为每年11 000美元的特定免税额。子女信托的好处在于受益人子女虽然可以享受财产但不能对财产进行自由支配,因此有助于防止子女在自理能力不足时浪费财产。比如对于在美国留学的海外小留学生而言,他们的父母完全可以通过设立子女信托帮助小留学生们管理财产。

虽然在中国内地,子女保障信托还算是个新名词,可在欧美和港台等地,以子女保障为目的的家族信托基金的设置却相当普遍。IBM 掌门人沃森曾设立了一笔数百万美元的信托基金,以自己的孙辈为受益人,他们年满 35 岁就可以支配基金中各自的份额。新闻集团掌门人默多克与邓文迪的两个女儿也在家族信托基金中享有收益。伴随家族信托基金的大量设立,产生了众多通过家族信托基金获得大量财富的信托基金宝贝。当这些宝贝年幼时,就有一个信托为他们而设立。它一般先由一个委托人信任的人或机构管理,直到孩子的年龄足够大(往往是 18 岁或 25 岁),才可以参与财富的管理。帕丽斯·希尔顿的祖父 2007 年把希尔顿酒店集团以 200 亿美元的价格出售给私募集团百仕通,并宣布将名下净资产(约 23 亿美元)及信托基金的 97% 捐赠给康拉德·希尔顿基金会,但这并不影响已拥有为己而设的家族信托基金的帕丽斯的生活。香港船王许爱周之孙、中建企业主席许世勋之子许晋亨的收入同样来自家族信托基金。许爱周 20 世纪 40 年代创立中建企业,积累了大量财富,他将名下重要资产,如香港中建大厦、遐宁大厦、亚细亚行、湾仔爱群大厦、中怡中心等楼宇和亚洲货柜股权,置入周兴置业旗下,并以家族信托基金持有,由许世勋三兄弟共同掌管,家族成员每月在基金内支薪,但不能直接分得遗产。

二、子女保障信托的优点

子女保障信托的优点主要有:首先,同家庭财产类信托一样,专业的信托机构可以帮助委托人进行专业的税务筹划,达到合法避税的目的。其次,由于长辈可以生前事先进行子女保障信托的规划,而且有助于防止子女在自理能力不足时浪费财产,从而解决了其后顾之忧。而且,信托不同于其他投资产品,设立一项信托意味着所有权的暂时转移,所以就算父母或者家庭出现意外,这笔委托资产因为是独立于家产之外的,会受《信托法》保护,不受委托人、受托人以及受益人的债权人强制执行,所以会照常运作下去,一直保障孩子的教育和生活。当然,就算是受益人也没有权力对信托资金随便挪作他用。对于多子女的家庭,为保证每个孩子都能得到必要的教育和医疗资金,可以利用多子女信托,父母为每一个孩子都建立单独的信托。多子女信托不仅在父母面临财务风险的时候可以保障子女的基本利益,也可以避免子女之间出现明显的财产纠纷或冲突。同时,由于财产交由专业的信托机构管理,可以避免信托财产缩水或因自己理财不当而未达到保障子女的目的,信托机构会定期提供理财报告,使得委托人的权益能够得到有效的法律保障,避免财产被恶意侵占。

背景链接

8 岁女孩成国内首单信托宝贝 将受家族信托庇护 50 年

美国名媛帕丽斯·希尔顿经常出现在时尚杂志和媒体娱乐版,主题永远是在何处购物、到哪里度假;香港船王许爱周之孙许晋亨,娶了明星李嘉欣,也是八卦杂志追逐的红人……含着金汤匙出生的他们永远不用工作,却过着富贵光鲜的生活,全因身后有家族信托基金的强大支撑。因此,他们有一个共同的名字——信托基金宝贝。

随着"富一代"们开始考虑财富传承问题,中国内地的信托基金宝贝也已经出现了。2013 年 7 月 17 日,内地首单财富传承家族信托已经与招行私人银行正式签约 ,一名 8 岁的小女孩也将在未来 50 年获得"希尔顿式"的财富保障。签约的杨先生年近 60 岁,正在认真考虑未来孩子去美国留学及自己的养老问题。杨先生有三个子女,两个儿子已成年,小女儿仅 8 岁。目前他在境内的资产较多,有自住、商用物业,股权及金融资产。他希望子女在美国接受教育后,未来能回国工作。为使家族财富传承得到妥善安排,2012 年时他就开始考虑在境内设立家族信托。杨先生拿出5 000万元资产与招行私人银行签约,其中主要是现金。信托受益人为三个子女。他们将根据父亲杨先生设定的期限和领取方式定期领取薪金,信托期限设定为 50 年。遇到婚嫁、买房买车、创业、医疗等大事,也都可以从

> 信托基金中拿钱埋单。
>
> 为防止信托基金宝贝们成为纨绔子弟,一些富人在设立信托时会专门设置"败家子条款",即禁止受益人转让、授予或者处理信托财产,对受益人的权力进行限制。也就是说,在信托契约设计时,信托机构可以依据父母对子女的期望设定拨放财产的条件,如所发款项使子女只够过中产生活,或只能用于医疗、教育等支出,同时也防止子女因欠债或离婚而损失信托资产,达到"即使你不能拥有这些财产,也没有人可以从你那儿夺走它"的目的。
>
> (引自2013年7月18日《北京青年报》,《8岁女孩成国内首单信托宝贝 将受家族信托庇护50年》)

除上述四种主要的信托类型外,信托公司还可以尝试发展教育信托,即由学生家长或由愿意为该生负担教育费用的其他主体作为委托人将其拥有的合法财产委托给受托人进行专业管理,以相关学校为受益人,从而减轻普通家庭的教育支出,推动我国公益性教育事业的发展;发展与职工福利或退休制度结合的信托业务,如办理企业职工持股信托、企业职工储蓄信托或退休金信托业务;等等。随着信托观念的普及,以及人们对于民事信托需求的增加,民事信托将发展出越来越多的种类。

第十章　公益信托：趋于完善与进一步发展

美国钢铁大王、公益之父安德鲁·卡内基一生取得了大量财富，去世前他几乎将全部家当捐于慈善事业，并留下“我只是上帝财产的管理人，在巨富中死去是一种耻辱”的传世名言。公益信托制度自出现至今已有400多年的历史，因其与普通信托相比，具有设立成本较低、灵活性强以及利于财产的保值增值等特点，因此，在英美法系的许多国家，公益信托的应用领域十分广泛，在医疗、救济、教育等多项公益事业方面扮演了极其重要的角色。

我国2001年制定的《信托法》专门对公益信托制度进行了规定，并且在法律中明确规定我国鼓励公益信托的发展。但是，公益信托的身影在我国信托实践中却难觅踪迹。2008年汶川地震以后，首次出现了通过公益信托方式开展灾后重建的案例，这引起了学术界和实务界对公益信托的关注和讨论。

随着我国居民财富的增加，社会公益逐渐成为经济生活中重要的内容。目前，我国参与公益事业的机构和个人已经形成了一个庞大的群体，并日益发挥着越来越大的社会和经济影响力。以基金会为代表的公益机构积累了大量的善款，并在资金募集、扶贫救灾、社会救济方面积累了丰富的经验，也获得了社会认可，但是，基金会在实践中仍存在诸多问题：如管理的行政色彩浓厚、资金保值增值困难、资金运用不透明等，尤其是近几年基金会资金去向不明的丑闻频繁爆发，使公众对基金会的信任度日趋下降，严重阻碍了公益事业的发展。反观在英美国家已历经数百年的公益信托，为英美国家的社会福利事业的发展发挥了不可替代的作用，其制度也在不断发展过程中趋于完善。因此，借鉴国外的经验，探讨公益信托在中国的发展模式以及发展前景，具有重要的意义。

第一节　公益信托的内涵与外延

一、公益信托的基本概念

公益信托起源于英国的慈善信托，在英美法上被称为 Charitable Trust 或 Community Trust。公益信托是私益信托的对称，严格意义上的公益信托是指完全以实现公共事业为目的并以全社会或部分社会公众为受益人的信托。更具体地说，公益信托是指委托人将财产或者财产权转移予受托人或为其处分，由受托人为救助贫困或者发展文化、教育、医疗卫生、环境保护、科学技术事业，或为其他公共利益，管理或处分信托财产的信托行为和信托关系。

在英美法系信托制度的影响下,大陆法系的国家和地区在其所建立起来的信托制度体系中确立了公益信托发展的法律基础。在一些有代表性的大陆法系国家和地区的信托立法中,都对公益信托做出了特别规定。日本信托法规定:以祭祀、宗教、慈善事业、学术、技艺和其他公益为目的的信托,应作为公益信托;韩国信托法规定:以学术、宗教、祭祀、慈善、艺术等公益为目的的信托为公益信托;台湾地区信托法规定:称公益信托者,谓以慈善、文化、学术、技艺、宗教、祭祀或其他公共利益目的之信托。我国内地信托法则没有通过专门的条文对公益信托进行定义,而是通过列举公共利益种类的方式对公益信托进行了界定。具体包括七项:①救济贫困;②救助灾民;③扶助残疾人;④发展教育、科技、文化、艺术、体育事业;⑤发展医疗卫生事业;⑥发展环境保护事业,维护生态平衡;⑦发展其他社会公益事业。

尽管语言表述和具体规定在各国存在着差异,但公益信托的实质就是指为了实现公共利益为信托目的的信托。

二、公益信托的特征

设立公益信托的目的必须与发展公益事业有关,即必须是为了社会公共目的而设立。具体说来,公益信托应具备以下要件:

(一)公益目的

公益信托以公共利益为目的,其信托目的必须实质上有利于社会公众的利益。根据《中华人民共和国信托法》及《信托投资公司管理办法》中对于公益信托的定义,凡符合《信托法》第六十条所列(一)至(七)中的公益目的而设立的信托,均属于公益信托。

1.救济贫困。救济贫困是各国信托法公认的一项重要公益目的,通过公益信托帮助贫困的人,是维持社会稳定的一个重要手段。一般来说,下列行为都属于救济贫困:

(1)对贫困者、孤寡老人和其他生活困难的人提供一般性经济资助,或者资助其生活费、医疗费等费用,或者给予物质资助。

(2)直接收养、照顾孤寡老人、孤儿弃婴等。

(3)为穷人建立免费施舍食物处、济贫院、护理所等。

2.救助灾民。发生自然灾害或者其他灾害时,直接向灾民提供资金、物质帮助,或者通过其他机构提供经济或物质资助,帮助灾民解决生活、生产困难等救助灾民的行为。以救助灾民为目的而设立的信托,无疑具有公益性。

3.扶助残疾人。残疾人是社会的弱者,由于身体的障碍,生活一般比较困难。帮助残疾人是整个社会的责任,以财产设立信托帮助残疾人的行为,其信托目的自然是公益性的。

4. 发展教育、科技、文化、艺术、体育事业。发展教育、科技、文化、艺术、体育事业的范围比较广泛，只要提供财物设立信托的目的是发展这些事业，都可以成为公益信托。比如：出资设立学校或者维持现有学校的运行，设立奖学金、帮助贫困学生，设立或资助新学科、新课程、奖励优秀教师等，出资设立或者维护博物馆、美术馆、图书馆，资助公共艺术团体或组织，资助公共体育运动以及资助相关的科学研究等。

5. 发展医疗卫生事业。设立或者维护公益性的医院、诊所；救助某种疾病的患者或者一般性的救助病人；资助医学研究等。凡是发展医疗卫生事业为目的而设立的信托，均为公益性的。

6. 发展环境保护事业，维护生态平衡。《中华人民共和国公益事业捐赠法》已经明确，发展环境保护事业、维护生态平衡属于公益目的。《信托法》再次确认，一般来说，出资或者捐物设立信托，用于防止或清除环境污染，植树造林，采取措施防止沙漠化危害，科学处理工业废料和生活垃圾等致污物，进行环境保护方面的科学研究等，凡是以发展环境保护，维护生态平衡为目的而设立的信托，都具有充分的公益性。

7. 发展其他社会公益事业。由于公益事业的范围随着社会、经济的发展而变化，采用列举的办法确定公益事业的范围，显然难以适应这种变化。为此增加这项规定，以便今后增加相应的公益目的。在一些发达国家，戒毒、戒酒，建立和维护社会公众休闲设施等公共设施，保护动物不受伤害，增强国家的防御力量，发展宗教等，也被看成是公益事业。

（二）公共利益

公益信托不仅以公益为目的，而且公益目的的实现必须能够促进公共利益。具体而言，其标准包括：第一，信托目的必须有明显的本质上的社会利益。一项公益信托的设立，应是合法合规的，且存在真实的利益，该利益必须为社会公众所共享。第二，受益人是否特定。成立公益信托，必须使整个社会成员或者其中的相当一部分人受益，受益人范围是明确的，但受益对象并不确定。一般来说，一项公益信托的受益人应该是有足够数量的人群，该人群应该不是范围狭小，数量偏少，而应该是能构成社会公众的一个重要部分。

（三）无私利性

无私利性即信托目的必须具有明确的公益性，如果包含多个信托目的，必须全部具备公益目的，不能兼具私益目的。同时，不能因公益信托的管理而使私人获利，合理报酬除外。因此，概括起来，公益信托的目的必须具有绝对的、排他的公益性，不得包含非公益性目的或从中获取私利。

一般认为，只有符合以上三项全部条件的，才属于公益信托。

第二节　公益信托的主流模式

从国外的情况看,根据公益信托受益人是公众还是机构,公益信托主要区分为公众公益信托、公共机构公益信托及慈善性剩余信托,其中慈善性剩余信托包括慈善性剩余年金信托、慈善性剩余单一信托和共同收入基金等。

一、公众公益信托

公众公益信托是委托人为某一特定范围内公众的利益和实现公共基金的宗旨而设立的信托。所谓公共基金,是由一定范围内所有公众或某一社团的所有成员为某个项目而专设、积累捐款所形成的资金。公共基金信托可分为以下两种形式:社会公众信托和专项基金信托。

(一)社会公众信托

社会公众信托是指对由某一特定范围内的公众为了该范围内人群的利益而捐赠的款项(公共基金)进行管理和运用所设立的信托。

社会公众信托的委托人是捐款者或捐款组成的基金(如最早的社会公众信托克利夫兰基金),受益人是该特定范围内的所有社会公众。这里所说的特定范围可大可小,小到州、市、县、镇,大到一个国家乃至整个世界。这种信托的实质是为委托人指定的一定范围内的公众服务。

背景链接

克利夫兰社区基金会

1914 年,克利夫兰信托公司总裁弗雷德里克·戈夫发起成立克利夫兰社区基金会(Cleveland Community Foundation),被认为是社区基金会的先驱。他首创了一种不同于以前任何公益机构的模式,这一模式也有别于其他同时兴起的私人基金会。戈夫规定克利夫兰社区基金会的性质是“私营的无教派的为公共事业服务的组织”,强调灵活性和超越信仰的合作,资金应用于“最好地改善克利夫兰地区居民的精神、道德和物质水平,不论其种族、肤色和信仰”。他一开始提出两个具体目标:第一,在集资方面要有经常性的捐赠,而不是每年进行募捐活动;第二,在花钱方面要建立有代表性的组织来负责。然后戈夫又成立了分配委员会,由五人组成,两名由克利夫兰信托公司推选,其余三名由克利夫兰市市长、区法院高级法官和基金会所在地库亚霍加县的遗嘱检验法官各推举一人。

在资金管理方面，克利夫兰基金会的资金由克利夫兰信托公司管理，设专门的部门和账户，并有专人负责业务咨询。与许多基金会一样，克利夫兰基金会经历了革新和复兴的过程。得力于几个强有力的负责人，克利夫兰基金会能够健康发展，存续到今天，并在众多方面为增加了社区的福利。

（二）专项基金信托

专项基金是由宗教团体、专业协会、互助会、市民俱乐部或其他类型的社会团体设立的一种共同基金。其宗旨是专门为了本团体自身发展或为某些被指定人的利益。为实现其宗旨，将基金委托给金融信托机构管理和运用，由专门的委员会对基金的使用和分配负责把关，这就是专项基金信托。在我国，也有着众多类似于专项基金信托的慈善模式，这其中，大部分的受托人都是基金会。红十字基金会下的“玉米爱心基金”就是一个典型的例子。

背景链接

玉米爱心基金

“玉米爱心基金”是由我国青年歌手李宇春及其歌迷发起设立的专项基金，该专项基金的资金来源包括：发起人李宇春及其歌迷的捐赠，作为国内外爱心人士的自然人、法人的捐赠，组织开展各项爱心募捐的募集资金，以及基金增值部分。该基金由中国红十字基金会作为管理方负责运作管理，“除救助白血病儿童之外”，还可以用于“冠名援建博爱卫生院（站）、培训乡村医生或用于其他重大疾病救助”活动。从信托的角度分析该基金，李宇春及其他捐赠者为委托人，中国红十字基金会为受托人，白血病儿童及其他符合条件的救助者为受益人。登录各大基金会网站，类似于“玉米爱心基金”的专项基金不在少数，可以说，每一个专项基金都是我国民众与基金会对慈善信托模式的自发运用。

二、公共机构公益信托

公共机构公益信托是为了发展慈善、科学、文学、教育事业以及以保护儿童和动物为目的，以公共机构为委托人设立的信托。由于缺乏经营能力和经验，或者为了提升管理运营效率，消除腐败，公共机构可以在接受社会公众的捐款后再将部分或者全部捐款转移到信托机构，与信托机构签订信托合同，由信托机构按照信托文件的规定管理运用这些捐款。

公共机构信托作为一种重要的公益信托方式,在处理实际事务中具有许多优势:

第一,大多数公共机构都有其自身的事业(慈善性事业)而又缺乏管理和运用财产的精力和能力,因而乐意将与财产管理有关的事务委托给专门机构办理,以便更好、更专一地致力于公共机构事业。

第二,信托机构对信托财产的良好运用和管理,又能使作为委托人的公共机构的信誉更佳,从而更多地获得社会各界的认可和赞助。该信托的受益人一定是从事慈善性事业的公共机构,公共机构信托因此而得名。

第三,公共机构将资金交给信托机构,并且在信托协定中对受托人的管理和主体职责加以限定,以利于资金的有效运行。

第四,对于决策层来说,还可以自由地挑选聘用熟悉该公共机构业务的专家,而不必考虑其在管理和投资上的能力,从而扩大了对于人才的选拔范围,找到了更利于公共机构发展的人选。

著名的英国国民信托就是一个非常成功的例子。其利用专业化机构的操作,为所有受益人留下了众多自然美景、历史建筑和珍贵文物。

背景链接

英国国民信托

英国国民信托(National Trust)创办于1895年,其前身是成立于1868年的共有地保存协会。该信托的目的是满足人们对安静、空气、锻炼和天空的美景以及其他任何人都需要的事物的渴求。它通过筹集资金并用来购买土地等财产,从而达到保护该财产的目的并以此来给人们提供良好的生存环境。国民信托作为一个受托法人机构,其资金来源于会员的会费、捐赠以及门票收入、投资收益等,其目前拥有国内外会员近400万,任何人都可以通过缴纳会费而成为其会员。该信托现在拥有709英里海岸线、25万公顷自然景色优美的土地,有历史建筑物215栋、庭园130处、31处自然保护区、28个古堡、127处工业史迹,甚至还有78处磨坊、19处酒吧、47处鸽舍、25处中世纪谷仓等。其拥有的土地占英国全国国土面积的2.7%,是英国仅次于女王的第二大地主,是英国民间最大的土地拥有者。因此,国民信托宣称:80%的国民其居住地周围20英里处一定有信托公共财产;任何地方开车40分钟一定可达信托公共财产。该信托以全体会员为委托人,公益信托机构为受托人,受益人则通常是会员但不仅限于会员。以观光景点为例,非会员可以通过现场购买门票进入参观,而会员则是免费的。

三、慈善性剩余信托

这是一种形式比较特别的慈善性信托,这种信托的收益不是全部用于公益目的,其受益人也存在两类,即特定范围的受益人及捐赠人指定的特定受益人。慈善剩余信托的捐款者(委托人)在设立信托时,要求获得一定比例的信托收益以维持自身和其家庭的生活,而将其剩余部分全部转给某个特定的慈善机构。这种信托的前提是:捐款人有较大规模的财产,只需要其中的一小部分就可以满足其自身及其家庭的生活开支,希望将其余部分捐献给公益事业,因本人无力管理或者不愿意管理这笔财产,所以委托一家公益机构或者信托机构作为委托人代为管理。慈善机构和信托部门订立信托协议,协议一般规定将信托财产的经营收益的一定比例交给捐款人,将本金和剩余收益的全部交给该慈善机构。慈善性剩余信托可以享受免税优惠,例如免征资本利得税和赠予税等。

慈善性剩余信托在实务中又有以下三种形式:

(一)慈善性剩余年金信托

这种信托的受益人称为年金受益人。受益人是捐款者自己或其遗嘱中指定的人。年金受益人生前可获得以年金形式、不低于信托财产 5% 的信托收益,死后则信托财产(本金)和剩余收益全部归某一特定的慈善性机构。

例如,某人捐款 200 万美元,设立慈善性剩余年金信托,为了其自身的生活开支,受托人每年支付给年金受益人 12 万美元,当这位年金受益人死后,受托人将信托剩余包括本金 200 万美元全部交给信托协议中指定的慈善性机构。

(二)慈善剩余单一信托

这种信托是慈善剩余年金信托的一种,即捐款人单独建立信托关系,一般数额较大,捐款人生前每年可以从其信托财产中得到一定比例的按当年市价计算的净值,死后则全部信托剩余归于某一确定的慈善性机构。

例如,某人捐赠价值 200 万美元的房产,设立慈善性剩余单一信托。按照信托协议规定,他每年可以享受信托财产市值 6% 的收益,那么他第一年可以拿到 12 万美元;如果第二年房产升值到 220 万美元,受益人第二年就可以得到 13.2 万美元。慈善性单一信托的目的是为了保证受益人获得的信托收益不因通货膨胀而减少,从而保障受益人的生活。

(三)共同收入基金信托

这种信托是指慈善机构将其所获的小额捐款集中成“共同收入基金”并将它进行信托,每个小额捐款者生前得到一定比例的收益以维持生活,死后的所有信托剩余转给该慈善性机构。其意义在于，通过信托管理，避免了对小额捐款单独管理的不便和高额费用。

第三节 中国发展公益信托的模式选择

长期以来，我国的公益事业发展模式是一种基本上由政府包办的模式，政府设置了民政、教育、环保等机构，或者附属的公益事业机构。除此之外，各种基金会也发挥着相应的功能。中国的公益基金会数量众多，如中国青年基金会的希望工程基金和春蕾工程基金、中国科技发展基金等。就目前而言，公益基金会依旧是我国公益事业发展的主流模式。

一、基金会基本概念

2004 年颁布实施的《基金会管理条例》将基金会定义为："利用自然人、法人或者其他组织捐赠的财产，以从事公益事业为目的，按照本条例的规定成立的非营利性法人。"具体而言，首先，自然人、企业或者其他组织都可成为基金会的法律主体；其次，发起设立基金会所依据的财产必须是捐赠而来，不能以获得物质性回报为目的；再次，对于所有的基金会，其社会活动的公益性是最基本的要求；最后，基金会的建立产生了一个新的法人，它拥有对于捐赠财产的使用权，捐赠财产也因此独立于捐赠人而存在。

《基金会管理条例》将基金会分为公募基金会和私募基金会两种形式，这两种基金会的本质区别主要在于资金的来源。前者属于公开募集善款的基金会，主要依靠社会募集的资金来从事公益性的资助活动；而后者则属于独立基金型的基金会，它主要依靠自有资金的运作增值以及发起人自身或者亲友的捐助资金而获得从事公益性活动的资金。

二、我国基金会发展情况

2004 年 6 月 1 日，国务院颁布实施了《基金会管理条例》。与之前的《基金会管理办法》相比，《基金管理条例》的内容更加翔实而具体，体系更加完整，对基金会登记管理法规进行了一次重新起草。《基金会管理条例》颁布多年来，基金会在推动我国公益事业发展、促进社会和谐等方面发挥了积极作用。

（一）基金会数量显著增加，非公募基金会发展迅速

全国基金会由 2005 年年底的 975 家增长到 2013 年 10 月的3 417家，非公募基金会由 2005 年年底的 204 家增长到 2013 年 10 月的2 048家，占基金会总数的比例从 20.92% 提高到 59.93%，在数量上超过了公募基金会。非公募基金会的放开发展，为个人、企业成立基金会开辟了通道，为他们能够自主进行公益投入和实现公益愿望提

供了广阔的平台。见图 10 - 1 所示。

虽然我国基金会的数量近几年呈现出较快的增长趋势,但是总体而言与发达国家相比差距较大。美国 2010 年基金会总数为75 595家,加拿大的私人基金会和公共基金会的总数为9 155家。可以预见,随着基金会在资金募集和运作方面的日益成熟,我国基金会还有很大的发展空间。

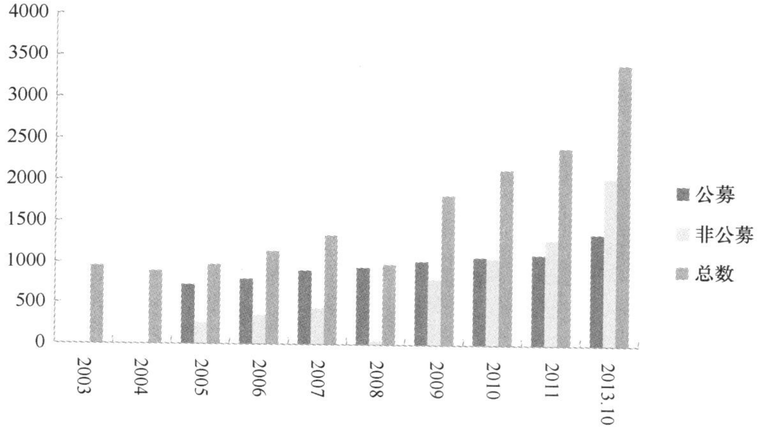

图 10 - 1 全国基金会数量趋势

[数据来源:中国基金会发展报告(2011)]

(二)公益项目的运作更加成熟,逐渐形成了特色和品牌

经过多年的发展,我国的基金会在公益项目的设计和运作上更加成熟,已经形成了一些具有鲜明个性和广泛社会影响力的特色品牌项目,而且在项目管理上初步建立了科学决策与监督反馈相结合的机制,取得了良好的社会效果。同时,基金会也一直在探索新的公益模式。例如 1989 年开启的希望工程项目,经过 20 多年的发展,从原来的"救助"模式拓展为"救助—发展"模式,更加关注贫困学生的自我发展能力的提高,帮助学生学会自助助人,体现了公益项目由纯粹的慈善性向着公益性的方向转化。

(三)基金会实力明显增强,对社会的贡献显著提高

基金会的资产规模增长迅速,2011 年中国基金会资产总额为 784.90 亿元,比 2010 年增长 29.91%。其中公募基金会资产总额 446.01 亿元,非公募基金会资产总额 338.89 亿元,平均每家基金会年末资产额为3 295.12万元。表 10 - 1 显示的是历年来具有代表性的基金会的资产总额变化情况,可以看到,基金会总资产在近几年中经历了快速增长。

表 10 - 1　历年基金会资产总计情况　　单位:万元

年份	总数	平均值	年份	总数	平均值
2005	470 869.8	5 475.2	2008	1 243 740.0	10 815.1
2006	585 002.1	6 358.7	2009	1 520 114.0	11 875.9
2007	846 345.2	8 216.9	2010	1 965 595.0	14 778.9

数据来源:中国基金会发展报告(2011)。

从收入来源看,捐赠收入依旧在基金会总收入中占据最大比重。表 10 - 2 展示的是具有代表性的基金会历年收入构成,可以看到基金会收入整体上升的同时,捐赠收入也呈上升的趋势,说明社会公众对于慈善事业的投入越来越大。2011 年,全国基金会收入总额为 447.11 亿元,其中来自自然人和法人的捐赠收入为 400.67 亿元,比 2010 年增长 18.8%,占总收入的比例约为 89.61%。筹集资金能力的提高,使得基金会有了更大的运作空间,也为公益事业提供了重要的增量资源。2011 年全国基金会总支出约 288.87 亿元,其中公益事业支出为 280.49 亿元,占总支出的 97.10%。

表 10 - 2　历年基金会各类收入总计　　单位:万元

年份	捐赠收入	提供服务	商品销售	政府补助	投资收益	其他	总收入
2005	212 010.4	929.0	0.04	18 521.7	4 642.3	2 832.7	238 936.1
2006	302 533.4	1 110.2	0.07	32 398.5	19 113.2	5 027.6	360 183.0
2007	588 163.4	761.2	37.87	61 273.2	39 561.8	5 760.6	695 558.1
2008	1 083 639.0	2 651.6	222.21	103 702.4	75 651.6	11 307.8	1 277 174.6
2009	1 046 685.0	3 034.7	13.38	120 043.4	25 826.5	11 666.0	1 207 269.0
2010	1 662 617.0	5 765.7	0.00	120 864.6	34 246.0	16 278.8	1 839 772.1

数据来源:中国基金会发展报告(2011)。

三、基金会发展中的问题

随着基金会的不断发展,一些问题也逐渐暴露在了社会公众面前。2005 年,某青少年基金会因涉嫌挪用捐款而闹得沸沸扬扬。2006 年,国家体育总局因在 2000 ~ 2006 年间总计擅自挪用2 787万元彩票公益金投资股票而被国家审计署查处,2007 年,牙防基金会的丑闻让公益基金蒙羞,而 2011 年 6 月的"郭美美炫富"事件更是将公益基金会推向了风口浪尖。2011 年 9 月,媒体报道称河南省宋庆龄基金会将大量资金用于放贷,部分慈善资金被挪用于营利性房地产开发与投资,其公益性质遭到质疑,同时亦存在缺乏监管,项目审批、经营情况不透明的现象。诸多负面报道,凸显出现阶段我国以基金会为主的公益慈善事业发展中的一系列深刻的制度矛盾和潜藏的体制问题。

以红十字会为例，不管是汶川地震的“万元帐篷”“虚假发票”“提取管理费”等事件，还是上海卢湾区红十字会“高额餐费”风波，抑或是“郭美美”事件，都反映了中国基金会在外部监管和内部治理方面的诸多问题。

（一）公益基金会“行政化”色彩浓郁

就目前而言，我国的基金会运作模式大部分还是政府选择，即基金会不以社会公众为衣食父母，而是依赖政府资源、官方资源生存，因此它们没有潜在的动力去满足社会捐款者的需求。早在1996年，红十字会的工作人员就被纳入到国家公务员序列。红十字会总会机关与中华全国总工会机关一起，被列为“中央编办管理机构编制的群众团体机关”。作为一个机关单位，每年财政都会对它进行拨款。而基金会行政附属机构的身份，使得它们与主管政府部门关系十分紧密，这在很大程度上增大了监管机关问责的难度。此外，这些官办基金会往往成为行政指令的捐赠渠道，破坏了慈善捐助市场的公平竞争。这不仅不利于塑造透明的公益事业氛围，而且阻碍了公益组织向民间化转型。

（二）信息披露制度严重缺失

以红十字会为例。根据《中国红十字会章程》，中国红十字会的财务审核由其执行委员会执行，但并未规定其财务必须公开，受捐多少，捐款如何使用，一切都靠着一套内部的财务流程，实际上信息透明度明显不足。虽然红十字会已经在尝试向信息公开透明方向发展，但是因为自身信息管理能力较低等多方面的原因，还没有完全做到让社会公众满意的公开透明。正是这种长期的不透明状态，使得捐款人和主管机关无法对公益机构进行良好的监督。

（三）基金会经营行为不规范

公益性基金被挪用、出借、经营高风险行业，经营行为与其公益性目的不符，主管机构也不能进行实时的监管，这些情况近年来时常见诸媒体的报道。主要原因在于现有监管主体不统一，监督责任不明确，且缺少独立第三方监察人对基金会进行长期监管。

目前我国基金会上述问题存在的原因，需从基金会的本质说起。基金会接收捐赠人的财产后，该公益财产的产权关系就表现为捐赠人、受托人和受益人基于公益捐赠所形成的以公益财产为基础的信托关系，以委托权、受托权、受益权彼此分离并对立统一的形式存在。因此，从本质而言，基金会是一种信托的形式，但是目前而言基金会并没有按照规范的信托模式进行运作，既没有完善的托管人制度和信息披露制度，也缺乏专业的监察人来维护公益信托的利益。

“专业托管人的缺失”是目前基金会运作中存在的一个严重问题，基金会的资金来源很特殊，95%以上的捐款是依靠社会捐赠，许多情况下，小额善款的捐赠人在把钱交给基金会之后就不大去关心钱的去处，同时他们也没有能力去影响基金会的运作。若基金会存在专业的资金托管人，那么慈善基金将由托管人独立保管，托管人将监督基金会的投资运作，如果发现基金会有违规行为，有权向公众和相关管理部门进行报告，并督促基金会予以改正。

此外，对于专业的信托公司，《信托投资公司信息披露管理暂行办法》规定信托公司应定期披露相关信息，包括年度报告、重大事项临时报告以及法律、行政法规以及银监会规定应予披露的其他信息，这种强制的信息披露制度有利于监管部门的监管，使得信托公司更加规范化的运作，但是正如前文中说到，基金会并没有如此完善的信息披露制度。同样，基金会也没有类似于信托的监管人制度。正是这一系列制度的缺失，使得基金会发展混乱，资金运用不当，监管不力，社会公信力下降。

第四节　公益信托前景分析

一、公益信托发展背景分析

改革开放以来，我国财富结构发生了巨大变化，个人拥有的财富总量不断增加，社会财富开始呈现出从全社会所有向私人拥有的加速转移的趋势，社会公益事业快速发展的时代已经到来。近年来，经历了四川汶川地震、云南旱灾、青海玉树地震等天灾之后，国人对于慈善捐赠日益积极，各类赈灾捐款不断，且涌现了一批“慈善富豪”，但遗憾的是，目前中国的慈善事业运作模式，并没有能力吸纳并运用好这一份份善款。

2009 年 9 月，福建富豪陈发树先生出资 1 亿元人民币设立新华都慈善基金会，同时高调宣布向该基金会捐赠 83 亿元人民币有价证券。据基金会中心网数据显示，其捐款资金正逐步兑现。然而，受到现行公益慈善法律制度不配套的掣肘，更因操盘手的外行，陈发树的善举受到了包括媒体在内许多人的误解与质疑，乃至于出现“诈捐门”的负面评价。花了钱还要挨骂，这不仅对陈发树非常不公，也给中国富人慈善蒙上了阴影。究其原因，还是缺乏专业支持，没有以专业化手段管理基金会和慈善财产。而这样的例子并不鲜见，如何管理好慈善财产，发挥其最大效益，这是亟须解决的问题。

如上节所述，现阶段，中国富人做慈善的方式大多是生前捐款，捐给基金会。捐完后，受赠人基金会便按照自身的规则进行运作。但是一定程度上，基金会的资金运用方向较为固定，一般不会根据捐赠人的意愿进行量身定做，且存在一系列的制度问题。在国外，捐赠人一般采用信托这种工具，通过对信托合同的设计，达到自己的慈善目的。借鉴国外经验，未来公益信托将是中国富裕阶层实现公益目的的有效手段。

通过上节的描述,笔者认为可以通过比较公益信托模式与基金会模式的特点,尝试重新寻找和定位未来中国公益慈善事业的发展路径和改革方向,积极扩大专业信托投资公司担任受托人的公益信托在社会公益事业中所占的比重,发挥公益信托在安全性、规范性和监管体制上的优点,丰富我国公益事业在管理机制上的选择。可以预见,未来公益信托将有很大的发展空间。

相对于基金会模式,由信托公司担任受托人的公益信托有以下优势:

第一,产品设计灵活,满足大众需求。信托公司可以通过信托产品的设计,灵活地改变产品结构来吸引各阶层的投资者,将投资者的投资利益与实现公益目的更好地结合在一起,从而大大扩展参与公益事业的目标群体,有力地推动我国公益事业的发展。

第二,监督体系科学、合理。公益信托受到委托人、信托监察人等信托法律关系当事人之内部监督。这些当事人具体、明确,存在于所有公益信托之中,他们享有充分、全面的监督权利。《信托法》对公益信托的受托人提出了更严格的监管要求,较之基金会而言,信托公司有更为严密的财务系统和更加可信的信息披露,有能力成为合格的受托人。

第三,有利于财产的保值、增值。基金会的理事只能为自然人,不一定具有管理财产的经验,因而不利于捐助财产的保值与增值,从而不利于公益目的的实现。中国人民银行颁布的《信托投资公司管理办法》规定,信托公司可以依照《信托法》的有关规定,接受公益信托。以信托投资公司为受托人的公益信托,可以根据约定的投资范围,最大限度地保证公益信托财产的安全和增值,进一步促进公益事业的发展。

二、未来发展模式选择

(一)双治理模式——公共机构信托

在我国,公益信托事业还处在初级发展阶段,考虑我国的实际情况,基金会与信托公司合作发展公益信托的双治理模式是一种较为合适的选择。基金会与信托公司可以在公益信托的发起设立、公益信托合同的签订、公益信托财产的运作管理等方面进行诸多合作,发挥各自的优势,共同推动中国公益信托的迅速发展。

之所以可以运用这一模式,是考虑到基金会与信托公司各自的优势。虽然基金会在信息披露、资产管理等方面存在很大的问题,但是经过多年的发展,各种基金会推动公益事业发展的形象已经逐渐被普通大众所接受,基金会的规模也逐步壮大起来,拥有较大规模的公益基金。随着各项立法的实施,基金会的运作也会更加规范。信托公司经过多次清理整顿,逐渐回归"受人之托,代人管业,代人理财"的本业,公益事业信托也有了清晰的法律地位,公益信托产品可以通过公示信托计划、订立信托合同等较为成熟的方式进行,明确约定各方当事人的权利和义务,从而避免基金会作为受托人产生的定性模糊及信托合同缺失等现实问题。此外,信托公司可以通过信托产品的设计,为特定的捐赠人定制公益信托计划,满足慈善富豪们的公益需求,进一步推动、鼓励富裕阶层从事公益事业。在国外,在以专业化手段管理基金会和慈善财产方面已经积累了不少的成功经验。以拥有近600亿美元资产的比尔·梅琳达·盖茨基金会为例,就是采取比尔·梅琳达·盖茨基金会信托与比尔·梅琳达·盖茨基金会的"双治理"模式来运作的,两个独立机构,前者负责赚钱,后者负责花钱。基金会每年只管把来自信托基金的捐款花出去,来达成自己的慈善目的。

信托投资公司与基金会的良好合作,可以完善我国的公益信托体系,并将进一步推动我国公益事业的发展。

(二)准公益信托

目前中国的国情是,发展公益事业被认为是政府应当承担的责任,国民缺乏积极参与公益事业的传统。此外,中国老百姓还不是那么富裕,要求其参与公益事业不求回报甚至完全捐赠不太现实。因此若按英美模式对公益信托进行过分严格的定义,必然将相当部分具有爱心、热心公益事业的国民排除在公益事业之外,这一模式将在实践中带来很多的问题。从国情考虑,将公益目的和私益目的结合起来的准公益信托在实践中能够发挥更大的作用。具体而言,信托公司可以通过信托产品的设计将投资人的自身利益与公共利益有机地结合起来,通过对收益的合理分配,将部分收益捐给公益事业,部分收益归投资人所有。"中信开行爱心信托"就是这样一个不错的尝试,在两年的时间里,该信托累计向中国宋庆龄基金会捐款956万元,为汶川地震受灾地区建立了一所小学和100个图书室,为慈善事业做出了很大贡献。

背景链接

中信开行爱心信托

"中信开行爱心信托"项目由中信信托于2008年8月与国家开发银行和招商银行合作设立。招商银行发行人民币理财计划募集资金,中信信托为所募集资金成立爱心信托计划,购买国家开发银行的信贷资产。信托资产规模约10亿元,信托期限10个月,受益人预期年收益率为4.5% ~4.7%,在扣减投资者收益和相关税费后的剩余信托收益通过中国宋庆龄基金会捐赠给灾区。中信信托和国家开发银行对本项目不收取任何费用。

到2009年5月该信托计划结束时,累计向中国宋庆龄基金会捐款956万元,是国内捐款规模最大的公益性信托。项目所捐款项用于援建四川省绵阳市平武坝子乡中心小学和在四川省39个县(市、区)的50个中小学和50个安置点,捐建100所"宋庆龄爱心图书室"。

当然，中国的准公益信托发展还很不完善，为了促进准公益信托发展，首先应得到法律的支撑。为此，《信托法》第六十三条还需进行一定修改，或在公益信托有关的实施细则中体现对于非纯粹公益信托的鼓励态度。

其次，投资额应当适当放宽。普通的信托投资额安排过高。投资起点为100万元，这个起点对于大多数人而言过高，由于受到经济实力的限制，导致许多人想为公益事业做出贡献却有心无力。2008年汶川地震之后，银监会曾向各地银监局、银监会直接监管的信托公司下发了《中国银监会办公厅关于鼓励信托公司开展公益信托业务支持灾后重建工作的通知》（银监办发〔2008〕93号）（以下简称“93号通知”）。根据“93号通知”，公益信托的委托人数量及交付信托的金额不受限制。但该通知同时强调，公益信托财产及收益须“全部用于公益事业”。我们认为，鉴于中国目前的现实情况，银监会应在这一基础上，对准公益信托也放宽相应的限制。例如，公益信托计划的投资额5万元起步，可以参与公益信托的人数将会有巨大的增长。

再次，参与人数也需解禁。普通的信托计划安排中，100万元到300万元的投资者不得超过50人，300万元以上的投资者人数不受限制。为了鼓励更多的人参与公益事业，准公益信托可以放开人数限制，只要符合最低投资条件者均可参与，这样将有助于公益信托规模的扩大。准公益信托还应当设置信托监察人，作为信托运行的监管单位，通过财务监管、审计，监督资金的流向，保证信托资金的安全；通过审核合同、控制成本、监督营利性，来保证信托朝着公益的方向发展。

最后，准公益信托推广手段应进一步多样化。对于准公益信托，法律应该允许其通过报纸、电视、网络等媒体进行公开推广，扩大宣传渠道，提升募集效果。

准公益信托是一个很好的解决社会公益问题的路径，既能吸纳社会上的公益资金，又能避免公益资金的流失，保证运用方向，还能解决很多老百姓亟须解决的困难和问题，因此可能成为未来我国公益信托发展的重要内容，也是信托公司业务转型的主攻方向。

三、公益信托发展中存在的问题

理论上讲，公益信托对于我国慈善事业的发展有很大的促进作用，尤其是《信托法》出台之后，公益信托应当有一个较大的发展。一些信托公司也的确试水了公益信托业。2005年，西安信托发起设立“西安信托5·12抗震救灾公益信托计划”，成为国内首只真正意义上的公益信托。同年，首只准公募化发行的信托产品“中华慈善公益信托”，由中融国际信托投资有限公司作为受托人，委托商业银行向社会募集。2008年，上海社会养老补充养老基金正式采用信托委托方式交给上海国际信托投资公司，首开国内公益基金信托管理先河。2010年9月，国内首只民间运行的慈善公益信托基金——深圳百科苑慈善公益信托基金成立。但事实上，除了个别案例和尝试，公益信托事业并没有得到很好的发展。

近十年来，我国的公益信托发展仍然处于尴尬的境地，主要原因是我国的信托制度不健全。虽然《信托法》明确规定“国家鼓励发展公益信托”，公益事业的管理机构对于公益信托的活动应当给予支持。但是怎么鼓励公益信托的发展，采取怎样的政策、制度和配套措施鼓励公益信托的发展，却没有法律制度明确规定，这使得鼓励公益信托发展基本成了一句空话。具体来说，现阶段公益信托发展主要受到以下几方面的影响。

（一）资金信托的私募投资管理模式

迄今为止，国家尚未出台真正的公益信托管理办法，因此公益信托的运行只能参照其他信托产品的规定进行。资金是最主要也是最常见的捐赠财产。因此，公益信托往往参照《信托公司集合资金信托计划管理办法》这一专门性规定开展运作。然而将公益基金按照私募投资产品进行管理就会受到委托人数量和金额的限制，公益信托的发展由此受到严格的约束。

（二）财产信托的登记制度缺位

除货币资金以外，股权、不动产和动产等也是常见的捐赠财产。为保障此类财产信托关系的合法有效，必须对被转出的财产进行专门信托登记。但目前我国的登记管理方式中只有常见的交易、继承、赠予登记等传统类型，并没有性质特殊的信托登记规定。拿信托资产中最常见的房产来说，目前房产无法在房产交易中心进行信托登记。某企业家曾要对自己名下的40余套房产进行遗嘱信托，但房地产交易中心给出的答复却是房产只能转让，而不能做信托登记。正是由于信托登记制度的不完备，采用财产信托方式构建公益信托受到严重制约。

（三）公益信托税收制度

为了促进公益信托事业的发展，世界各国均采取各种措施对公益信托加以扶持和鼓励，其中税收制度往往是推动公益信托发展的最有效政策措施，各国为鼓励发展公益信托，往往针对公益信托制定专门的税收优惠政策。在我国现有的税收制度层面上，信托税制尚未建立健全，针对公益信托的税收政策更无从谈起。再者，实践中重复征税也是亟须解决的问题之一。比如，在信托设立时，信托财产向受托人转移时产生纳税义务和信托财产向受益人真实转移时再次产生纳税义务；在信托存续期间信托收益产生的所得税纳税义务与信托关系终止或信托收益分配时产生的所得税纳税义务又相重复。这些无疑都大大阻碍了公益信托的发展，挫伤了公众参与公益事业的积极性。

（四）监管主体缺位

由于公益事业涉及的管理机构较多，且法律没有明确各管理机构的具体职责，事实上造成管理机构难以到位，从而导致公益信托的诸多事项均无从批准。此外，即便根据有关规定将民政部门视为我国公益事业领域的主要管理机构，但同样由于相关制度的缺失，民政部门在对公益信托进行审批时，也缺乏明确的申报程序，其具体审批职权很模糊，以致上报的公益信托迟迟难以批复。公益信托监管主体的缺位也在很大程度上导致了公益信托运行的困难。

四、中国公益信托的发展建议

首先，作为一种促进社会公益的重要制度，公益信托在中国的发展过程中还存在诸多需要完善的地方。首先应加强法律制度的建设，结合公益信托的特点以及金融发展的实际建立针对公益信托的特别法律制度，完善信托监察制度，并就公益信托的发起设立、公益信托合同的签订、公益信托财产运作管理、委托人权利义务、受益人权利等内容做出明确规定。

其次，政府应根据公益信托所涉及的不同主体并结合税收的不同征税对象，设置合理的公益信托税收制度。针对委托人，他们在进行社会公益捐赠、将信托财产交付给受托人时，应当免于征收本环节中的印花税、契税等税收。针对受托人和托管人，对其经营管理公益信托所获得的信托报酬和收益可适当减征营业税、企业所得税等，而因为信托财产运营带来的信托收益，也应本着鼓励的原则而免于征收各类所得税和商品流转税，从而提高相关机构经营公益信托的积极性。针对受益人在此环节获得的信托收益也应免缴所得税等税收，以期实现社会公益的良性循环。

公益信托作为公益机构筹资的一个有效平台，公益财产管理的一种有效方式，对促进社会公平正义、推进国家稳定发展具有重要意义。随着我国经济社会持续、高效的发展和公益信托制度的进一步完善，未来我国的公益信托将朝着更加专业化的方向发展，更多的专业信托投资机构将进入公益事业，不同层次和结构的信托产品将会呈现在公众面前，专业化的操作使得公益信托更加系统化和规范化，并进一步促进公益事业的发展和整个社会的和谐进步。